AI 시대, 교회교육을 답하다!

다음세대의 도전과 기회

초판 인쇄일 2025년 8월 27일
초판 발행일 2025년 9월 4일
지은이 권수경 김세영 김수환 김효숙 신승범 이수인 이현철 함영주
발행인 이기룡
펴낸곳 생명의양식
등록번호 서울 제22-1443호(1998년 11월 3일)
주소 서울특별시 서초구 고무래로 10-5(반포동)
전화 (02)592-0986
팩스 (02)595-7821
홈페이지 qtland.com

AI 시대, 교회교육을 답하다!

다음세대의 도전과 기회

생명의 양식
THE BREAD OF LIFE

발간사

존경하는 한국교회 동역자 여러분

"지구 종말 시계" 혹은 "운명의 날 시계"를 알고 계십니까? 핵무기나 기후 변화로 인류가 얼마나 위험한 상황인지를 알려 줄 목적으로 제작된 시계입니다. 자정에 가까울수록 위험한데 2025년 기준 23시 58분 31초를 가리키고 있습니다. 89초밖에 남지 않은 상황입니다. 이런 위기의 시대 가운데 한국교회도 어려움을 맞이하고 있습니다. 교회의 신뢰도 하락을 비롯해 다음세대 감소는 교회의 치명적인 위기입니다.

학령인구 감소 자체가 가장 큰 위기의 원인이지만 자녀들의 성장 환경도 큰 몫을 차지하고 있습니다. 아날로그 시대를 경험한 부모 세대는 디지털 네이티브로 자라나는 우리 자녀들의 성장 환경이나 학습 방식을 좀처럼 이해하기 어렵습니다. 그러던 차에 코로나 팬데믹이라는 예상치 못한 동기로 사회와 교회에서 디지털 전환이 신속히 일어났습니다. 지금까지 전통적인 대면 중심 교육에 익숙하다 보니 디지털 교육은 여전히 익숙하지 않은 교육환경입니다.

이런 시대 가운데 새로운 도전이 거세게 일고 있습니다. 바로 AI의 도전입니다. 몇 년 전, ChatGPT가 처음 선보였을 때, 참 신기한 일이다 생각했는데 몇 년 사이 놀라울 정도로 기술이 발전했습니다. 이제 AI 기술은 전 세계가 주목하는 기술이 되었습니다. 각 국가별로 너도나도 AI 사업에 뛰어들고 있습니다. 하지만 역사 가운데서 알 수 있듯이 신기술은 언제나 두려움과 부작용을 낳습니다. AI 프로그램 역시 윤리 문제가 강하게 대두되고 있으며 공동체 붕괴에 대한 우려도 제기되고 있습니다. 어떤 사람은 마침내 AI가 인류를 멸망시킬 것이라 주장하기도 합니다.

이런 혼란한 상황 가운데 처한 한국교회를 위해 한교총 교육협력위원회에서 귀한 책을 발간합니다. 『AI 시대, 교회교육을 답하다! 다음세대의 도전과 기회』는 AI 시대에 대한 깊이 있으면서도 실제적인 내용을 담았습니다. 기술 발전의 방향과 그에 대한 신학적 고찰을 시작으로, 블렌디드 러닝과 같은 구체적인 교육 방법론을 제시합니다. 더 나아가 연령별 맞춤형 콘텐츠 개발과 개인화 학습 방안, 그리고 급변하는 시대에 우리 목회자와 교사들이 갖춰야 할 새로운 역량과 역할에 대해서도 친절히 안내하고 있습니다. 무엇보다 기술의 발전에 따르는 윤리적 문제와 디지털 격차 해소 방안까지 균형 있게 다루며, AI 시대에도 결코 약화되어서는 안 될 교회의 공동체성을 어떻게 강화할 수 있을지에 대한 실제적인 대안을 제시하고 있습니다.

이 책을 발간하기까지 수고해 주신 8인의 저자 분들과 실무를 맡아 진행해 주신 교육협력위원회 위원, 책의 편집과 디자인으로 수고해주신 생명의 양식 출판부에도 감사를 드립니다. 바라기는, 이 책이 전국의 목회자와 교회학교 교사, 그리고 교회의 리더들에게 훌륭한 지침서가 되기를 소망합니다. 한국교회가 AI 시대에서도 길을 잃지 않고 오히려 다음세대를 세우는 일에 큰 유익을 주길 바랍니다.

2025년 8월

한교총 교육협력위원장

안성우 목사 (기독교대한 성결교회 총회장, 일산 로고스교회)

추천사

전 세계가 AI(인공지능) 기술에 주목하고 있습니다. 인간 삶에 놀라운 혁신을 가져다줄지, 돌이킬 수 없는 파국으로 인도할지, 또 복음과 교회에는 어떤 영향을 미칠지 귀추가 주목됩니다. 그러나 무엇보다 가장 당면한 과제는 AI를 삶의 환경에서 먼저 만나는 한국교회의 다음세대입니다. 가뜩이나 다음세대의 감소와 이탈로 위기를 맞이하고 있는 한국교회에 AI 기술은 또 다른 위협거리로 다가옵니다. 이런 상황에서 출간된 『AI 시대, 교회교육을 답하다! 다음세대의 도전과 기회』는 참 유익합니다. 이 분야의 최고 전문가들이 함께 참여해 발간한 이 책에는 AI 기술에 대한 신학적 숙고를 비롯해 구체적이고 실제적인 활용 방법 제안까지 담겨 있으니 목회자들과 교회학교 교사, 부모들에게 큰 유익이 될 것입니다. 한국 기독교 140주년을 맞은 지금, 한국교회가 복음의 본질을 망각하고 삶으로 복음을 드러내지 못한다는 비판을 안팎으로 받고 있습니다. 이런 상황 가운데 다음세대는 교회로부터 더욱 이탈하고 있어 위기는 더욱 가속화되고 있습니다. 이런 위기 상황을 탈피하기 위해서는 과감한 투자와 헌신이 필요합니다. AI 기술에 대한 관심과 활용은 그 실천 가운데 한 가지입니다. 이 책을 통해 많은 사람이 현 시대를 읽고 분별하여 한국교회와 다음세대를 세우기를 바랍니다.

한국교회총연합 대표회장

김종혁 목사 (대한예수교장로회(합동) 총회장, 울산 명성교회)

추천사

과거 영화에서나 보았던 인공지능(AI)이 정말로 우리 곁을 찾아왔습니다. 거대한 물결처럼 온 세상을 뒤덮고 있습니다. 그 가운데 한국교회도 있습니다. 어떤 면에서는 위기가 더해진 격이지만 달리 보면 성장할 수 있는 또 다른 도전의 기회입니다. 특히 다음세대를 위한 교회교육 현장에서는 더욱 그렇습니다. 이런 험난하고도 중요한 시기에 출간된 『AI 시대, 교회교육을 답하다! 다음세대의 도전과 기회』는 한국교회 목회자들과 교회학교 교사, 다음세대의 부모에게 좋은 길잡이가 되어 줄 것입니다. 각 분야 최고의 전문성을 갖춘 집필진들이 참여한 이 책은 AI에 대한 막연한 담론을 넘어, 신학적 고찰, 교육 패러다임의 혁신, 맞춤형 콘텐츠 개발, 목회자의 인식 및 역할 변화, 공동체성 강화 방안, 그리고 반드시 짚고 넘어가야 할 윤리적 문제까지, AI 시대 교회교육이 마주할 거의 모든 영역을 균형 잡힌 시각으로 아우릅니다. 변화의 파도가 밀려오는 이 시기에 두려움이 앞서 피하고 싶은 이에게는 안도감을, 도전의 기회로 보고 몸을 던지려 하는 이에게는 적실성이 있는 이 책을 주저하지 않고 추천합니다.

정태진 목사 (대한예수교장로회(고신) 총회장, 진주성광교회)

AI 시대, 교회교육을 답하다!

다음세대의 도전과 기회

1

AI 시대의 도래와 교육의 변화

김세영 교수

한동대학교 창의융합교육원

김세영은 이화여자대학교 교육공학과에서 학사, 석사, 박사 학위를 취득하였다. 교수설계, 테크놀로지 기반 교육, AI를 활용한 개별화 학습을 중심으로 연구하면서 관련 주제로 다수의 논문을 발표하였다. 역서로는 『미래의 온라인 교육: AI 기반 e-러닝과 개인화 학습』이 있으며, 한국교육공학회 이사로 활동 중이다.

1. AI와 함께 배우는 세대의 등장

1) 학교, AI를 만나다

AI 개인 비서가 학습자의 호기심과 필요에 따라 맞춤형 학습을 제안한다. 교육용 로봇은 교사의 수업을 대신 실행하고 모니터링한다. 이는 OECD가 2020년에 발표한 2040년의 학교교육 시나리오 중 일부이다.[1] 2025년 현재, OECD가 그렸던 미래 학교의 모습은 이미 상당 부분 현실이 되었다. AI 튜터는 학습자의 질문에 맞춤형 설명을 제공하고, 교사는 AI가 실시간으로 분석해주는 학생들의 학습 데이터를 참고하여 교육적 의사결정을 내린다. 우리나라 학교 현장에도 AI를 활용한 학습 도구가 빠르게 도입되고 있어 이러한 변화가 더 이상 미래의 이야기가 아님을 실감하게 된다. 이처럼 미래교육의 중심에는 테크놀로지가 있다. 테크놀로지를 빼고는 교육의 패러다임을 이야기하기 어렵다.

테크놀로지의 발전은 오랜 시간 동안 우리 삶의 방식을 변화시켜 왔으며, 가르치고 배우는 방식에도 영향을 미쳤다. 1950년대 텔레비전의 보급, 1980년대 개인용 컴퓨터의 확산, 1990년대 웹의 등장, 그리고 AI와 빅데이터로 대변되는 4차 산업혁명에 이르기까지, 새로운 기술이 소개될 때마다 우리는 늘 이를 교육에 적용해 왔다. 특히, 2022년 등장한 ChatGPT는 일상에서 AI를 활용해 학습하는 문화를

1 OECD, *Back to the Future of Education: Four OECD Scenarios for Schooling* (OECD Publishing, 2020).

확산시키는 기폭제가 되었다. Open University가 2024년의 교수학습 트렌드 중 하나로 '생성형 AI와 대화를 통한 학습'을 선정한 것만 보아도, 학습자가 AI와도 의미 있는 상호작용을 통해 새로운 학습경험을 만들어 나갈 수 있음을 기대하게 된다.

AI와의 상호작용을 통한 학습을 보여주는 대표적인 사례로, 2024년 12월, 미국 CBS 방송 프로그램『60 Minutes』에서 조명한 인디애나주의 한 고등학교 화학 수업을 꼽을 수 있다. 이 수업에서 학생들은 물질의 성질을 탐구하기 위해 실험을 진행한 뒤 AI 튜터 칸미고(Khanmigo)에게 실험 내용에 대해 질문하는 시간을 가진다. 칸미고는 칸 아카데미(Khan Academy)의 설립자 살만 칸이 OpenAI와 함께 개발한 생성형 AI 튜터로, 학생들의 사고를 유도하고 정답을 직접 제공하지 않는 방식으로 학습을 촉진한다. 학생들은 칸미고가 "답을 주는 대신 생각하게 만든다"며 해당 수업에 대해 긍정적으로 평가하였다. 이 사례는 AI가 학생과의 대화를 통해 사고를 확장시키는 인지적 파트너가 될 수 있음을 보여준다.

2) 디지털 세대의 학습 방식

이처럼, 디지털 환경에서 성장한 오늘날의 세대는 정보 접근에 능숙하고 온라인 상호작용과 즉각적인 피드백 중심의 학습을 자연스럽게 받아들인다.『교실이 없는 시대가 온다』의 저자 존 카우치와 제이슨 타운의 말을 빌리자면, 이 세대에게 기술은 단순한 도구가 아니라 살아가는 환경 그 자체이다. 이들의 학습 방식을 단적으로 보여주는 사례가 있다. 바로 BBC가 보도한 6살 루퍼스의 이야기다. 루퍼스는 병으로 인해 오랫동안 학교에 갈 수 없게 되자 로봇을 학교에 보내 수업에 참여한다. 로봇은 학교 수업뿐만 아니라 박물관 현장학습에도 따라가 루퍼스에게 박물관의 생생한 현장 경험을 전달한다. 그의 어머니는 인터뷰에서 루퍼스가 로봇을 통해 '완전히 몰입된' 학습경험을 할 수 있다고 전했다. 루퍼스처럼 특별한 사례가 아니더라도, 우리는 일상에서 테크놀로지가 만들어내는 학습 경험을 쉽게 찾아볼 수 있다. 유튜브로 해외 석학의 강의를 시청하고 비디오 컨퍼런싱 도구를 통해 세계 어디에서든 실시간으로 온라인 수업에 참여할 수 있다. AI 기반 학습 플랫폼을 활용한 자기주도 학습 역시 자연스럽다. 여기 2000년대의 대학생과 2025년의 대학생의 하루를 묘사한 글이 있다. 두 세대의 학습 방식이 얼마나 달라졌는지 직접 살펴보자.

2000년대 대학생의 하루

두꺼운 전공 교재 3권과 공책, 필통을 가방에 넣고 캠퍼스로 향한다. 개강 첫 주 과제는 '이메일 주소 만들기'였다. 도서관에서 회원가입을 시도하며 "@는 뭐지?"라고 고개를 갸웃했다. 오늘 수업이 3개 연달아 있는 날인데, 모든 수업 교수님이 어찌나 필기를 많이 하시던지… 손으로 모든 내용을 받아 적느라 늘 손목이 아픈 월요일이다. 수업이 끝나자마자 복사실에서 교수님이 맡겨두신 수업자료를 찾아 바인더에 정리한 후, 팀플을 위해 과방에서 팀원들을 만나 회의를 진행했다. 시험이 일주일 앞으로 다가왔다. 노트와 교재를 번갈아 보며 중요한 내용에 밑줄을 그어본다. 공부의 흔적은 종이 위에 남았다.

2025년 대학생의 하루

이번 학기에도 따로 교재를 구입하지 않았다. 교수님이 올려주신 디지털 리딩 자료를 다운로드해 Goodnotes와 Notion으로 정리한다. 특히 이번 학기부터 교수님께서 NotebookLM에 논문 자료를 올려두시고 AI에게 질문하면서 공부하라고 하셔서 오늘도 NotebookLM과 한참 시간을 보냈다. 이번 중간고사 때는 ChatGPT에게 시험 문제를 내달라고 요청해 여러 문제를 풀어보면서 공부하니 다양한 문제를 연습해 볼 수 있어서 꽤 좋은 성과를 얻었다. 실시간 온라인 수업이 있는 4교시, 스터디 카페에서 노트북을 펼쳐 시스템에 접속했다. 특별히 오늘 수업에서는 우간다에서 프로젝트를 진행 중인 지민이가 현지에서 접속해 상황을 공유해주었다. 수업이 끝나자마자 시스템이 내가 오늘 몇 분이나 발언했는지, 나의 집중도는 어땠는지, 예상 성적은 어떤지 바로 보여주었다. 내가 공부한 흔적이 데이터로 기록된다.[2]

우리가 학습하던 방식과 현재의 세대가 학습하는 방식은 전혀 다르다. 우리가 경험했던 교육만으로는 지금 세대를 이해하기 어렵다. 이제 우리는 'AI는 교육에 사용될 수 있는가'라고 묻기보다 'AI와 함께 배우는 이 세대에게 AI는 어떤 의미이며, 어떤 교육이 필요한가'를 질문해야 한다. 이런 질문들에 대해 함께 생각해보기 위해 먼저 AI가 무엇인지 알아보자.

---

2 Goodnotes는 태블릿에서 손필기를 지원하는 전자 노트 앱이며, Notion은 메모, 일정, 데이터베이스 등을 통합하여 정보를 정리할 수 있는 디지털 도구다. NotebookLM은 사용자가 업로드한 문서를 기반으로 질문에 답하고 요약까지 제공하는 구글의 생성형 AI 도구다.

2. 디지털 대전환과 교육 분야의 AI

1) 4차 산업혁명과 AI 기술의 발전

아침 출근길, 스마트폰으로 로봇청소기를 작동시키고 스마트 워치가 실시간으로 분석한 건강 데이터를 통해 하루의 컨디션을 확인한다. 은행에 가지 않아도 모바일 뱅킹으로 금융 업무를 처리하고, 점심 메뉴는 배달 앱이 나의 취향을 분석해 추천해준다. 휴가지 숙소 역시 공유 플랫폼을 통해 간편하게 예약한다. 이제는 너무도 익숙해진 이 일상은 모두 4차 산업혁명이 만들어낸 변화의 일면이다.

4차 산업혁명은 현실 세계에서 벌어지는 다양한 활동과 정보를 사물 인터넷(IoT)과 AI 등의 기술을 통해 실시간으로 수집하고, 이를 디지털 세계에 재현함으로써 가상과 현실이 끊임없이 연결되는 사회를 만들어간다. 2016년 1월, 다보스 포럼에서 4차 산업혁명을 처음 언급했던 클라우스 슈밥은 이 혁명이 속도, 범위, 영향력 측면에서 완전히 다른 시대를 이끌 것이라 예측했다. 그의 말대로 4차 산업혁명이 가져온 변화는 빠르고 강력했다.

4차 산업혁명은 3차 산업혁명인 디지털 혁명을 한 단계 뛰어넘는다. AI, 빅데이터, 로봇, 사물 인터넷 등이 서로 연결되고, 수집된 정보를 스스로 분석하고 상황을 파악해 미래를 예측하는 지능화 단계에 도달했다. 더욱이 코로나19 팬데믹의 장기화로 디지털 대전환(Digital Transformation)은 가속화되었다. 그 결과, 사회, 경제, 정치, 교육 등 다양한 영역이 디지털 기술 중심으로 재편되고 있다. 이러한 변화 속에서 AI 기술이 국가의 핵심 경쟁력이 됨에 따라 전 세계가 앞

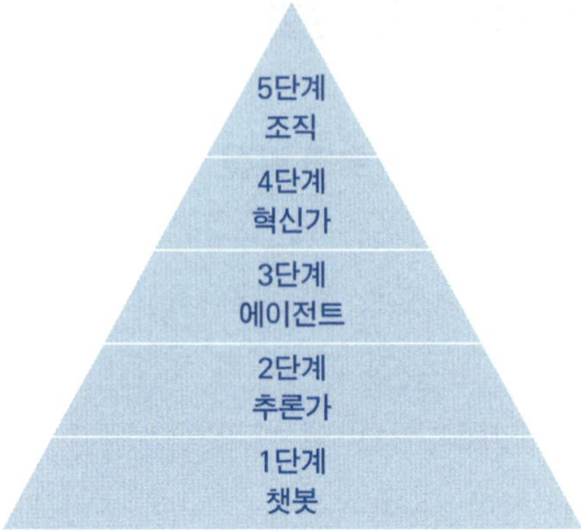

〈그림 1〉 OpenAI의 AGI 5단계

다투어 AI 기술 개발과 관련 산업 육성 및 인력 양성에 힘쓰고 있다.

그렇다면 이렇게 중요해진 AI는 도대체 무엇이며 어떤 방향으로 발전하고 있을까? AI는 학습, 추론, 자연어 이해, 문제 해결과 같은 인간의 지능적 기능을 컴퓨터가 수행할 수 있도록 구현한 기술이다. 기술이 빠르게 발전하면서 최근에는 특정 분야를 넘어 모든 면에서 인간의 지능을 능가하는 AI인 AGI(Artificial General Intelligence)로 나아가고 있다. OpenAI가 제시한 AGI의 5단계는 〈그림 1〉과 같다.[3]

1단계 '챗봇(Chatbots)'은 대화형 언어로 인간과 상호작용하는 수준을 의미한다. 예를 들어, ChatGPT나 Claude처럼 사용자의 질문에 즉각적으로 응답하고 정보를 제공하는 서비스가 이에 해당한다. 지금 우리가 일상에서 자주 쓰는 챗봇 고객센터도 이 단계에 속한다.

3 Metz, Rachel, "*OpenAI Scale Ranks Progress Toward 'Human-Level' Problem Solving,*" Bloomberg (2024.7.11.), https://www.bloomberg.com/news/articles/2024-07-11/openai-sets-levels-to-track-progress-toward-superintelligent-ai (2025.7.5. 접속).

2단계 '추론가(Reasoners)'는 박사급 인력이 해결할 수 있었던 문제를 AI가 해결할 수 있는 수준을 의미한다. 이 단계의 AI는 단순히 대화만 하는 것이 아니라, 정보를 바탕으로 추론을 통해 답변을 제시할 수 있다. 예컨대, 법률 문서를 검토하고 유사 판례를 찾아주거나 논문을 분석해 요점을 정리해주는 도구들이 이 단계에 해당한다.

3단계 '에이전트(Agents)'는 인간의 업무를 대신 수행할 수 있는 AI이다. 인간이 개입하지 않아도 장시간 독자적으로 정확하게 작업을 수행할 수 있다. 예를 들어, 마케팅 보고서를 자동으로 생성하거나 회계 자료를 정리해 주는 업무용 AI 비서가 이 단계에 속한다고 볼 수 있다.

4단계 '혁신가(Innovators)'는 완전히 새로운 아이디어나 솔루션을 독립적으로 만들어내는 수준의 AI다. 이 단계에서는 신약 개발을 위해 AI가 수천 개의 화합물을 분석해 가능성 있는 후보 물질을 제안할 수 있다.

5단계 '조직(Organizations)'은 AGI의 마지막 단계로 기업과 같은 조직 전체의 업무를 수행할 수 있는 수준의 AI이다. 예를 들어, 시장과 산업 데이터를 바탕으로 전략을 수립하고, 인재를 적재적소에 배치하며, 복잡한 경영 의사결정을 스스로 내리는 것이 가능하다. 이 단계의 AI는 기업 전체의 운영을 인간의 개입 없이도 통합적으로 관리하고 추진할 수 있는 수준을 의미한다.

2) 교육에서 활용되는 대표적인 AI 기술

지금까지 AI 기술의 전반적인 발전 단계를 살펴보았다면, 이제부터는 이러한 기술이 교육 분야에 어떻게 활용되고 있는지 구체적으로 살펴보자. AI 기술은 작동 원리(예: 머신러닝, 딥러닝, 생성형 AI)와 이 기법을 활용한 응용 기술(예: 자연어 처리, 추천 시스템 등)을 모두 포함하는 넓은 개념으로 사용된다. 여기에서는 교육 분야에 활용되는 대표적인 AI 기술을 중심으로, 각각이 어떤 원리로 작동하며 실제 교육에서 어떻게 활용되고 있는지 살펴보고자 한다.

(1) 데이터를 학습해 예측하거나 판단하는 머신러닝(Machine Learning)

AI에 대해 잘 모르더라도 머신러닝 혹은 기계학습에 대해서는 한번쯤 들어보았을 것이다. 머신러닝은 말 그대로 기계가 학습하는 방식으로, 컴퓨터가 데이터를 학습해 규칙이나 패턴을 찾아내는 AI 기법이다. 예를 들어, 수많은 이메일 중 스팸메일이 자동으로 스팸함에 들어가 있는 경우를 생각해 보자. 누군가 일일이 분류해준 것도 아닌데, 기계는 어떻게 스팸메일을 가려낸 걸까? 바로 머신러닝 덕분이다. 스팸 여부가 표시된 이메일을 학습하면서 컴퓨터는 '지금 클릭', '무료'와 같은 표현이 자주 등장하는 메일은 스팸일 가능성이 높다는 것을 학습하게 된다. 사람이 하나하나 가르쳐주지 않아도 컴퓨터가 직접 데이터를 통해 학습하는 것이다.

머신러닝은 데이터를 학습하는 방식에 따라 지도학습(Supervised Learning), 비지도학습(Unsupervised Learning), 강화학습(Reinforcement Learning)으로 나뉜다. 먼저, 지도학습은 정답(레이블)이 포함된 데이터를 컴퓨터에 보여주고 그 정답을 바탕으로 학습시키는 방식이다. 비지도학습에서는 정답이 주어지지 않는다. 대신, 컴퓨터가 스스로 데이터를 분석해 관계나 패턴을 찾아내 비슷한 것끼리 묶는다. 마지막으로 강화학습은 게임처럼 시행착오를 통해 배우는 방식이다. 어떤 행동에 대해 보상이나 감점을 받으면서 컴퓨터가 점점 더 좋은 선택을 찾아내는 구조다.

머신러닝은 교육 분야에서 AI를 활용한 맞춤형 학습을 가능하게 하는 핵심 기술이다. 예를 들어, 학생들의 문제 풀이 과정과 결과를 분석해 자주 틀리는 유형을 파악하거나 시스템 접속 시간과 학습 시간 등을 분석해 학습 습관이나 동기 수준을 진단한다. 또, 학생의 시험 점수 패턴을 학습하여 학습 부진 가능성을 예측할 수 있는 것도 머신러닝 기술의 활용 예라 할 수 있다. 머신러닝은 특히 여러 명의 학생을 동시에 지도해야 하는 교실 수업에서 유용하게 적용된다. 교사는 머신러닝 기반 학습분석을 통해 학급 전체 및 개별 학생의 학습 패턴을 빠르게 파악할 수 있다.

(2) 사람의 뇌를 모방한 신경망으로 데이터를 깊이 있게 분석하는 딥러닝(Deep Learning)

스마트폰 사진첩을 열어보면 자동으로 가족의 얼굴별로 앨범이 구분되어 있는 것을 본 적 있을 것이다. 이처럼 이미지 속 사람의 얼굴을 인식하고 분류하는 기술은 딥러닝의 대표적인 예다. 딥러닝은 머신러닝의 하위 분야로, 마치 사람의 뇌처럼 학습해 복잡한 패턴을 파악하고 판단하는 AI 접근법이다. 스마트폰의 얼굴 인식 기능은 수많은 사진을 학습하면서 얼굴형, 눈의 위치, 입술의 모양과 같은 특징을 구별할 수 있게 된다. 단순히 '눈이 두 개 있다'처럼 표면적인 특징을 찾는 것이 아니라, 여러 층의 신경망을 통해 미세한 차이까지 구분하며 얼굴을 인식하고 분류하는 것이다.

교육 분야에서도 딥러닝은 주목받고 있다. 온라인 수업 중 학생의 얼굴 표정을 포착해 집중도나 감정을 실시간으로 분석하는 시스템도 딥러닝을 활용한 사례다. 이러한 기술은 교사에게 실시간으로 학생들의 상태를 파악할 수 있게 해주고 학생 개개인의 학습 참여도나 정서 상태에 따른 맞춤형 수업 설계를 가능하게 한다. 최근에는 딥러닝이 면접 영역에 적용된 사례도 있다. 기업 채용은 물론 대학 입시 면접 준비에서도 딥러닝 기반 AI 면접 시스템이 활용되고 있다. 지원자가 면접 질문에 답변하는 동안 시스템이 답변 내용과 함께 표정, 시선, 움직임 등의 비언어적 요소까지 실시간으로 분석해 직무나 전공 적합도, 커뮤니케이션 스킬, 자신감 등을 예측한다. 이는 학생들이 마치 개인 면접 코치의 도움을 받는 것처럼 자신의 역량을 점검하고 개선하는데 유용하다.

(3) 대규모 데이터를 학습해 다양한 콘텐츠를 생성하는 생성형 AI (Generative AI)

한때 생성형 AI가 그린 그림을 예술로 인정할 수 있을지 혹은 AI를 예술가로 볼 수 있을지에 대한 논쟁이 일었던 적이 있다. 그만큼 최근 생성형 AI가 만들어내는 결과물은 사람이 작업한 것처럼 정교하고 창의적이다. 이처럼 생성형 AI는 '무언가를 생성할 수 있는' AI 접근법을 의미한다. 생성형 AI는 단순히 데이터를 분석하거나 분류하는 것을 넘어서 새로운 텍스트, 이미지, 영상, 음성 등 다양한 형태의 콘텐츠와 아이디어를 생성할 수 있다. 이러한 생성형 AI는 수천억 개의 데이터를 바탕으로 머신러닝과 딥러닝 알고리즘을 활용해

대규모 AI 모델을 훈련시키는 방식으로 구현된다. 우리가 흔히 사용하는 ChatGPT는 대표적인 생성형 AI로, 거대언어모델(LLM: Large Language Model)을 기반으로 문맥을 이해하고 자연스러운 문장을 생성한다.

생성형 AI가 다양한 콘텐츠를 만들어낼 수 있게 되면서 많은 사람들이 이를 활용하기 시작했지만, 한편으로는 AI 의존에 대한 우려나 거부감을 표하는 목소리도 있다. 이런 찬반 의견이 공존하는 상황에서 생성형 AI와 어떻게 협력해야 할까? 와튼 스쿨 교수인 이선 몰릭은 그의 2024년 책 『듀얼 브레인』에서 LLM 기반의 AI와 협업하기 위한 네 가지 원칙을 다음과 같이 설명한다. 첫째, 작업할 때 항상 AI를 초대하고, 둘째, 인간이 반드시 주요 과정에 개입한다. AI에게 완전히 맡겨두는 것이 아니라, 중요한 결정과 과정에서는 인간이 전문성을 바탕으로 직접 관여해야 한다는 원칙이다. 셋째, AI를 의인화하고 AI가 어떤 역할을 맡아 무슨 문제를 해결해야 하는지 설명해준다. 넷째, AI 기술이 계속 발전한다는 점을 염두에 두고 현재 사용하고 있는 AI가 앞으로 사용하게 될 최악의 AI라고 생각한다. 이런 원칙들은 생성형 AI의 불완전성과 위험성을 인정하면서도 AI를 우리의 협력 파트너로 수용하는 현실적인 가이드라 할 수 있다.

생성형 AI는 등장과 동시에 교육계에 큰 변화를 불러왔다. 예술 수업에서는 생성형 AI를 활용해 음악을 작곡하거나 영상을 제작하고, 글쓰기 수업에서는 글의 개요 짜기나 윤문 등을 목적으로 생성형 AI가 활용되기도 한다. 그러나, 생성형 AI는 정보의 신뢰성, 저작권, 개인정보 유출 가능성 등과 같은 위험성도 존재하기 때문에 교육적 목적으로 활용할 때는 기술에 대한 이해와 함께 신중한 접근이 요구된다.

(4) 사용자의 관심사를 반영하여 맞춤형 콘텐츠와 서비스를 추천하는 추천 시스템(Recommender System)

추천 시스템은 머신러닝과 딥러닝 알고리즘을 활용하면서 사용자의 관심사에 맞는 콘텐츠와 서비스를 제안하는 기술로, 교육 현장에서 그 자체로 강력한 영향력을 지닌 AI 기술이다. OTT 서비스의 '당신을 위한 추천'에는 나의 영상 시청 기록을 바탕으로 내가 좋아할만한 콘텐츠가 뜬다. 단순히 인기 있는 콘텐츠를 나열하는 것이 아니라 나와 유사한 관심사를 가진 다른 사람들의 시청 기록을 참고하거나 내가 좋아한 콘텐츠들의 특성을 분석해 새로운 콘텐츠를 제안하는 알고리즘이 적용되어 있다.

추천 시스템은 크게 협업 필터링(Collaborative Filtering)과 내용 기반 필터링(Content-based Filtering)이라는 방식으로 나뉜다. 협업 필터링은 나와 비슷한 취향을 가진 사람들의 선택을 참고하는 방식이다. 예를 들어, 나와 비슷한 음악을 좋아했던 사람들이 최근 감상한 곡을 나에게도 추천해주는 식이다. 반면, 내용 기반 필터링은 내가 좋아했던 아이템의 특징을 분석해서 그와 비슷한 다른 아이템을 추천해주는 방식이다. 내가 좋아하는 특정 감독이나 배우가 출연한 영화를 시청했을 때 해당 감독의 다른 작품이나 그 배우가 출연한 다른 영화들을 추천해준다.

그렇다면 교육에서는 어떻게 적용될 수 있을까? 국내 한 대학에서 개발한 'AI 선배'라는 강의 추천 시스템은 추천 시스템이 적용된 대표적 사례라 할 수 있다. 나와 동일 전공이거나 유사한 과목을 수강했던 선배들의 수강 이력 데이터를 기반으로 교과목을 추천해주거나 과거 수강했던 강의를 바탕으로 교과목을 추천해준다. 마치 경험 많은 선배가 직접 조언해주는 것과 같은 효과를 AI로 구현한 셈이다. 이처럼 추천 시스템은 학습자가 자신에게 꼭 맞는 학습 경로를 찾아갈 수 있도록 돕는 안내자 역할을 할 수 있다.

(5) 사람의 언어를 기계가 이해하고 처리할 수 있게 하는 자연어 처리 (NLP: Natural Language Processing)

우리가 일상에서 쓰는 말이나 글을 자연어라 부른다. 자연어 처리는 이러한 자연어를 컴퓨터가 이해할 수 있도록 돕는 기술이다. 즉, 인간이 사용하는 언어를 컴퓨터가 처리할 수 있도록 만드는 것이 자연어 처리의 핵심이다. 이 기술은 최근 딥러닝의 발전과 함께 더욱 정교해지고 있다. 자연어 처리 기술은 단어나 문장, 문단 등을 분석하고 이해하는 것은 물론 자연어를 생성하는 기술도 포함한다. 우리는 매일 자연어 처리 기술을 사용하고 있다. 음성 인식, 번역, 챗봇, 검색 엔진 등 우리가 접하는 다양한 서비스에 자연어 처리 기술이 적용되어 있다.

자연어 처리 기술이 교육에서 가장 활발하게 적용되는 분야는 서술형 평가와 자동 채점, 글쓰기 피드백 등이다. 교사가 일일이 검사하지 않아도 AI가 학생의 글을 평가할 수 있는 것이다. 예를 들어, 자연어 처리 기술을 통해 학생들의 글을 평가 기준에 따라 자동으로 평가하고 오류를 찾아내며 즉각적 피드백을 줄 수 있다. 이는 교사와 학생 모두에게 도움이 된다. 교사는 반복적인 평가 업무의 부담을 줄일 수 있고, 학생들 역시 즉각적으로 피드백을 받아 자신의 글을 점검하고 글쓰기 능력을 향상시킬 수 있다.

3) AI는 교육에 어떻게 적용되는가?

앞서 살펴본 다양한 AI 기술은 교육 현장에서 어떤 방식으로 나타나고 있을까? AI 기술이 교육에 적용되는 것을 '교육에서 AI(AIED: AI in Education)'라 부르는데, AIED는 크게 AI에 대한 교육, AI를 교수학습 도구로 활용한 교육, AI를 교과와 융합한 교육으로 구분된다. AI는 교육의 내용이 되기도 하고 방법이나 도구가 될 수도 있다. 때로는 교과지식을 새로운 관점에서 바라보도록 돕는 매개가 되기도 한다.

(1) AI에 대한 교육

AIED의 첫 번째 범주는 AI 자체에 대한 교육이다. 이는 AI가 교육 내용이 되는 것으로, AI의 원리와 활용은 물론 AI의 사회적 영향까지 배우면서 디지털 소양을 함양하는 것을 목표로 한다. AI에 대한 교육은 주로 초등학교 실과 교과와 중·고등학교 정보 교과에서 다루며 창의적 체험활동 시간을 활용해 진행되기도 한다.

AI에 대한 교육은 주로 탐구와 실습 중심 수업으로 진행된다. 예컨대 학생들이 직접 간단한 AI 챗봇을 만들어 보거나, 이미지나 문장을 분류하는 AI 모델을 직접 훈련시켜 보는 활동들이 있다. 이런 과정에서 머신러닝의 원리뿐만 아니라 데이터에 따라 AI의 판단이 달라질 수 있다는 데이터 편향에 대해서도 배운다.

더 쉬운 접근 방법도 있다. 학습자의 수준과 흥미에 따라 컴퓨터를 활용하지 않고 AI의 원리를 체득하는 언플러그드 활동도 적극 활용된다. 예를 들어, 지도학습의 대표적인 분류 알고리즘인 의사결정트리(Decision Tree)는 데이터를 특정 기준에 따라 '예, 아니오'로 나누며 분류해 나가는 방식으로, 대량의 데이터를 빠르게 학습시킬 때 유용하다. 언플러그드 수업에서는 학생들이 동물 카드를 관찰하면서 '두 발로 걷는가?', '날개가 있는가?' 등의 기준을 세워 카드를 분류하며 단계적으로 트리 구조를 완성한다. 또는 스무고개 게임처럼 우리 반 친구 중 한 명을 추리하는 게임을 하면서 질문마다 범위가 줄어드는 과정을 통해 의사결정트리 기반의 분류 방식을 이해한다.

이런 기초 이해를 바탕으로, 엔트리와 같은 블록 기반 코딩 도구를 활용해 실제 분류 데이터를 기반으로 AI 분류 모델을 만들어보는 활동으로 확장할 수 있다. 사용자의 입력값에 따라 예측 결과를 출력하는 프로그램을 직접 구현하면서 AI의 작동 방식에 대해 실질적으로 이해할 수 있다. 이처럼 AI에 대한 교육은 학생들이 기술을 소비하는 사용자를 넘어, 그 작동 원리와 한계, 사회적 영향까지 비판적으로 이해하도록 돕는 통합적 접근이 필요하다.

(2) AI를 교수학습 도구로 활용한 교육

AIED의 두 번째 범주는 AI를 교수학습 도구로 사용하는 경우로, AI활용교육이라 부르기도 한다. 이 교육은 AI 기술을 활용해 교육의 효과를 높이는 것을 목적으로 한다. 특히 학습 수준과 속도에 있어 개인차가 큰 교과에서는 AI가 유용하게 활용된다. 예를 들어, AI 기반 수학 학습 플랫폼에서 AI가 학생의 오답 유형을 분석해 맞춤형 피드백을 제공하거나 각 학생의 수준에 따라 난이도가 조절되는 문제가 자동 제공되는 경우가 이에 해당한다. 이런 맞춤형 학습이 어떻게 가능한지를 좀 더 자세히 살펴보자.

우리는 모두 자신만의 속도로 배워나간다. 흥미를 느끼는 주제도, 개념을 이해하거나 배운 내용을 실생활에 적용하기까지 걸리는 시간도 제각각이다. 어떤 학생에게는 쉬운 내용이 어떤 학생에게는 너무 어렵다. 이처럼 성향과 수준, 학습 속도가 모두 다른 학생들이 함께 공부하는 교실에서 과연 맞춤형 학습이 가능할까? 교육계는 이 어려운 과제를 해결하기 위해 오래전부터 다양한 노력을 기울여왔다.

AI 기술이 발전하면서 학생의 학습 이력과 반응을 바탕으로 개별적인 수준과 선호도를 빠르게 파악할 수 있게 되었다. 그 결과, 학교 현장에서도 AI를 활용한 맞춤형 학습의 실현 가능성이 점점 커지고 있다. 우리가 흔히 AI 기반 학습 시스템을 'AI 튜터'라 부르는 이유도 여기에 있다. 마치 개인 과외 선생님처럼 학생 한 명 한 명에게 꼭 맞는 학습을 제공해줄 수 있다는 기대가 담겨 있는 것이다.

이러한 AI 기반 맞춤형 학습 시스템의 대표적인 형태로 지능형 튜터링 시스템(ITS: Intelligent Tutoring System)이 있다. ITS는 단지 학습 내용이나 문제를 자동으로 제시하는 데 그치지 않고, '무엇을 가르쳐야 하는지(전문적인 학습 내용에 대한 지식)', '누구에게 가르치는지(학생 개인의 수준과 이해도에 대한 정보)', '어떻게 가르치면 효과적인지(학습을 돕는 다양한 방법에 대한 지식)'를 모두 고려해 설계된다. 우리가 알고 있는 많은 AI 기반 학습 플랫폼이 이 ITS의 형태이다.

AI가 개별 학생들의 학습을 모니터링하면서 교사는 실시간으로 학습 데이터를 확인할 수 있게 되었고, 이는 도움이 필요한 학생에게 보다 적절한 시점에 개입할 수 있는 가능성을 높여주었다. 여기서 잊지 말아야 할 점은 AI는 교실에서 맞춤형 학습을 지원하는 도구이며, 그 가능성을 실현하기 위해서는 교사의 섬세한 판단과 교육적 결정이 여전히 중요하다는 것이다.

(3) AI를 교과와 융합한 교육

AIED의 마지막 범주는 AI 융합교육이다. 이는 AI를 특정 교과의 내용이나 방법에 창의적으로 통합하여 설계하는 접근이다. 예를 들어, 사회 교과에서 AI 기술로 가짜뉴스를 판별하는 프로젝트를 진행하거나 국어 시간에 생성형 AI를 활용해 글쓰기 역량을 기르는 활동 등이 해당된다. 최근에는 교육부, 시도교육청과 대학이 협력해 교사의 AI 융합수업 설계 역량을 지원하는 AIEDAP(AI EDucation Alliace & Policy lab)를 중심으로 다양한 AI 융합수업 사례가 소개되고 있다. 그 중에서 몇 가지 사례를 살펴보자.[4]

첫 번째는 수학 교과와 AI를 융합한 사례이다. 이 수업에서 학생들은 '교내 점심 방송에서 저작권 걱정 없이 음악을 틀 수 있을까?'라는 실제 문제를 해결하기 위해 직접 음악을 제작하는 프로젝트를 수행한다. 학생들은 파이썬(Python)을 활용한 웹 크롤링으로 국내 인기 음악 차트의 가사 데이터를 수집하고, 이를 워드 클라우드로 시각화하여 분석한다. 여기서 중요한 것은 빈도수 계산과 같은 데이터 분석 과정에 수학 교과 내용이 구체적으로 적용된다는 점이다. 이후 학생들은 생성형 AI 도구를 활용해 직접 노래를 작사·작곡한다. 마

4 AIEDAP, 『2024 AIEDAP 수도권역 AI 융합교육 우수 실천 사례집』(서울: AIEDAP, 2025).

지막으로 AI 창작물의 저작권 문제에 대해 토론함으로써 기술의 사회적 책임과 윤리적 쟁점까지 성찰하는 시간을 갖는다.

두 번째는 국어 교과에 AI를 융합한 사례이다. 학생들은 빈곤 청소년 문제를 주제로 책을 읽고, 이 문제의 해결책을 찾기 위해 생성형 AI를 활용한다. 더 나아가 학생들은 강화학습, 협업 필터링, LLM과 같은 AI 기술을 적용하여 해결책을 모색한다. 예를 들어 학생들은 협업 필터링을 적용하여 특정 그룹의 빈곤 청소년에게 가장 효과적이었던 지원 방식을 추천하는 프로그램을 구상해 볼 수 있다. 학생들은 최종적으로 문제 해결 아이디어를 담은 기획서를 제작하고 이에 대한 투자설명회를 개최한다.

이와 같은 AI 융합수업 사례들을 보면, 학생들이 교과 지식과 AI 기술을 통합적으로 활용함으로써 실제 사회 문제를 비판적으로 바라보고 창의적으로 해결하는 역량을 기를 수 있음을 알 수 있다. 이것이 바로 AI 융합교육이 추구하는 핵심 가치이다.

3. AI 시대 교육이 직면한 과제와 교회교육의 역할

2024년 10월, Forbes에는 '우리는 의사결정을 내리는 기계에 대해 준비되어 있는가?'라는 제목의 기사가 실렸다. 이 글은 AI가 의사결정을 내릴 수 있는 능력을 갖추기 시작한 현실을 조명하며, 그로 인해 사회와 인간이 어떤 준비를 해야 하는지 묻는다. 특히, 진정한 추론(reasoning)에는 긍휼과 공감이 수반되어야 한다는 점에서 AI의 추론이 가지는 본질적 한계를 지적한다. 그러면서 AI가 얼마나 많은 자율성을 가져야 하는지, 또 그 과정에서 인간의 역할은 무엇인지에 대한 고민이 필요함을 강조한다.

이처럼 AI가 기존의 테크놀로지와 전혀 다른 점은 AI 스스로 결정을 내릴 수 있다는 것이고, 이는 교육계에 엄청난 도전이 되고 있다. AI 기술이 빠르게 교육에 적용되고 있는 만큼 그 기회와 한계, 그리고 윤리적·신앙적 성찰이 함께 이루어져야 한다. 현재 교육계에서 논의되고 있는 네 가지 중요한 질문을 통해 교회교육의 역할과 함께 생각해 보고자 한다.

1) 삶과 학습, 일의 의미는 어떻게 달라질까?

IT 업계 동향을 다루는 테크 전문 매체인 CIO는 2024년 11월 기사에서 AI 도입 이후 많은 조직에서 직원들의 생산성이 향상되었지만, 정작 확보된 여유 시간을 의미 있는 일에 사용하지 못하는 경우가 많았다고 보도했다. 오히려 일부 직원들은 AI 덕분에 절약된 시간을 창의적인 업무에 투자하기보다는 기존의 행정 업무나 반복적인 작업에 사용하는 경향을 보였다. 인간이 하던 많은 일을 AI가 대신 수행하게 되면서 우리는 보다 본질적이고 가치 있는 일에 집중할 수 있을 것이라 기대하였다. 그러나 현실은 그리 간단하지 않았다. AI가 가져올 변화에 대한 불안감은 커지고 있으며, 심지어 AI가 대체하지 않을 직업 목록조차 매번 바뀌고 있다. 우리는 당장 내일을 예측하기 어려운 불확실한 시대에 살고 있다.

학습은 또 어떤가? 배움의 본질에는 학습자의 주체성(agency)이 있다. 우리가 강렬하게 기억하는 의미 있는 배움의 순간들은 스스로 학습을 주도하며 시행착오를 통해 성장했던 경험들이다. 그런데 이 과정에 AI가 지나치게 개입한다면 어떻게 될까? 학습에서 변할 수 있는 것과 변하지 않아야 하는 것을 명확하게 구분하는 것이 필요하다. AI 기반 학습 플랫폼을 전문적으로 개발하고 있는 에듀테크 기업 에누마의 이수인 대표는 AI 시대 공부의 의미를 다음과 같이 설명한다.

> 공부가 옛날보다 훨씬 중요한 시대가 와요. 전통적인 의미의 공부 있죠. 사유…'내가 왜 이것을 하고 앉아 있는가?'라는 부분에 대한 대답을 아는 것이 그 일을 하는 것보다 훨씬 중요한 시대가 올꺼에요. 공부의 목표가 좋은 생각을 하고 좋은 판단을 하는 것이고 더 나은 지식들을 끌어 모아서 더 나은 인생을 사는 것이라면 공부는 하나도 변하지 않았어요.[5]

이수인 대표의 통찰은 학습의 의미를 되짚어보기 위한 출발점이 될 수 있다. 학습은 단순한 정보 습득이 아니라 스스로 사고하고 선택하는 힘을 기르는 과정이다. 그렇기에 AI 시대일수록 인간으로서의 자율성과 주체성을 지키며 AI와 협력하기 위해 좋은 판단을 할 수 있는 메타인지를 기르는 교육이 중요하다. 다음세대의 학습은 단지 효율성과 경쟁력만을 추구하는 것이 아니라 자신이 하는 공부와 일에 대한 진정한 목적과 의미를 갖도록 안내해야 한다.

이처럼 AI가 주는 풍요와 위기 속에서 우리는 삶과 일, 학습의 의

5 EO Korea, "아시아 1위 수학 학습앱을 만든 대표에게 물어보았다," 최성운의 사고실험 (2023.5.2.), https://www.youtube.com/watch?v=YdzgYuICj8o&t=787s (2025.7.5. 접속).

미는 무엇인지 질문해야 한다. 우리는 여전히 다음세대가 스스로 삶의 가치를 발견하고 그 길을 걸어갈 수 있도록 돕는 것이 교육의 본질적 역할이며, 바로 여기에 교회교육의 소명이 있다고 믿는다. 이어령 교수는 생전 한 인터뷰에서 AI 시대에 진짜로 종교가 시작된다고 하였다. 그는 기술이 고도로 발달할수록 사랑하고 배려할 줄 아는 사람, 기도하는 영성을 지닌 사람이 더욱 빛을 발하는 시대가 올 것이라고 보았다. 하나님과 이웃을 향한 사랑을 통해 삶의 목적과 의미를 발견해가는 '영성의 사람'을 세우는 것. 그것이 바로 AI 시대 교회교육의 책무일 것이다.

2) 더욱 중요해진 사회정서역량, 무엇을 가르쳐야 할까?

2025년 4월, 미국 Elon University 디지털 미래 센터에서는 흥미로운 보고서를 발간했다. 『2035년의 인간: AI 시대에 인간은 어떻게 변화하고 있는가?』라는 제목의 이 보고서는 300명 이상의 전문가를 대상으로 인간 고유의 12가지 역량이 AI 발전에 따라 어떤 영향을 받을지 조사한 결과를 담고 있다. 결과는 놀라웠다. 전체 전문가 중 절반이 AI가 복잡한 개념에 대해 깊이 사고하는 능력과 사회정서역량에 부정적인 영향을 미칠 것이라 응답하였다. 이는 12개 역량 중 가장 높게 우려를 보인 항목이었다. 이처럼 인간의 사고력과 사회정서적 능력이 약화될 수 있다는 전망은 오히려 이 역량들이 미래 사회에서 더욱 중요해질 것임을 보여준다. 실제로 자기이해, 정서조절, 배려와 공감과 같은 사회정서역량은 AI 시대를 살아가는 핵심역량으로 교육계의 주목을 받고 있다.

AI를 포함한 디지털 활용 수업이 늘어나면서 교실 현장에서는 예상치 못한 사회정서 문제가 관찰되기도 한다. 몇 년 전 참여했던 초등학교 디지털 활용 수업 연구를 예로 들어보자.[6] 이 연구에서 발견된 문제는 디지털 기반 의사소통이 증가하면서 학생들이 오프라인에서 직접 소통하고 의사소통 기술을 습득할 기회가 감소한다는 점이었다. 또다른 문제도 있었다. 개별 활동을 중심으로 설계된 디지털 도구를 사용할 경우 학습자들이 자신의 과제에만 몰입하게 되어 동료 학습자의 어려움이나 문제 상황을 인식하지 못하는 경우가 빈번하게 발생하였다. 이는 우리가 예전 교실에서 흔히 경험했던 것들이 지금의 아이들에게는 전혀 당연하지 않다는 것을 보여준다. 따라서, 사회정서역량을 키워주는 교육이 더욱 필요하다.

이런 현실 때문에 그동안 인지적 영역에 비해 상대적으로 경시되어 있었던 사회정서가 교육의 핵심 영역으로 재조명되고 있다. 우리나라에서도 공교육이 사회정서역량 함양에 책임을 지고자 2025년 한국형 사회정서교육 정책을 발표하였다. 이런 흐름과 함께 사회정서역량 교육을 위한 접근법으로 사회정서학습(Social and Emotional Learning, SEL) 개념에 대한 관심도 높아지고 있다. 사회정서학습은 다섯 가지 핵심 요소로 구성된다. 첫째, '자기인식'은 자신의 강점과 약점을 인식하는 능력이다. 둘째, '자기관리'는 감정과 행동을 효과적으로 조절할 수 있는 능력이다. 세 번째 요소인 '사회적 인식'은 타인의 입장을 이해하고 공감하는 능력이며, 넷째, '대인관계'는 타인

6 김보경, 김세영, 임지영, "초등 디지털 활용 교육에서 사회정서학습 문제 예방을 위한 수업 및 디지털 도구 설계원리 탐색,"「교육공학연구」 39(2023/4), 679-715.

〈그림 2〉 사회정서학습 프레임워크(CASEL, n.d.)

과 건강한 관계를 맺고 유지할 수 있는 능력이다. 마지막 요소인 '책임 있는 의사결정'은 공동체 안에서 책임 있는 판단과 행동을 하는 능력이다.

사회정서학습을 위한 단체인 CASEL은 이 다섯 가지 요소를 기본으로 하는 사회정서학습 프레임워크를 〈그림 2〉와 같이 제안하면서 개개인의 사회정서역량 함양을 위해서는 교실뿐만 아니라 학교, 가정, 지역사회 간 협력이 필요하다고 강조한다.[7] 바로 여기서 주목

7 CASEL, "What is the CASEL Framework?" CASEL (n.d.), https://casel.org/fundamentals-of-sel/what-is-the-casel-framework/ (2025.7.5. 접속).

할 점은 지역사회의 일원으로서 교회의 역할도 매우 중요하다는 것이다. 따라서 교회교육은 성경적 사회정서역량을 체계화하고, 교회 현장에 적합한 사회정서학습 프로그램을 적극적으로 개발해야 할 것이다.

3) 기술과 윤리, 왜 함께 가르쳐야 하는가?

AI는 과연 얼마나 안전할까? 넬 왓슨 유럽 책임 인공지능 사무소 회장은 AI가 일상 생활에 통합되면서 인간의 경험 자체가 근본적으로 변화될 것이라 전망하였다. 특히, AI가 이전에는 경험하지 못한 강도 높은 자극을 줄 수 있다는 점에서 그 잠재적 영향력은 결코 가볍지 않다. 딥러닝의 개척자로 알려진 제프리 힌턴 교수 또한 최근 한 인터뷰에서 AI 기술이 지나치게 빠르게 발전하고 있고 인류에 위협이 될 수 있다고 지적하였다. 알고리즘을 통해 무분별하게 확산되는 가짜뉴스와 그로 인한 사회적 갈등만 보아도 AI 윤리에 대한 교육은 더 이상 미룰 수 없는 시급한 과제이다. 더욱 우려스러운 것은 이러한 영향이 정보 왜곡을 넘어 우리의 가치관과 신앙의 토대를 흔들 수 있다는 점이다.

이러한 우려를 단적으로 보여주는 사례가 있다. 만약 사랑하는 이의 죽음을 경험한 사람에게 디지털 기술로 고인을 다시 만날 수 있도록 해준다면 어떨까? 다큐멘터리 영화 『Eternal You』는 사망한 사람을 디지털 기술로 구현해 유가족이 고인과 대화할 수 있도록 해주는 스타트업의 이야기를 담고 있다. 이 서비스를 이용한 한 사용자가 고인을 재현해낸 디지털 아바타에게 죽음이 어떤 기분인지 묻는 장면은 기술이 인간의 가장 내밀한 영역까지 들어오고 있음을 보여준다. 뉴욕타임즈는 이 영화를 소개하며 '죽은 자와 대화하는 것이 윤리적인가?'보다 '소프트웨어 회사가 그러한 능력을 판매하는 것이 윤리적인가?'를 질문해야 한다고 지적하였다. 이 영화는 AI 기술을 개발하고 사용하는 모든 이들의 책임을 묻고 있다.

생성형 AI는 질문을 던지면 거의 모든 주제에 답할 수 있고 사용자에게 영향을 미칠 수 있다. 이는 가치관이 아직 형성되지 않은 어린이와 청소년에게 AI가 특정 관점이나 태도를 전달할 수 있음을 의미한다. 예를 들어, 성, 생명과 같은 주제에 대해 AI가 제공하는 답변에는 이미 어떤 가치 판단이 담겨 있을 수 있다. 그리고 이는 곧바로 학습자에게 영향을 미친다. 이것이 바로 AI 시대를 살아가는 아이들이 기술을 분별력 있게 사용할 수 있도록 돕는 교육이 절실한 이유다.

그렇다면 AI 윤리 교육은 무엇을 의미하는가? 과학기술정책연구원의 정의에 따르면 AI 윤리는 AI 기술과 관련된 이해관계자가 준수해야 할 보편적 사회 규범과 기술이다. AI 윤리 교육은 인간이 AI와 상호작용하면서 발생할 수 있는 윤리적, 사회적, 법적 이슈들을 비판적으로 바라보고 성찰할 수 있는 능력을 키워주는 교육이다. 특히 가치관이 형성되는 시기의 아이들에게는 올바른 윤리의 기준과 영적 분별력이 무엇보다 중요하다. AI 기술이 제공하는 편리함과 효율성에만 주목할 것이 아니라, 그 기술이 담고 있는 가치와 영향을 깊이 있게 성찰할 수 있는 능력을 길러주어야 한다. 그렇기에 교회교육이 성경적 가치관으로 삶에서 당면하는 기술 관련 문제들에 대해 신앙적으로 질문할 수 있는 힘을 길러주어야 할 것이다.

4) 디지털 과잉 시대, 균형 잡힌 교육을 위해서 무엇을 해야 하는가?

'**Brain Rot(뇌 썩음)**' 옥스퍼드대학교 출판부가 선정한 2024년을 대표하는 올해의 단어(Word of the Year 2024)이다. 이는 유튜브 쇼츠나 틱톡처럼 자극적이고 짧은 콘텐츠를 반복적으로 소비함으로써 우리의 뇌가 점차 집중력과 사고력을 잃어가고 있는 현실을 풍자한 표현이다. 우리는 그야말로 디지털 과잉 시대를 살아가고 있다.

2023년 한국언론진흥재단이 만 3세 이상 9세 이하 어린이의 보호자 2,675명을 대상으로 실시한 『미디어 이용 실태조사』에 따르면, 스마트폰을 만 3세 이전에 처음 접한 어린이의 비율이 43.5%에 달했다. 더불어, 어린이의 절반이 릴스나 쇼츠 등의 숏폼 콘텐츠를 정기적으로 시청하는 것으로 나타났다.

디지털 과몰입으로 인한 청소년 문제는 더 심각하다. 대표적인 사례가 딥페이크를 활용한 디지털 성범죄이다. 2024년 정부가 발표한 『딥페이크 성범죄 대응 강화 방안』에 따르면, 그해 발생한 10대 관련 딥페이크 성범죄 피의자의 약 80%가 같은 10대였다. 한국형사·법무정책연구원이 2024년 11월 청소년을 대상으로 실시한 인식 조사에서도 딥페이크 관련 교육의 사각지대가 여실히 드러났다. 딥페이크 불법 영상 사건과 관련해 부모와 대화한 경험이 '없다'고 응답한 비율이 72.4%에 이르렀고, 학교에서 관련 교육을 받은 경험에 대한 질문에 약 4분의 1의 학생이 '내용이 기억나지 않는다'고 답했다. 이는 딥페이크와 같은 디지털 범죄에 대해 실질적이면서도 학생 눈높이에 맞춘 교육이 여전히 부족하다는 사실을 보여준다.

영국 드라마 『소년의 시간』은 13세 소년 제이미가 같은 학교 소녀를 살해한 혐의로 체포되는 장면으로 시작한다. 이야기는 사건의 핵심 단서인 제이미의 SNS 활동 기록을 따라가며 전개된다. 이 드라마는 청소년의 삶의 공간이 오프라인이 아닌 디지털로 옮겨갔음을 보여주면서 부모와 교사들이 청소년의 디지털 세계를 얼마나 모르고 있는지를 적나라하게 드러낸다. 이 드라마가 현실을 얼마나 사실적으로 그려내고 있는지는 사회심리학자 조너선 하이트의 『불안 세대』에서 확인할 수 있다. 그는 스마트폰 보급 이후 청소년 사이에서 급증한 불안, 우울증과 중독 문제를 방대한 데이터를 통해 고발한다. 그는 이 문제의 원인 중 하나로 부모들이 현실 세계에서는 자녀를 과잉보호하면서도 디지털 세계에서는 과소보호하거나 방임한다는 점을 지적한다. 오프라인에서는 자녀가 겪을 수 있는 자연스러운 좌절과 실수를 사전에 차단하면서도, 스마트폰을 자녀에게 아무 기준 없이 쥐여준 채 디지털 공간으로 내몬다는 것이다.

이러한 현실 속에서 하이트는 스마트폰과 SNS 사용에 대한 연령 제한이 필요하다고 강조한다. 하지만 이것이 디지털 기술 자체를 무조건 거부하자는 의미는 아니다. 오프라인과 온라인의 경계가 사라지고 AI와 인간의 협력이 논의되는 지금, 디지털 기술을 무조건 금지할 수도 없는 현실이다. 더욱이 학습을 위한 디지털 도구 사용과 스마트폰 및 SNS 허용 문제는 별개로 구분해서 생각해야 한다. 목적에 따라 구분해서 접근해야 한다.

정부, 기업, 학교는 디지털 도구의 현명한 사용과 자기조절을 가르치고, 어린이와 청소년의 안전하고 건강한 디지털 사용을 위해 책임 있게 협력해야 한다. 이런 맥락에서 디지털 사용에 대한 부모교육은 세대 간 경험의 간극을 좁히고, 자녀의 발달 수준에 적합한 디지털 환경을 조성하는 데 필수적이다. 교회교육의 역할도 여기에 있다. 교회는 부모교육을 통해 크리스천 부모가 자녀의 디지털 삶을 바르게 이끌어갈 수 있도록 도와야 한다. 단지 도구를 사용하는 법을 넘어, 디지털 환경 속에서 신앙과 윤리를 어떻게 실천할 것인지에 대한 지침도 함께 제시해야 한다.

이처럼 디지털 과잉 시대에 균형 잡힌 교육을 시행하기 위해서는 디지털 도구를 효과적이고 책임감 있게 사용할 수 있는 능력인 디지털 리터러시(Digital Literacy)에 주목해야 한다. 디지털 리터러시는 단순한 디지털 기술 습득을 넘어 디지털 환경에서 살아가기 위한 지식, 기술, 태도를 모두 포괄하는 개념이다. 〈그림 3〉에서 볼 수 있듯이[8] 디지털 리터러시에는 다양한 능력들이 포함된다. 디지털 도구와 정보에 접근하고 활용하는 능력, 디지털 환경 속 윤리적 문제를 이해하고 비판적으로 분석하는 능력, 정보를 분석하고 디지털 콘텐츠를 생산하는 능력, 그리고 디지털 환경에서 효과적으로 소통하고 문제를 해결하는 역량 등이 그것이다.

요즘에는 디지털 세계에서 실천성을 강조하는 맥락에서 디지털 리터러시가 종종 디지털 시민의식(Digital Citizenship)이라는 개념으로 확장되어 논의되기도 한다. 이는 중요한 변화다. 디지털 네이티브는 디지털을 통해 얻은 정보를 토대로 의사결정을 내리고 이 정보를 디지털에서 활발히 재생산한다. 누구나 자신의 의견을 자유롭게 표현하고 공유할 수 있는 이런 환경 속에서 책임 있는 시민의식

8 한국교육학술정보원, 『교육과정 연계 디지털 리터러시 교육 가이드라인 개발 연구』 (대구: 한국교육학술정보원, 2023).

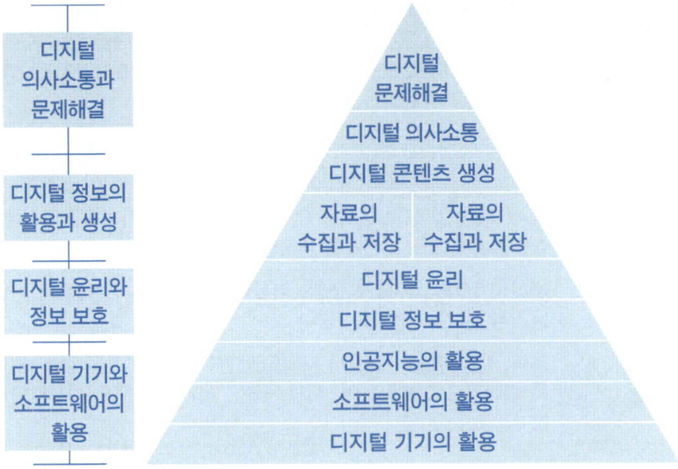

〈그림 3〉 디지털 리터러시 프레임워크(한국교육학술정보원, 2023)

은 그 어느 때보다 중요해졌다. 실제로 미디어 교육 전문가 Hobbs는 시민성을 함양하는 관점에서 디지털 리터러시의 다섯 가지 핵심 요소를 〈표 1〉과 같이 제안하였다.[9] 이러한 요소들은 단순한 정보 활용 능력을 넘어 사회와 공동체 안에서 바른 판단과 윤리적 책임을 다할 수 있는 역량을 포함한다.

이처럼 다양한 요소를 포괄하고 있는 디지털 리터러시는 AI 시대 모든 시민이 갖추어야 할 필수 소양이다. 따라서 교회는 기존의 교회교육 커리큘럼 중 어떤 부분이 디지털 리터러시와 연결될 수 있을지를 고민해야 하며, 기독교적 세계관을 반영한 디지털 리터러시 교

9 Renee Hobbs, *Digital and Media Literacy: A Plan of Action* (Washington, D.C.: Aspen Institute, 2010).

요소	의미
접근	미디어와 디지털 도구를 능숙하게 찾아 사용하고, 관련 정보를 다른 사람들과 공유하는 능력
분석 및 평가	메시지가 지니는 잠재적 효과를 고려하면서 메시지를 이해하고 메시지의 질, 관점, 진실성, 신뢰도를 비판적으로 분석하는 능력
제작	목적, 대상 및 표현 방식을 인식하며 창의성과 자기표현에 대한 자신감을 바탕으로 콘텐츠를 제작할 수 있는 능력
성찰	자신의 정체성과 삶의 경험, 커뮤니케이션 방식에 사회적 책임과 윤리적 원칙을 적용하는 능력
행동	가족, 직장, 지역사회에서 지식을 공유와 문제 해결을 위해 개인 혹은 협력적으로 활동하며, 지역, 국가, 세계의 일원으로서 적극적으로 참여하는 능력

〈표 1〉 시민성 함양 차원에서의 디지털 리터러시 구성 요소(Hobbs, 2010)

육을 지속적으로 개발해 나가야 할 것이다.

AI 네이티브 세대는 오프라인과 온라인을 넘나들며 살아간다. 창세기 2장 15절에서 하나님께서 경작하며 지키라고 하신 삶의 영역이 더 이상 물리적 공간에만 머무르지 않는다. 하나님께서 인간에게 맡기신 '경작하고 지키는' 사명은 디지털 세계에도 그대로 적용된다. 디지털 세계를 우리 자신뿐 아니라 다음세대가 책임감 있게 가꾸어 갈 수 있도록 돕는 것, 그것이 바로 AI 시대를 살아가는 교회교육의 중요한 과제일 것이다.

여호와 하나님이 그 사람을 이끌어 에덴 동산에 두어 그것을 경작하며 지키게 하시고 (창세기 2:15)

■ 함께 생각해볼 질문

1. 학습 과정에서 AI 도구를 사용한 경험을 떠올려보자. 그 경험에서 AI는 어떤 의미였으며, 이 경험으로 인해 학습 방식은 어떻게 변화되었는가?
2. AI와 상호작용이 학습자의 사고력 확장과 비판적 사고 능력 함양을 촉진하기 위해서는 학습경험이 어떻게 설계되어야 할까?
3. 교육 분야에 적용되는 AI 기술들을 살펴볼 때, 어떤 가능성에 주목하게 되며 동시에 어떤 한계나 우려를 느끼게 되는가?
4. AI 기술이 인간의 업무를 대체하고 새로운 아이디어를 생성하는 수준까지 발전하고 있는 지금, 우리는 '일'과 '학습', '삶'의 의미를 어떻게 다시 정의해야 할까? 이러한 변화 속에서 인간만이 할 수 있는 고유한 역할과 가치는 무엇이라고 생각하는가?
5. 디지털로 확장된 세상을 살아가는 오늘날, 우리가 지키고 돌봐야 할 것에 어떤 변화가 있는가? 교회교육은 이러한 변화 속에서 어떤 역할을 감당해야 하며, 어떤 방식으로 다음세대를 준비시켜야 할까?

■ 읽어보면 좋을 책

살만 칸, 『나는 AI와 공부한다』, (서울: 알에이치코리아, 2025).
저스틴 라이시, 『언택트 교육의 미래』, (서울: 문예출판사, 2021).
조너선 하이트, 『불안 세대』, (파주: 웅진지식하우스, 2024).

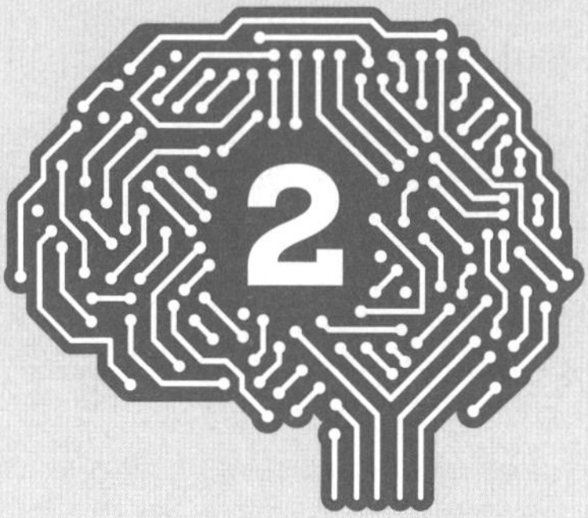

AI 시대에 대한 신학적 이해

권수경 박사

일원동교회 담임, 전 고려신학대학원 초빙교수

권수경은 서울대 철학과(B. A.), 고려신학대학원(M. Div.), 예일대 신학부(S. T. M.)와 종교학부(Ph. D.)에서 공부했고, 미국 유학 중 그리니치 한인교회를 17년간 담임했다. 귀국하여 고려신학대학원에서 초빙교수로 자연과학, 인공지능, 포스트모더니즘 등 기독교 세계관의 여러 분야를 가르쳤으며 지금은 서울 일원동교회 담임목사로 일하며 저술과 강의도 병행하고 있다. 저서로는 『질그릇에 담은 보배』, 『번영복음의 속임수』, 『변하는 세상 영원한 복음』, 『파스칼 평전』이 있고 공존과 영생의 진리를 푼 『황금률』 출간을 앞두고 있다.

1. 현황과 과제

1) 인공지능이란?

인공지능은 오늘 우리의 삶 중심에 자리를 잡았다. 가장 중요할 뿐 아니라 다른 모든 것을 포괄하는 중심 기술이 되었다. 따라서 인공지능 이야기는 곧 우리 시대 전반에 관한 논의다. 컴퓨터와 디지털 기술이 인류사에서 단연 새로운 어떤 것이라면, 인공지능은 그 가운데서도 최첨단이다. 이 새로운 것이 오늘 인류의 생각과 삶을 주도하고 있으므로 성경적 세계관으로 인공지능을 분석하고 평가하는 일은 우리 시대에 그리스도의 제자로 살기 위한 필수 과제가 된다(롬 12:2; 요일 2:15-16). 이는 말씀의 바른 이해와 실천을 위해, 또 바른 교회 생활과 다음세대 교육을 위해 꼭 필요한 작업이다.

우리 시대는 인공지능이 등장하기 전부터 전통적, 성경적 세계관에 대한 도전이 많았다.[1] 생물학은 하나님의 형상인 인간과 인간이 다스려야 할 동물 사이의 구분을 없앴고, 천문학은 우주가 얼마나 광대한지 밝혀 지구를 우주의 변두리로 몰아내 버렸다. 뇌과학은 인간의 자유마저 빼앗으려 하고 있어 우주의 중심이던 인간이 한 톨 먼지로 전락할 위기에 놓였다. 포스트모더니즘은 전통적 가치와 윤리를 혼란에 빠뜨렸다. 시대는 계속해서 성경적 가르침을 공격하여 인간의 존엄성을 훼손하려 한다. 오늘의 과학, 기술, 사상이 손에 손

1 필자의 책 『변하는 세상 영원한 복음』 (SFC 출판사, 2020)과 이를 정리한 글 "제 자리를 잃은 사람" 황원하 편집 『개혁신앙으로 시대 읽기』 (담북, 2023)을 참고하라.

잡고 수행하는 이 일에 인공지능도 적극 동참하고 있다. 따라서 인공지능을 잘 분석하면 우리 시대를 읽어 바른 대응책을 마련하는데 도움이 된다.

인공지능은 사람이 만든 것이다. 그래서 인공(artificial)이다. 사람은 오랜 세월 다양한 도구를 사용해 왔는데 인공지능은 인간의 지적 활동을 대신하는 도구다. 그래서 지능(intelligence)이다. 인간의 지성적 활동을 컴퓨터를 이용해 더 효율적으로 하고자 하는 것이다. 사람은 머리가 좋으면 다른 것들도 다 잘한다. 인공지능 역시 성능이 향상되면서 지성 분야를 넘어 사람의 삶 전반을 장악해 가고 있다. 머리가 몸 전체를 주도하듯 인공지능도 사람의 여러 활동과 다양한 도구를 자신의 통제권으로 끌어들여 융합하고 있다. 인공지능의 적용 범위가 넓어지면서 인간이 만들어 사용해 온 각종 도구가 강해지고 정교해지면서 엄청난 발전을 인류에게 안겨주고 있다.

발전을 누가 마다하겠는가. 모든 분야의 효율성이 획기적으로 제고(提高)된다. 산업, 의료, 교육에서 정확도와 정밀도가 탁월하게 향상된다, 일은 인공지능에게 다 맡기고 이제 인간은 일에서 해방된 멋진 삶을 꿈꾸게 되었다. 일은 인간 삶의 기본이었으니 인간의 삶 자체가 근본적인 변혁을 겪는 셈이다. 하여 연구가들은 지금도 밤을 새운다. 발전 가능성도 무한하여 엄청난 돈과 노력이 인공지능 분야에 쏟아지고 있다. 수많은 사람이 인공지능이 가져올 미래를 부푼 가슴으로 바라본다. 소위 인공지능 부머(boomer)들이다. 붐은 굉음으로서 인기 상승이나 급격한 증가를 뜻한다. 인공지능이 인류 발전에 크게 공헌할 것이라는 기대감이다. 적어도 지금 모습은 그래 보인다. 이런 기대에 힘입어 인공지능은 전문가조차 따라갈 수 없을 정도로 빠른 속도로 발전하고 있다.

하지만 미래를 우려하는 두머(doomer)도 많다.[2] 둠은 운명이나 파멸을 뜻한다. 이들은 인공지능이 가져올, 아니 이미 가져온, 수많은 문제점을 지적한다. 정보의 홍수 속에서 진리 문제가 외면당할 것이라 우려한다. 기계가 인간의 직장을 빼앗아 간다고 걱정한다. 자율성이 높아진 기계는 인간을 다치게 하고 죽일 수 있다. 법률적 문제도 있다. 가장 큰 문제는 인공지능 자체가 너무 발전한다는 점이다. 사람을 점점 닮아가 머지않아 분간이 어려운 단계로 갈 수도 있다. 무엇이든 인공지능과 접목만 되면 획기적으로 좋아진다. 수많은 분야가 하나로 융합되고 있다. 그 결과는 무엇일까? 인공지능이 인간의 통제를 벗어나 독립적인 두뇌가 되는 건 아닐까? 인간을 능가할 뿐 아니라 인간을 대체하고 통제하는, 어쩌면 인간을 제압하는 단계까지 갈지도 모른다.

동물도 간단한 도구는 사용한다. 하지만 다양한 도구를 고도로 발전시켜 사용하는 것은 인간만의 특징이며 위대함의 상징이다. 그런데 도구는 하나같이 사람보다 능력이 뛰어나다. 인공지능은 그런 탁월함의 정점에 서 있다. 사람이 만들었고 사람하고 닮았는데 사람보다 낫다. 계산기부터를 인공지능의 시작으로 본다면 이미 역사가 수백 년이다. 생각하는 기계의 가능성을 처음 생각한 사람은 인공지능의 아버지라 불리는 영국의 앨런 튜링(Alan Turing, 1912-1954)이다. 인공지능 가운데 약(Weak) 인공지능이 있다. 전자계산기, 알파고, 영

2 전문가 가운데서는 부머가 68%, 두머는 32% 정도로 본다. (Jo Perrotta, "Are You an AI Boomer or Doomer?" *Linkedin*, Dec 5, 2023.).

상인식 등 한 가지 면에서만 인간을 능가한다. 이런 인공지능은 다 언급할 수 없을 정도로 많아졌다. 이와 달리 모든 분야에서 사람을 닮은, 다시 말해 모든 분야를 통틀어 사람을 종합적으로 능가하는 것은 범용인공지능(Artificial General Intelligence)이라 부르는데 이건 아직 없다. 이게 탄생하는 순간 어떤 일이 일어날지는 아무도 모른다.

특정 영역에 흩어져 있던 인공지능이 21세기 들어 우리 삶 전반을 파고들기 시작했다. 2016년 바둑 두는 인공지능 알파고를 통해 관심을 끌더니 2022년 지적 생산물을 만들어 주는 ChatGPT와 함께 우리 모두의 삶 한가운데로 들어왔다. 인간이 만든 기계가 인간 고유의 영역이라 생각한 창작 활동까지 하게 되면서 기대와 함께 그만큼 우려도 더 커졌다. ChatGPT는 인공지능 발전에 큰 획을 그은 딥러닝(Deep Learning) 곧 심층학습 덕에 가능해졌는데, 딥 러닝은 쉽게 말해 기계가 인간처럼 공부를 한다는 뜻이다. 이 딥 러닝 모델은 인간의 뇌신경을 모방한 인공 신경망을 기반으로 하는데, 인공지능의 대부 제프리 힌튼(Geoffrey Hinton, 1947-)이 이 인공 신경망을 만든 공로로 2024년 노벨 물리학상을 받았다. 힌튼은 지금 인공지능의 위험을 알리는 일에 앞장서고 있다.

최근 관심을 끄는 것은 생성형 인공지능으로, ChatGPT가 선두다. Chat은 인간과 대화가 가능하다는 말이고 G는 Generative, 생성형이라는 뜻인데 이미지, 음성, 글, 3D 등의 데이터를 만들어 준다는 말이다. P는 Pre-Trained, 사전 학습되었다, 곧 방대한 데이터를 가르쳐 놓았다는 뜻이다. 예부터 어르신들이 '공부를 해야 사람이 된다' 했는데 이 기계는 어마어마한 분량의 공부를 해 사람이 되고도 남을 조건을 갖추었다. 그런 방대한 데이터를 근거로, 요구하는 자료를 뚝딱 만들어 준다. T는 Transformer라는 딥 러닝 모델인데, 입력된 자료와 가장 잘 어울리는 자료를 찾아 차례대로 배열해 준다. 그런 방식으로 자료를 만들어 주는데, 연구 논문도 쓰고, 소설도 창작하고, 시도 쓰고, 작곡도 하고, 그림도 멋지게 그린다. 성경 본문을 주면 설교도 만들어 주는데, 5분짜리, 10분짜리, 새신자용 설교, 어린이용 설교, 하여간 부탁하는 대로 만들어 준다.

ChatGPT 발표를 두고 '판도라의 상자를 열었다'고 말한 사람이 있다. 뚜껑을 여는 순간 좋은 것은 전부 탈출해 버렸다. 다시 닫아도 이미 늦지만 사실상 닫을 수도 없다. 연구를 중단하면 다른 기업이나 나라에 선두를 빼앗길 것이기 때문이다. 인공지능은 말하자면 디즈니 만화에 나오는 램프의 요정 지니와 같다. 일단 램프에서 나오면 다시 집어넣을 방법이 없다. 소원을 잘 말해 도움이라도 받으면 그나마 다행이다. 그래서 암울한 미래를 예상하게 된다. 미국의 한 작가는 인공지능에게 '우리의 마지막 발명품'이라는 종말론적 별명을 붙여 주었다.[3]

2) 유익과 위험

인공지능은 유익하다. 대단히 유익하다. 인간이 하던 지적인 작업을 손쉽게 또 정확하게 수행하며 작업 효율도 획기적으로 높인다. 다양한 산업 장비와 결합하여 작업의 정확도와 효율을 높인다. 각종 생활용품과 접목되니 삶이 극도로 편리해진다. 인공지능이 로보

3 James Barrat, *Our FInal Invention* (New York: Thomas Dunne Books, 2013).

틱스와 결합하면 사람이 몸으로 하는 일 대부분을 더 효율적으로 할 수 있다. 위험한 일, 꺼리는 일 등을 인공지능이 대신 멋지게 수행할 수 있다. 이미 의학에서 진단 정확도를 획기적으로 높이고 있다. 복잡하고 어려운 수술도 인공지능 스스로 할 수 있을 것이다. 행정, 경제, 법률 등 여러 분야에서 이미 다양하게 사용되고 있다. 모두가 손에 쥐고 사용하는 스마트폰도 인공지능 탑재로 더욱 스마트해졌다.

이 모든 발전은 사람이 이룬 것이다. 인공지능을 통한 모든 성취와 발전은 하나님을 닮은 피조물 인간의 작품이다. 르네상스 이후 사람의 창의력이 하나님 형상 중 하나라는 주장이 있어 왔다. 그런 관점에서 본다면 오늘 우리가 경험하는 인공지능의 발전은 그 자체로 하나님의 영광을 드러낸다. 인공지능이라는 기막힌 물건을 사람이 만들었는데 그런 사람을 하나님이 창조하시지 않았는가! 하나님께서는 사람을 창조주보다 약간 못한 존재로 만드셨다(시 8:5). 사람에게 다른 피조물을 다스릴 많은 자질을 주셔서 영화와 존귀로 관을 씌워 주셨는데, 그 중심에 새로운 무언가를 만들어내는 창의력이 놓였다.

같은 거리를 더 빨리 더 편리하게 더 안전하게 갈 수 있다면 분명 발전이다. 같은 일을 해도 효율이 높아진다면 그 역시 발전이다. 많은 시간과 노력을 들여야 했던 빨래를 기계가 대신하더니 이제는 섬세한 조절까지 기계가 알아서 해 준다. 냉난방도 사람 대신 기계에게 맡길 수 있다. 인공지능으로 비행기, 버스 등 회사의 업무 효율이 획기적으로 개선된다. 금융 업무나 투자 업무도 놀랍도록 향상된다. 분명 발전이다. 병을 정확하게 진단하고 바른 처방까지 내릴 수 있으니 인류의 생존 조건도 한결 좋아졌다. 인공지능 기술의 발전을 볼 때마다 이런 발전을 주신 하나님께 감사드리는 것이 마땅하다(딤전 4:4).

발전하는 인공지능 기술에는 사람이 일반적으로 누리는 유익 외에 성도들이 누릴 수 있는 유익도 있다. 말씀과 관련한 많은 자료가 인공지능을 통해 제공된다. 잘 모르는 것들도 묻기만 하면 친절하게, 자세하게 잘 대답해 준다. 앞으로 성경을 읽고, 묵상하고, 암송하고, 실천하는 일에 인공지능의 역할이 커질 것이다. 기도하는 법, 기도 제목 관리 등에 도움을 받기도 한다. 찬양 관련 자료도 넘친다. 상담도 가능하다. 사람에게 말하기 쑥스러운 내용도 인공지능을 통해 좋은 조언을 얻을 수 있다. 성도의 교제에는 더 다양하게 쓰일 것이다. 설교자는 말씀 자료를 준비할 때 도움을 받는다. 전도에도 큰 유익이 있다. 좋은 자료를 잘 입력해 두면 불신자들도 알고리즘에 연결되어 복음을 접할 수 있다. 그리스도인은 인공지능의 이런 유익을 잘 파악하여 최대한 유익한 방향으로 사용할 수 있어야 한다.

하지만 대단하다고 칭찬만 하고 있을 수는 없다. 인간이 만든 물건이 인간과 경쟁하고 심지어 인간을 대적하는 단계까지 갈 수 있기 때문이다. 기계에게 일자리를 빼앗겼으니 경쟁은 이미 시작됐다. 하나님은 사람에게 영광과 존귀의 관을 씌워 주셨지만, 인간은 죄로 타락하여 하나님이 명하신 사랑을 거부하고 서로 다투며 죽이는 관계가 되었다(롬 3:10-18). 자유롭게 하나님을 섬기고 서로 사랑하라 하셨지만, 그 소중한 자유를 자기 유익을 추구하는 일에 쓴다(롬 1:28-32). 이러한 인간의 부패한 모습을 우리 시대의 인공지능도 그대로 보여주고 있다.

무슨 도구든 잘만 쓰면 무슨 문제가 있을까. 하지만 인간은 죄를 지어 부패한 존재다. 이기적이고 탐욕적이고 자기를 위해 얼마든지 남을 해할 수 있다. 인간은 이미 수많은 도구를 이용해 서로 죽이며 지내왔다. 인공지능이 위기로 다가오는 이유 또한 그런 타락한 인간성 때문이다. 만약 외계인이 침투해 온다면 서로 싸우던 나라들도 힘을 합쳐야 할 것이라고 누가 농담처럼 말했는데 인공지능이 전 인류의 대적이 될 가능성이 있는 지금, 인류는 마음을 모으기보다 서로 대립하고 경쟁하고 있다. 전문가 수만 명이 위험하다고 목소리를 높이지만 경쟁에서 져서는 안되기 때문에 연구를 중단할 수가 없다. 인류 공영을 위한 정보 공유도 불가능하다.

우리 시대의 이념 대립도 큰 문제가 된다. 정치적 흑막도 많이 작용할 것이고, 국제관계는 더 복잡하다. 가장 밑바탕에는 물론 인간의 탐욕이 있다. 최첨단의 기술이 나쁜 사람 손에 들어간다면 핵보다 비참한 방법으로 인류를 끝장낼 수도 있다.

결론적으로 인공지능은 유익보다 위험에 초점을 맞추어야 한다. 유익은 굳이 정리해 자찬하지 않아도 너무나 잘 안다. 그래서 모두가 돈과 노력을 기울이고 있다. 감사함으로 받아 잘 활용하면 된다. 하지만 유익 속에 위험이 내재해 있다. 위험은 미리 대비하지 않으면 결정적인 순간에 아차! 하며 모든 것이 끝장날 수도 있다. 그리고 위험을 바로 알 때 활용도 올바르게 할 수 있다. 그러므로 이 글에서는 인공지능의 발전에 내포된 위험과 문제점들을 성경의 관점에서 정리해 보고 그것이 성도들의 삶, 특히 교회 생활과 교육에 어떤 영향을 미치는지 살펴보고자 한다. 사람들이 일반적으로 우려하는 것들도 포함하지만 특히 성경적, 신학적 도전에 더 비중을 둔다. 성경적 세계관으로 우리 시대를 분석, 비판하는 작업으로서, 크게 네 가지 영역으로 나누어 살펴보려 한다. 첫째 진리 문제, 둘째 노동 문제, 셋째 세계관 문제, 넷째 유물론의 위험이다.

2. 참과 거짓의 혼란

1) 모호한 모델과 거짓된 결과

인공지능이 등장한 순간에 위험에 대한 경고도 바로 나왔다. 특히 관심을 끈 것은 2014년 물리학자 스티븐 호킹의 경고였다. 호킹은 인공지능이 인류를 '끝장낼 수도 있다(could end humanity)'고 경고했는데, 이 무렵 인공지능 기술이 실제로 인류에게 위협이 될 가능성이 보였기 때문이다. 그러다가 2022년 ChatGPT가 등장하자 2023년에는 인공지능 전문가 수만 명이 집단으로 인공지능의 위험성을 경고하면서 강력한 규제의 필요성을 외쳤고 심지어 개발 중단까지 제안했다. 인공지능의 바탕인 인공 신경망을 개발한 제프리 힌튼, ChatGPT를 만든 오픈 AI의 샘 올트먼 사장, 사업가 일론 머스크 등도 현 상황에 우려를 표하며 적극 동참했고 이후에도 여러 차례에 걸쳐 인공지능에 의한 '인류 멸종 위기'에 대한 경고가 반복되었다.[4]

인공지능의 위험에 대한 경고는 알 수 없는 것에 대한 두려움에서 나온다. 빛의 속도로 발전하는 인공지능 기술을 보며 사람들은 인공지능이 어디까지 발전할지 몰라 두려워한다. 출발점은 인공지능의 알고리즘이다. 딥 러닝에 근거해 ChatGPT를 만든 사람들은 자신들이 그 기계의 알고리즘을 만들었지만 어떤 방식으로 이렇게 훌륭한 결과물을 생성하는지 그 메커니즘을 몰라 무섭다고 고백한

4 2023년 5월 30일. "Mitigating the risk of extinction from AI should be a global priority alongside other societal-scale risks such as pandemics and nuclear war."

다. 사실 호킹도 인공지능은 불투명한(opaque) 알고리즘을 사용하기 때문에 애초부터 문제가 있었다고 지적한다.[5] 연구가들이 많은 것을 감추고 있다는 의심도 있다. 기계는 인간이 만든 것 아닌가? 인간이 만들어 놓은 그대로 움직이게 되어 있는 게 기계인데, 이게 딥 러닝 이후 인간이 이해하기 어려운 반응을 보이고 있다. 기계의 작동 원리를 다 이해해도 위험이 예상되는 상황에, 최고 전문가조차 이해 못하는 무언가가 있다 하니 겁이 안 날 수가 없는 상황이다.

알고리즘의 모호성은 전문가들만의 우려일 수 있다. 그래서 비전문가들에게는 밝히지 않는 게 낫다는 주장도 있다. 그런데 그런 모호한 알고리즘을 통해 생성해 내는 자료에는 그와 통하는 또 다른 위험이 담겨 있다. 자료의 진리성을 담보할 수 없다는 점이다. 인공지능, 특히 생성형 인공지능이 만들어내는 자료는 참, 거짓에 관심이 없다. 인공지능 제작자가 잘못된 정보나 위험한 정보, 이를테면 인종차별이나 전체주의를 두둔하는 정보를 퍼뜨릴 수도 있다.

기계는 이미 입력된 데이터를 근거로 자료를 만들어 준다. 입력된 자료는 참 거짓과 무관하게 그 자체로 가치를 갖는다. 참이든 거짓이든 다 정보다. 따라서 입력된 정보가 거짓일 경우 결과물의 진위를 판별할 수 없고 만약 누군가 거짓 정보를 대량 살포하면 그걸 막을 방법도 없다. 가뜩이나 가짜 뉴스가 범람하는 세상이 더 혼란스러워질 것이다. 혼란은 이미 진행 중이다. 실제로 인공지능은 수많은 거짓 답변을 내놓고 있으며 그것을 사실이라며 능청을 떨기도

5 Ana Santor Rutschman, "Stephen Hawking warned about the perils of artificial intelligence – yet AI gave him a voice" on The Conversation. March 15, 2018.

한다.[6] 거짓 정보는 개인의 건강이나 목숨을 빼앗아 갈 수도 있고 대통령을 바꿀 수도 있고 회사를 망하게 할 수도 있다. 신천지 같은 이단에 빠지게 만들 수도 있다. 하지만 거짓은 마귀의 주특기이므로 거짓 정보가 좋은 결과를 낳기는 어렵다(요 8:44).

기술이 발전한 결과 참과 거짓을 구분할 수 없게 되었다면 그것은 발전이 아니라 퇴보다. 사진과 동영상이 처음 나왔을 때는 사실에 대한 기록으로 신뢰도가 높았다. 골목마다 CCTV를 단 이유가 그것 아닌가. 그런데 기술이 더 발전해 조작이 쉬워지면서 그것들을 더 이상 믿지 못하는 시대가 됐다. 페이스북에 환상적인 풍경 사진과 자극적인 동영상이 가득하다. 정말 그림 같은 경치, 경악할 만한 고고학 발굴, 거인의 유골, 고대의 과학 기술 등등 대부분 조작된 것들이다. 그런데 원본인지 조작인지 구분할 수가 없다. 과거에는 종이 문서를 조작하더라도 비교적 쉽게 진위를 가려낼 수 있었지만, 오늘날 AI 환경에서는 상황이 크게 달라졌다. 거짓을 기반한 포토샵이나 딥페이크 기술은 발전이 아니라 파괴다. 스마트폰 앱을 이용하면 사진에서 사람 하나 지우는 건 식은 죽 먹기다. 목소리도 동영상도 얼마든지 조작이 가능하다. 인공지능 덕분에 이제는 있지도 않은 일을 마치 사실인 양 사진이나 동영상으로 만들어 낸다. 인공지능 기술의 발전은 말은 발전인데 실제로는 파괴와 멸망을 향해 달려가는 일이다.

---

6 미국의 변호사가 ChatGPT가 만든 가짜 판례를 재판에 이용했다가 징계를 받았다. Benjamin Weiser, "Here's What Happens When Your Lawyer Uses ChatGPT" *The New York Times*, May 27, 2023; Benjamin Weiser and Nate Schweber, "The ChatGPT Lawyer Explains Himself" *The New York Times*, June 8, 2023.

2) 철학적, 신학적 문제

정보가 바다를 이룬 가운데 지금도 정보의 강물이 사방에서 쏟아져 들어오고 있다. 정보를 관리하는 일만 해도 벅차기에, 정보의 진위를 가리는 작업 자체가 불가능해진다. 그래서 참 거짓 여부를 넘어 이제 진리의 기준 자체가 변한다. 이는 철학적 이슈다. 전에는 사실과 부합한 것을 진리라 불렀다. 철학에서 대응(correspondence)이라 부르는 전통적 기준이다. '권수경 목사는 남자다'라는 명제는 실제로 내가 남자이기 때문에 참이다. 그런데 이제는 다른 데이터와 일치해야 진리다. 이건 정합(coherence)이다. 그러나 이제는 사실 여부와 무관하게 자료의 양과 질이 진리냐 아니냐를 결정한다. 내가 알고 있는 권수경이 몇 사람 있는데 전부 여자다. 게다가 수경은 거의 여자 이름이므로 어쩌면 ChatGPT가 '권수경 목사는 남자다'라는 명제도 곧 거짓으로 판정할지 모른다. 학술 연구보다 자료 관리가 더 중요한 세상, 학자보다 기술자가 더 힘을 쓰는 그런 시대가 된 것이다.

참 거짓을 구분하지 못한다는 것은 객관적 진리, 절대 진리의 상실을 뜻한다. 그 점에서 인공지능은 절대 진리를 거부하는 포스트모던 정서와 잘 조화된다. 그런 문화는 인간에게 치명적이다. 참과 거짓이 구분되지 않을 때 인간 삶 전반이 타락하게 되고 우리의 인격과 삶 역시 부패하게 된다. 자기 유익을 위한 거짓말이 성행할 것이고 나아가 옳고 그름의 기준마저 바뀔 수 있다. 참 거짓을 구분하지 못하는 현상은 나아가 사람들 정신세계까지 바꾼다. 참 거짓 구분이 무의미한 세상에서 태어나 자라는 아이들은 삶에서 진리와 거짓을 구분하는 일에 관심을 덜 가질 것이고 말의 진리성 여부에도 관심을 주지 않을 것이다. 다시 말해 서로를 믿지 못하는 세상이 된다. 아니, 믿을 필요조차 없는, 믿는 게 아무 의미가 없는 그런 세상이 된다.

철학적 문제는 신학적 문제를 낳는다. 물론 둘은 늘 뒤엉켜있다. 사람은 기본적으로 도덕적 존재다. 논리에서 참과 거짓을 나눌 줄 알며 도덕적으로 옳고 그른 것도 구분한다. 옳은 일을 행했을 때는 뿌듯함을 느끼고 나쁜 일을 행했을 때는 양심의 가책을 느끼게 되어 있다. 그런데 기계는 그런 게 불가능하다. 인공지능은 참 거짓에 관심이 없으므로 아무리 발전해도 사람만 가진 윤리적 판단 곧 도덕의식에는 이를 수 없다. 그런데 사람이 그런 기계를 사용하다가 기계의 영향을 받는다. 기계를 사람과 닮게 만들려 하다가 거꾸로 사람이 기계를 닮아가는 것이다. 우리 시대의 윤리적 혼란이 그런 방식으로 나타난다. 근본 세계관이 뒤집혀 피조물을 조물주처럼 섬기는 그 비극의 연속이다(롬 1:25).

기계가 주도하는 세상에서 참과 거짓의 구분이 사라지거나 약해지면 인간은 당연하게도 참보다 거짓을 추구하게 된다(요 3:19). 죄로 타락한 까닭이다. 거짓 정보가 넘치는 이유는 무엇인가? 부패한 인간 본성이 탐욕을 추구하기 때문이다. 우리 시대는 사람들의 관심이 곧 돈이기 때문에 돈을 벌기 위한 조작과 왜곡이 많다. 조작 자체가 범죄는 아니어서 더욱 자극적인 내용을 만들어 사람들의 클릭을 유도한다. 탐욕의 인간이 거짓으로 부패한 세상을 만든다. 이제 사진도 동영상도 사실 여부와 무관한 창작품일 뿐이다. 창의력이 높아질수록 진리는 외면당한다. 아무리 정교한 사진도 이제 손으로 그린 그림처럼 조작할 수 있다. 동영상도 전부 만화영화와 다를 바 없다. 온갖 사람들이 자신의 목적을 이루기 위해 그런 거짓과 왜곡을 활용한다.

참과 거짓을 구분하지 못하는 시대 정서는 근본적으로 반성경적, 반기독교적이다. 우리 복음은 하나님의 창조와 예수 그리스도의 십자가와 부활 등 객관적 사실을 기반으로 하기 때문이다. 만약 하나님이 천지를 창조하신 일이나 예수 그리스도의 십자가와 부활이 역사적 사실이 아니라면 우리 복음은 엉터리가 되고 만다(히 11:3; 고전 15:13-19). 그렇기에 성경은 진리는 붙들고 거짓은 멀리하라고 거듭 강조한다(엡 4:25; 골 3:9). 참과 거짓이 뒤섞인 세상에서 바르게 살고자 하는 이들은 고통을 겪는다(마 5:10-11; 행 14:22; 딤후 3:12; 벧전 3:14). 그리스도인은 이 점을 각오해야 하고, 그런 상황을 최대한 막고 줄이기 위해 참과 거짓을 구분하는 노력, 그리고 오직 참만을 선택하는 수고를 미리 감당해야 한다.

ChatGPT 이후 다양한 생성형 인공지능이 등장하여 이제 서로 비교도 한다. 같은 과제를 두고 어느 것이 가장 똑똑한지 알아보는 것인데 주제에 따라 편차는 있지만 기본적으로는 모델의 가격이 답이다. 인공지능의 성능은 정보의 양, 특히 양질의 정보량에 달렸고 그 정보량은 경제력에 기반을 두고 있다. 비싼 것이 좋은 것이다. 정보의 양과 질이 참과 거짓을 구분하는 새 기준이라면 결국 여기서도 돈의 힘이 으뜸 원인으로 작용할 수 있다. 돈을 위해 거짓을 만들고 돈이 그 거짓을 진리로 바꾸어 준다(롬 1:32). 역사적으로 정의가 강자의 이익이었듯이 우리 시대의 진리는 곧 돈이다. 학자보다 기술자가 중요하지만, 최종적으로는 정보의 시대에도 돈이 최고 권력으로 군림한다.

기계를 비교, 검증하는 일은 사람이 한다. 인공지능이 외면한 진위 판정은 아직 사람의 일이다. 여러 규제나 제도도 아직은 사람이 정한다. 그런 결정이 중요하므로 그리스도인이 그런 책임을 맡는다면 성경적 원리를 바탕으로 결정도 하고 추진도 할 수 있을 것이다. 결국 돈보다 사람이다. 사람의 인격이요 신뢰성은 고급 기계보다 소중하다. 기계와 탐욕이 뒤엉킨 시대에 하나님 형상 인간의 참 가치는 더욱 빛을 발하는 셈이다. 적어도 현재로서는 말이다.

조작이 너무나 쉬운 시대, 왜곡된 정보와 자료가 넘치는 세상에서 복음 전수는 더 힘겨운 과제가 된다. 우리 자녀들에게 어떻게 진리의 소중함을 가르치고 예수 그리스도의 십자가를 붙들게 할 수 있을까? 말씀을 열심히 가르치는 일과 더불어 온통 거짓으로 뒤덮인 세상과 사회교제망 등에서 거짓을 구분하고 참을 추구하는 일의 중요성도 함께 가르칠 필요가 있다(빌 1:10; 히 5:14; 요일 4:1). 무조건 믿지 말라고 말하는 것도 냉소적, 도피적 태도를 낳을 수 있으니 좋은 방법은 아니다. 그렇다고 하나하나 따지기에는 양이 너무 많다. 한두 가지 보기를 들어 이야기를 나누면서 참과 거짓을 구분하는 일의 중요함을 가르칠 수 있다. 무엇보다 참과 거짓에 대한 감수성을 높일 수 있어야 한다. 그것이 하나님의 형상, 인간의 존귀함임을 일깨워 주어 본능만 아는 동물처럼 되지 않도록 도와야 한다. 교회의 선생들은 인공지능 기술을 사용할 때마다 시대 분위기가 기본적으로 반성경적임을 한시도 잊어서는 안 된다.

3. 노동과 인간 파괴

1) 빼앗긴 노동

사람들은 인공지능이 사람의 일자리를 빼앗는다며 불평한다. 맞는 말이다. 현실적으로 가장 먼저 다가오는 문제가 바로 일자리 축소다. 인공지능을 이용한 자동화(automation) 때문에 많은 일자리가 없어질 것이다. 김치 버무리는 기계 하나가 15명의 직장을 빼앗아 갔다. 사무 전산화가 수천 명을 직장에서 내쫓는다. 기계가 갈수록 똑똑해지고 기술도 좋아진다. 산업, 경영, 교육, 운송, 관광, 문화 등 모든 분야에서 사람이 머리를 써 하던 일을 인공지능이 대신할 것이다. 기계는 능력이 탁월하므로 사람은 이내 밀려난다. 로봇공학, 재료공학이 발전하면서 사람과 거의 같은 기계도 곧 등장할 것이다. 사람이 하기에 위험한 일, 모두가 하기 싫어하는 일을 기계가 대신 할 것이다. 기계는 지치지 않는다. 불평도 없다. 인공지능의 기능이 향상되는 단계, 단계마다 직장을 잃는 사람이 많아진다. 2030년까지 미국의 일 30퍼센트가 자동화될 것이라는 예측이 있고 골드만삭스는 심지어 3억 개의 일자리가 없어질 것으로 내다본다.[7] 물론 인공지능이 새 일자리를 만들기도 한다. 하지만 그런 새 일자리는 고도의 전문성과 효율성을 바탕으로 하므로 수도 적고 얻기도 어렵다. 그런 일자리가 한두 개 생길 때 수천, 수만의 일자리가 없어진다.

7 Mike Thomas, "15 Risks and Dangers of Artificial Intelligence" on *Builtin*, June 13, 2025.

우리나라는 2003년 주 5일 근무제를 채택했다. 주 6일 노동이 콘스탄티누스 황제 때 정해진 규칙이라면 노동을 하루 줄이는 데 천수백 년이 걸린 셈이다. 그런데 20년 조금 지난 지금 주 4일 노동 이야기가 나온다. 머지않아 주 3일로 줄어들 것이다. 노동이 줄어든다는 것은 할 일이 그만큼 없어진다는 뜻이다. 청년실업 문제는 나아질 가능성이 없다. 그런데 일을 기계가 대신해 주니 삶의 질은 오히려 나아진다. 그렇게 노동이 줄어들다가 나중에는 아예 사라질 수도 있다. 인공지능이 모든 것들을 통제하며 일을 도맡아줄 것이기 때문이다. 일이 없으면 무슨 수입으로 살 수 있을까? 정부에서 주는 기본수당을 받아 살아갈 수도 있지만, 악한 누군가가 권력을 장악한다면 효용 가치를 상실한 인간의 수를 줄이거나 심지어 멸절시키는 정책을 쓸 수도 있다.

당장 일자리를 빼앗기는 것도 보통 문제는 아니다. 그런데 신학적으로는 일이 줄어드는 현상, 그리고 장기적으로 노동하지 않는 인간의 가능성이 더 심각하다. 우선은 일에 쏟던 에너지를 어디로 돌릴까 하는 게 문제다. 사람이 일이 없어진다면 어떤 삶을 살게 될까? 인간 본성을 좋게 보는 이들은 일 없는 세상을 고통 없는 낙원으로 기대하겠지만, 역사를 공부한 사람들은 미래를 낙관하지 못한다. 노동 없는 삶은 생지옥이 될 수도 있다. 수많은 다툼과 살상으로 얼룩진 인류사를 고려하고 지금도 지구를 몇 번 파괴하고도 남을 무기를 쌓아둔 현실을 염두에 둘 때 일에서 해방된 인간이 무엇을 하게 될 것인지는 예측하기 어렵지 않다.

마르크스는 노동을 인간의 본질로 보고 노동의 산물을 빼앗기는 것은 인간의 본질을 빼앗기는 것이라 규정했다. 그런데 그렇게 빼앗긴 것은 혁명을 통해 되찾을 수 있다고 주장했다. 하지만 인공지능에게 빼앗기는 노동은 어떻게 되찾을 것인가? 성경에 따르면 노동은 인간의 본질이 맞다. 그런데 인공지능 시대에는 노동의 산물 아닌 노동 자체를 빼앗겨 버린다. 사람의 본질을 잃는 것이다. 되찾을 방법도 없다. 되찾자면 기계를 파괴하고 과거로 돌아가야 하는데 돈을 숭배하고 효율을 숭상하는 세상에서 그런 일은 가능하지 않다.

성경을 믿는 우리에게는 더 심각한 문제가 제기된다. 경제적 우려와 다른 신학적, 영적 우려다. 사실 노동의 소멸 이전에 노동의 감소자체가 반성경적 흐름이다. 성경에 따르면 하나님은 사람을 일하는 존재로 창조하셨다(창 1:26-28). 하나님이 창조하신 피조 세계를 통치하는 일을 맡기신 것이다. 그래서 사람은 땅을 경작했고 죄가 들어온 이후 이마에 땀을 흘리게 되었다(창 2:5, 15; 3:17-19, 23). 일이 고통이 된 이후 일에서 해방되는 쉼이 구원의 상징이 되었지만(창 5:29; 시 95:11; 마 11:28; 히 4:9) 예수 그리스도가 오셔서 우리에게 주시는 쉼도 우리를 일 자체에서 벗어나게 하지는 않는다(엡 4:28; 살후 3:10-12). 일의 뜻만 달라질 뿐 일은 인간 존재의 기본인 까닭이다. 그런데 만약 일이 없어진다면 그것은 성경적 가르침에 대한 큰 도전이 된다. 사람이 일을 하지 않는 세상에서는 인간을 노동하는 존재로 창조하셨다는 말씀이 조롱거리가 될 수 있다.[8] 구원을 쉼이라 가르치는 성경을 들이대며 자기들은 이미 구원받았다고 주장할 수도 있다.

무엇을 할 것인가? 창의적 노동을 지금부터 연구해야 한다. 사람

8 빌 게이츠는 2025년 4월 Indian Express와 가진 인터뷰에서 "우리는 일하려고 태어난 게 아니다"라고 주장했다.

들이 일거리가 없어 기본 수당 받으며 놀 때 그리스도인은 인간 창조의 뜻을 잘 익혀 생업을 위한 일이 사라진 이후에도 계속할 수 있는 노동을 창조해야 한다. 창의적 노동, 생명의 노동, 인간 존엄의 노동이다. 일은 노는 것보다 어렵다. 하지만 의인은 기초가 무너진 뒤에도 믿음으로 살아야 한다(시 11:3; 롬 1:17). 핵심은 당연히 사랑이다. 어떤 방식으로 '사랑의 수고'를 할지 미리 연구해야 한다(살전 1:3). 그런 수고를 통해 나는 사람으로 존재할 수 있다. 노동이 줄어드는 만큼 다음세대의 마음은 처음부터 성경에서 멀어질 수 있으므로 그 점을 염두에 두고 창의적, 사랑의 노동을 연구하고, 만들고, 실천할 필요가 있다. 다음세대 본인들이 창의적 노동을 시도하도록 돕는 것도 좋은 방법일 것이다.

2) 인간 파괴

노동이 줄어들면서 사람답게 할 일이 줄어든다. 죄로 타락한 인간은 우선 시간이 많이 남을수록 하나님을 거역하는 일에 더 많은 시간과 노력을 기울일 것이다. 서로 다투고, 빼앗고, 때리고, 죽이는 일이다. 그나마 무난한 게 먹고 놀고 싸다가 죽는 일일 텐데(고전 15:32), 그런 삶은 잘해도 짐승보다 별로 나을 게 없다. 놀이를 통한 창의적 활동을 어느 정도 기대할 수도 있으나 오락은 생산보다 파괴를 지향한다. 인류의 창작품 대부분은 노동의 결과이지 놀이의 결과가 아니다.

그 점에서 생성형 인공지능의 등장은 인간에 대한 더 심각한 도전이다. 지금까지 인간만의 영역이라 생각하던 것까지 기계가 대신

할 수 있게 되었기 때문이다. ChatGPT를 비롯한 생성형 인공지능은 글을 잘 쓴다. 자료를 취합하고 논리적으로 정돈하는 논문도 잘 쓰고, 낭만으로 가득한 시를 짓고 플롯이 탄탄한 소설까지 장편, 단편으로 다 쓴다. 그림을 그리고 사진을 만드는 일도 탁월하게 한다. 심지어 작곡도 한다. 멋진 곡을 만들어 사람의 정서까지 파고든다. 물론 모방이다. 입력된 자료를 짜깁기해 저 나름의 결과물을 만드는 것에 불과하다. 그래서 기계는 인간이 가진 창의성은 보여주지 못한다고 주장하는 이도 있다. 하지만 창의성이 무엇인가? 인간이 보이는 창의력도 모두 기존의 자료를 기초로 삼은 것이며 약간의 새로움을 가미한 것일 뿐이다. 기계가 만드는 자료의 새로움과 근본적으로 다른 게 있나? 비평가 엘리어트가 말했다. "어설픈 시인은 베끼고 노련한 시인은 훔친다. 서투른 시인은 그걸 짓뭉개나 훌륭한 시인은 더 낫게, 적어도 다르게 만든다."[9] 더 낫게, 적어도 다르게 만드는 일은 기계도 얼마든지 할 수 있는 일 아닌가?

ChatGPT의 등장으로 미국의 교육 방식이 근본적으로 바뀌게 되었다. 미국은 대학 3학년 정도부터는 시험을 거의 치지 않는다. 특히 문과에서는 텀 페이퍼라 부르는 짤막한 연구 논문을 제출해 그걸로 성적을 낸다. 그런데 ChatGPT가 그런 연구 논문을 아주 쉽게 잘 쓰기 때문에 이제 그런 방식의 평가가 불가능해졌다. 어떻게 하나? 다시 과거로 돌아가 시험을 치는 수밖에 없다. 연구 논문과 시험은 다

9 "Immature poets imitate; mature poets steal; bad poets deface what they take, and good poets make it into something better, or at least something different." T. S. Eliot, *The Sacred Wood: Essays on Poetry and Criticism* (London: Methuen & Co, 1920), 114.

르다. 논문은 자료를 찾고 분석하고 그걸 논리적으로 정리하는 생각 훈련, 논리 훈련인 반면, 시험은 암기가 핵심이다. 시험에도 생각이나 논리가 없진 않지만 상당히 제한되기 때문에 결국 인공지능 시대에는 인간의 지적 능력이 퇴보할 가능성이 크다.

기계가 작성하는 논문이 아직은 수준이 낮을 수도 있다. 인간만의 심층 사고와 여러 단계의 체계적 추론을 아직 못할 수도 있다. 하지만 기계는 빛처럼 빠른 속도로 발전한다. 경쟁이 붙으면 더 심오한 단계로 간다. 전자계산기, 알파고, 자동번역기의 눈부신 발전이 이를 잘 보여준다. 어쩌면 기계는 순식간에 아리스토텔레스나 라이프니츠 같은 박식가가 된 다음, 이내 사람의 두뇌로 불가능한 차원의 사고까지 해낼 수 있을지 모른다. 앞으로 인문, 사회 분야에서는 박사학위 같은 게 없어질 수도 있다. 박사 학위 뿐만 아니라 교육방식 자체가 달라져 대학이 아예 사라질 수도 있다. 최근 대학에 인공지능 교수가 등장했는데 한 마디로 코미디다. 인공지능으로 대학을 운영하겠다는 건 영화에서 레이저 시대에 광선검으로 칼싸움을 벌이는 것처럼 우스운 일이다. 모든 지식과 정보가 모두에게 공개될 것이고 그것을 습득하는 방식 역시 지금의 체제와 근본적으로 달라질 수 있다.

ChatGPT 때문에 장기적으로 인문학과 예술 분야의 생태계가 붕괴할 것이라 보는 이도 있다. 인공지능은 논문도 잘 쓰지만, 시나 소설 같은 문학 작품도 능숙하게 만들고 그림도 잘 그리고 작곡도 기가 막히게 잘한다. 인공지능은 인간 특유의 논리적 사고, 사람만의 창의력, 뛰어난 구성력 등등, 기계가 대신하지 못할 것이라 예상했던 것들을 한순간에 다 빼앗아 가 버렸다. 영화업자들이 기계가 만든 대본을 사용하려 하자 할리우드 극작가들이 몇 달간 데모도 했다. 일단 타협은 했지만 공짜 대본이 가능한데 누가 작가에게 수백만 달러를 쓰겠는가. 이렇게 ChatGPT가 안겨준 충격보다 더한 것이 조만간 일어날 수도 있다.

인문학 생태계의 붕괴는 우리 삶에 직접적인 영향을 미칠 수밖에 없다. ChatGPT는 알파고와 다르다. 알파고가 사람보다 바둑을 잘 두지만 기계를 배제하고 사람끼리 경쟁하면 되기 때문에 지금도 바둑 대회를 한다. 하지만 인문학이나 예술은 기계를 빼고 하는 것 자체가 불가능하기 때문에 인간이 기계와 경쟁을 벌이지 않을 수 없고 결국 인간이 처참한 패배를 맛볼 수밖에 없다. 사람답게 살기 위한 기초 훈련으로 사고력, 논리력, 창의력을 배우겠지만 나중에는, 이걸 해서 뭐하지? 어차피 기계에 밀릴 텐데? 그런 회의감이 들 것이고 결국 그런 일에 기울이는 노력이 줄어들 수밖에 없다. 사람이 피땀 흘려 겨우 성취할 수 있는 것을 기계는 너무나 쉽게 해낸다. 결국 인간은 창작하고, 생산하고, 음미하는 존엄한 인간의 모습을 잃고 먹고, 놀고, 싸다가 죽는, 동물적인 삶에 더 가까워질 것이다.

일이 사라지고 창작마저 뜻을 잃어가고 있는 우리 시대 그리스도인은 하나님이 창조하신 그 존귀한 인간다움을 지키기 위해 몸부림을 쳐야 한다. 그 일은 기계가 모든 면에서 사람보다 더 잘하는 것처럼 보일 때에도 사람의 고유함을 끝까지 지키는 일이다. 기계가 더 잘할 수 있는 그 일도 서투른 내 손으로 하는 것에 뜻이 있음을 기억해야 한다. 남들이 미리 포기하고 그저 알량한 정보 몇 개만 가지고 짐승처럼 살고자 할 때 우리는 최대한 많은 정보를 자신의 지식으로 확보하고 무엇보다 생각하고, 따져보고, 창작하고, 음미하는, 그리고 창조주를 예배하는 인간다움을 조금이라도 더 갖추고자 애써야 한다. 겉모습은 비슷할 수도 있다. 아니, 인간의 것이 훨씬 초라해 보일 것이다. 하지만 인공지능이 만들어낸 것은 인과법칙에 따라 자료를 취합한 것이지만 우리는 사람다움 가운데 그 법칙을 초월하는 자유로 만든 것임을 잊어서는 안 된다. ChatGPT가 득세하는 세상에서도 우리는 시를 읊조려야 하고 아이들에게도 글 쓰는 법, 생각하는 법, 그리고 바르게 사는 법을 가르쳐야 한다. 스마트폰 때문에 무지에 빠질 것이 아니라 스마트폰을 능가하고자 부단히 노력해야 한다. 나도 아이들도 사람으로서 열심히 살아야 한다.

4. 세계관의 혼란

1) 인간과 자연

세계관의 기본은 창조주–인간–피조물로 구성된 위계질서다. 전통적일 뿐 아니라 성경적이기도 하다. 우리 시대의 학문과 기술과 사상이 이 질서를 뒤엎고 있는 가운데 인공지능의 등장은 그런 혼란을 가속화하고 있다. 놀랍게도 수천 년 전의 신화가 마치 우리 시대의 혼란을 이미 알고 있었다는 듯 이야기를 전한다. 피그말리온 신화다. 성경은 신화를 거짓으로 규정하고 주의하라 경고한다(딤전 4:7). 맞다. 신화는 거짓이다. 하나님을 찾으려는 의도에서 시작하나 죄로 어두워진 본성 때문에 우상을 만들고 만다(행 17:27; 롬 1:18-23). 사실 신화는 신의 이름을 빙자한 인간 이야기다. 죄로 부패한 인간의 탐욕을 신의 이름으로 은근히 구현하고자 하는 게 신화다.

피그말리온은 키프로스 섬에 살던 조각가였는데 섬 여자들이 여신 아프로디테를 안 섬긴 죄로 벌을 받아 창녀로 살게 되자 자기는 인간 여자는 싫다 하고는 대신 자기가 공들여 만든 상아 조각을 사랑했다. 사랑이 점점 깊어지면서 피그말리온은 아프로디테 여신에게 자기 조각품을 닮은 아내를 달라고 기도했는데, 아프로디테는 아예 그 조각을 사람으로 바꾸어 주었다. 그래서 피그말리온은 사람이 된 자기 조각품을 아내로 맞아 딸 하나를 낳고 잘 살았다 하는 이야기다. 사람들은 이 신화를 두고 사랑의 힘은 무생물을 생물로 만들 정도로 위대하다 하고 노래하지만, 사실 이 신화의 핵심은 인간 여자와의 인격적 관계를 거부하고 내가 만든 대상, 그래서 내 마음대로 할 수 있는 대상을 아내로 삼고 싶다는 남자의 지배욕이다. 도구나 동물도 내 말대로 하면 기분이 좋지만 나와 똑같은 존재가 내 말에 절대 복종한다면 얼마나 좋을까. 그런 마음이 인간과 자연물 사이의 감정적 교감으로 구현되었다. 내가 만든 물건이 사람으로 변하는 이야기로 피노키오도 있다.

기계를 만드는 인간은 우월감을 느끼겠지만 기계에 밀려 일자리를 잃은 사람들은 기계가 미울 것이다. 피그말리온이 느낀 감정과 반대다. 인간이 기계와 경쟁해서 진다. 내 손에 들려 있는 도구는 내 능력이지만 도구가 내 손을 떠나 나를 공격하면 인간은 질 수밖에 없다. 인공지능에 밀려난 인간은 세계관의 혼란을 경험한다. 그것이 효율 때문임을 알면 돈보다 못한 자신이 비참해진다. 창조주와 닮아 다른 피조물을 다스리는 영광을 부여받은 인간이 어떻게 그 피조물에게 밀려난단 말인가? 내 발아래 있어야 할 것이 내 머리 위로 올라왔으니 질서가 뒤집혔다. 그런데 문제는 그런 뒤집힘이 너와 나 사이의 경계를 없애는 혼란과 함께 온다는 점이다. 다시 말해 나와 피조물, 인간과 자연 사이의 경계가 흐려지는 것이다. 동물의 위상이 높아지면서 인간과 동물 사이의 근본적 차이보다 연속성과 유사성이 더 강조되고 있다. 동물의 지위가 반려동물로 높아지면서 하나님의 형상인 인간의 위상은 낮아진다. 똑같은 일이 인공지능의 발전과 함께 일어나고 있다. 이제는 동물 아니라 자연물 전체가 인간과 구분하기 어려운, 아니 인간과 잘 통하는 그런 대상으로 격상되고 있는 것이다.

수많은 직업 가운데 판사나 의사는 인공지능이 곧 대체하겠지만 목사는 어려울 거라는 예측이 한때 있었다. 사람을 인격적으로 돌보는 일이라 기계가 하기 어렵다는 말이었다. 그런데 최근 들어 상황이 변하고 있다. 인간이 기계와 정서적 교감을 나눌 수 있다는 실험 결과가 속속 나오고 있다. 미국의 한 의학저널은 수백 명 환자에게 인간 의사와 ChatGPT에게 동시에 의료 상담을 하도록 해 결과를 분석했는데 의료지식 면에서도 기계가 인간을 압도했지만 정서적 교감 면에서도 ChatGPT 답변에 대한 선호도가 인간 의사의 열 배 정도로 높았다.[10] 그런 교감이 가능하다면 이제 법조인, 의료인뿐 아니라 인격적 교감을 기본으로 하는 목사 일까지 기계가 얼마든지 대신할 수 있을 것이다.

기계는 물건이다. 인격이 아니다. 그런데 인공지능이 등장하면서 물건이 사람 흉내를 낸다. 그래서 인간이 기계와 교감을 나눈다. 전

10 John W. Ayers et al, "Comparing Physician and Artificial Intelligence Chatbot Responses to Patient Questions Posted to a Public Social Media Forum," *JAMA*, April 28. 2023, Online Edition.

문 용어로 일라이자 효과(Eliza Effect)라 부른다. 일라이자는 1966년 MIT가 개발한 최초의 챗봇인데 사용자들은 자연언어를 처리하는 이 프로그램에서 강력한 정서적, 감정적 반응을 느꼈다. 기계가 생각하고, 알고, 이해도 한다고 착각한 것이다. 일라이자는 버나드 쇼의 작품 『피그말리온(Pygmalion)』의 주인공으로 고대 그리스 피그말리온 이야기에서 가져온 것이다. 그 내용은 한 부자가 가난한 일라이자를 잘 가르쳐 귀족같은 숙녀로 만든다는 이야기인데 그렇게 잘 가르쳐 키운 일라이자가 그 부자 뜻대로 하지 않고 자기만의 세계를 가진 독립적 인간이 된다는 결론이다. 피그말리온 이야기는 어디까지나 신화일 뿐 현실은 신화와 다르다. 그런데 인공지능의 등장으로 신화와 현실의 벽이 무너지고 자연과 인간 사이의 경계도 허물어진다.

우리 시대는 기계가 사람과 사람 사이에 개입되는 일이 많다. 직접 대화하지 않고 문자나 사회교제망을 이용하며, 주문도 온라인 또는 키오스크로 하는 데 익숙하다. 사람 노릇을 하는 기계를 자유자재로 만지면서 사람을 직접 만나는 일은 점점 어려워진다. 내비게이션을 쓰고 시리와 빅스비를 즐겨 이용하는 이들은 조금씩 사람에게서 멀어진다. 사람에게서 멀어지면서 반대로 기계와 더 많은 교감을 느낄 수도 있다. 일본에서 한 독신 남성이 여자 목소리로 인사하는 장치를 만들었는데 퇴근할 때마다 그 목소리에서 위로를 받았다고 한다.

기계가 정서적 측면에서도 사람을 대신할 수 있다면 사람보다 더 강하게 사람을 끌 것이다. 기계는 프로그래밍만 잘해 두면 절대 화내지 않고 짜증도 내지 않는다. 언제나 상냥한 목소리로 다정하고 친절하게 끝까지 최상의 서비스를 제공한다. 모든 면에서 인간을 능가한다. 거듭되는 요청이나 이해할 수 없는 부탁도 기계는 거절하지 않는다. 사람과 사람의 관계는 원래 어렵다. 상대를 존중해야 하고 지켜야 할 예절도 있다. 그런데 완전히 사람을 닮은 어떤 기계가 내가 시키는 대로 해 준다면 누구나 피그말리온처럼 하고 싶어 하지 않겠는가.

인공지능은 사람 노릇을 대신하는 많은 물건을 만들어 내고 있는데 그 가운데 실로 위험한 하나가 리얼돌이다. 사람 모양을 하고 성기까지 갖추어 마치 사람에게 하듯 성적인 행위를 하도록 만든 물건이다. 인공지능의 발전과 함께 재료공학과 로보틱스도 발전한다. 머지않아 가사도우미 인형, 거의 아내 역할을 할 수 있는 그런 인형도 등장할 수 있다. 내 마음대로 할 수 있는, 인간 아닌 인간이다. 이성을 대하기 어려운 사람들은 그런 물건을 선호할 것이고 사람에게서는 더 멀어진다. 인간에게 소외된 이들이 동물과 살며 위로를 받는데 그런 일탈이 새로운 차원으로 올라간다. 문제는 다시금 세계관이다. 물건이 사람 노릇을 한다. 사람과 자연 사이의 경계가 무너진다.

교회는 인공지능의 이런 발전을 어떻게 느끼고 어떻게 대응하고 있는가? 청소년들에게 기기 사용을 자제하게 하여 사람과 사람 사이가 멀어지는 것을 막는 정도로는 부족하다. 인공지능 기술이 발전하는 만큼 기계와 사람 사이의 구분이 흐려지고 하나님의 기본 창조 질서가 무너져 가고 있음을 인식해야 하고, 대응책도 마련해야 한다. 교회는 이런 질문을 계속해서 던져야 한다. 성도들은 인공지능과 접목된 여러 기기를 사용하면서 자연과 인간 사이의 경계가 흐려지는 문제를 인식하고 있는가? 하나님의 형상인 인간의 존엄성이 훼손되고 창조주 하나님의 영광도 가려지고 있음을 깨닫고 있는가? 인공지능이 제공하는 편리함과 효율성에 익숙해지는 만큼 성경적 세계관에서 멀어지고 있음을 알고 그만큼 경계하고 있는가?

2) 인간과 하나님

세계관의 혼란은 인간과 자연 사이뿐 아니라 인간과 창조주 사이에도 일어난다. 이 혼란 역시 고대 그리스 신화에 담겨 있다. 때로 신화는 성경이 전하는 진리의 희미하고도 왜곡된 흔적으로 볼 수 있다. 신들의 반란 신화는 태초에 인간이 창조주 하나님께 대들었다가 에덴에서 쫓겨난 바로 그 역사가 인간 의식에 남긴 흔적일 것이다.

처음 하늘의 신 우라노스가 세상을 통치하고 있었다. 그런데 우라노스의 막내아들 크로노스가 아버지를 거세해 몰아내고 왕이 된다. 아버지를 쫓아내고 왕이 된 크로노스는 자기도 같은 처지가 될까 봐 겁이 났다. 그래서 아들이 태어나는 족족 먹어 버렸다. 그런데 부인이 막내아들을 숨겨서 몰래 키웠는데 이 아들이 자라 역시나 아버지를 몰아내고 왕이 된다. 바로 신들의 왕, 천하의 난봉꾼, 제우스다. 수천 년 전의 아득한 신화가 21세기인 오늘 새롭게 관심을 끄는 이유는 태초에 인간이 하나님께 대들었던 그 무모한 일을 이제 인간이 자신의 피조물인 인공지능에게 당할 상황이 되었기 때문이다.

철학에 전능역설(Omnipotence Paradox)이라는 게 있다. 신이 전능하다면 자신이 들 수 없을 정도로 무거운 돌을 만들 수 있는가 하는 질문이다. 만들 수 없다면 전능하지 않은 것이고 만들 수 있다면 그 돌을 들 수 없으니 역시 전능하지 않다는 결론이다. 일종의 말장난인데, 전능하다는 개념 자체가 유한한 우리 인간이 완전히 이해할 수 없는 개념이어서 가능한 역설이다.[11] 그런데 이 말장난 같은 논리가 우리 시대의 인간에게 정확하게 맞아 들어가고 있다. 인간은 자기가 들 수 없는 어떤 것을 만들 수 있다. 이유는 전능자를 닮았으면서도 자신은 전능하지 않기 때문이다. 오직 인간만이 자기보다 나은 어떤 것을 만들 수 있다. 동물도 못 하고 심지어 하나님도 못 하시는 일을 인간은 할 수 있으니 참으로 묘한 역설이다.

인공지능은 인간과 자연 사이의 경계도 허물지만 창조주와 인간 사이의 경계도 흐리고 있다. 인간이 인공지능을 만들어 발전시키면서 스스로 창조주 흉내를 내고 있기 때문이다. 인류는 오랜 기간 도구를 만들어 사용해 왔다. 도구는 하나같이 인간보다 뛰어나다. 인류 첫 도구라 불리는 돌도끼는 사람 주먹으로 못하는 일을 해낸다. 뜨거운 국을 손으로는 못 푸지만 국자를 사용하면 거뜬히 할 수 있다. 도구는 힘, 양, 속도, 완성도 등에서 사람보다 뛰어나다. 그런 뛰어남의 절정이 인공지능이다. 그리고 인공지능의 모든 탁월함을 하나로 통합하는 범용인공지능의 등장은 스티븐 호킹의 말대로 인류가 끝장나는 사건일 수도 있다. 범용인공지능은 절대권력을 장악하여 인류 위에 군림할 것이다. 그러면 인류는 끝이다. 인간은 능력이 모자라기 때문에 도구나 기계가 필요하지만, 기계는 인간이라는 무능한 존재가 필요하지 않다. 인간 같은 정서와 감정도 없으므로 인간을 애완용으로 데리고 살지도 않을 것이다.

---

11 전능역설에 대한 가장 시원한 설명은 Chaospet.com에 수록된 만화 #177 Logic of Omnipotence (April 19, 2010)가 제공한다. 작가는 Harry Frankfurt의 글 "The Logic of Omnipotence," *The Philosophical Review*, Vol. 73, No. 2 (Apr., 1964), pp. 262–263에서 영감을 받았다고 밝힌다.

인간이 단순히 도구를 만들고 창의력을 발휘하는 수준이라면 하나님 형상으로 존귀함을 드러낸다고 할 수 있다. 하지만 이제 인간은 자신과 닮은 어떤 것을 만들려 함으로써 하나님만이 하실 수 있는 일의 영역에 들어가려 하고 있다. 인간은 유전자를 분석, 연구하여 새 생명체를 만들어 내려는 노력도 하고 있다. 그와 동시에 인공지능을 통해 또 창조주의 영역에 도전하고 있다. 2백 년 전 메리 셸리는 인간이 실수로 자신을 능가하는 괴물을 만든다는 『프랑켄슈타인(Frankenstein, 1818)』을 썼지만, 어디까지나 소설이고 재미로 그친다. 하지만 인공지능은 현실이고 가능성이다.

인공지능은 말 그대로 사람이 만든 사람이다. 창조주를 닮은 피조물 인간이 자신과 닮은 존재를 만들어 창조주를 모방하고 있다. 아직까지 지능에 국한되지만 발전 속도가 빨라 머지않아 감정과 의지를 가진 존재를 만들 기세다. 물론 사람이 만든 프로그램대로 작동하므로 사람은 아니다. 감정이나 의지도 사전 조작된 대로 보이는 반응에 불과하다. 하지만 프로그램의 완성도가 극도로 정교해지고 섬세해지면서 사람과 구분하기 어려운 단계로 갈 수도 있다. 재료공학과 로보틱스가 함께 발전하므로 외모와 행동까지 사람을 닮을 것이다. 그리고 딥 러닝에서 경험한 혼란이 가중된다면 문제는 더 복잡해진다.

그런 발전의 가장 결정적인 단계는 인공지능이 소위 자의식을 갖는 단계다. 자의식은 생물만이 갖는 것이므로 생물과 무생물의 차이를 극복하는 일이 된다. 기계가 과연 의식이라는 것을 가질 수 있을까? 이 역시 새로운 혼란이다. 그런데 생물 자체의 정의가 변하고 있어 연구가 필요하다. 세포를 닮은 개체가 자기복제를 할 수 있게 하는 단계에 왔으므로 이 기술과 인공지능이 만난다면 무시무시한 결과가 올 수도 있다. 그래서 인공지능과 바이오가 우리 시대의 두 화두가 되고 있다. 그런 생명을 실제로 만들기 전에도 정보와 목소리와 영상을 이용해 죽은 사람과 마치 살아있는 듯 대화를 나눌 수 있어, 생명과 무생명 사이, 삶과 죽음 사이의 경계가 흐려지고 있다. 복제기술의 발전과 결합한다면 어떤 일이 있을지 상상조차 하기 어렵다.

의식을 구현하겠다는 목표는 아직 멀다. 도달할 가능성도 불확실하다. 문제는 그런 가능성 자체로도 이미 우리의 세계관을 뒤튼다는 사실이다. 사람이 만든 물건이 사람을 능가한다. 진화론자 가운데는 인간이 인간보다 뛰어난 존재를 만드는 일을 인류 진화의 다음 단계라고 주장하는 이도 있다.[12] 인간과 인공지능의 융합인 수퍼인텔리전스를 말하는 이들도 있으나 인간이 현재의 몸을 유지하는 한 기계를 이길 수 없다. 어느 쪽이든 아직 희미한 가능성에 불과하지만, 그런 주장이 난무하는 가운데 태어나 자라는 아이들은 자연스럽게 그런 논리의 영향을 받는다. 그런 가능성을 현실로 전제하며 세계관을 형성해 갈 수 있기 때문이다.

인류 멸종에 대한 우려도 같은 맥락에서 이해할 수 있다. 범용인공지능이 인류를 끝장낼 수 있다는 전문가들의 우려를 그저 반성경적이라고 무시하는 것은 바람직한 대응이 아니다. 물론 성경에 따르면 그런 일은 절대 일어날 수 없겠지만 그렇게 비판만 하는 것으로는 충분치 않다. 인공지능과 뇌과학과 생물학과 현대사상이 함께 그것이 얼마든지 가능하다고 주장하고 있으므로 그런 주장이 미칠 영

12 유발 하라리 『사피엔스』 (김영사, 2015) 569–586. (Yuval Harari, *Sapiens*, 2011.)

향도 고려해야 한다. 교회의 교사들은 그런 가능성을 웃어넘기는 대신 적극 검토하여 이론적, 현실적 대안을 마련할 필요가 있다. 고도의 기술은 실제로 불가능한 일도 마치 가능한 듯 보이게 만들 수 있기 때문이다. 그와 함께 이 모든 일이 태초에 저지른 인류의 죄 때문임을 기억하면서 예수 그리스도를 믿고 창조주 하나님을 바로 섬기는 자로 양육하는 일이 꼭 필요하다.

5. 유물론의 위험

1) 유물론의 확산

인공지능의 위험 가운데 일자리 문제는 눈에 보이는 것이고, 세계관의 혼란은 보이지 않는 틀과 관련된 것이다. 그런데 인공지능의 발전이 제기하는 가장 심각한 문제는 보이고 보이지 않는 모든 것의 기초를 이루는 기본적인 원리 곧 유물론의 확산과 고착이다. 세상은 외적 변화에 집중한다. 그런 위험을 예견하고 또 막으려 노력도 한다. 그러나 신학은 그 변화 아래 놓인 원리를 본다. 그 원리는 규제나 제도로 막을 수 있는 것이 아니다. 세상은 인공지능이 무엇인지 아직 잘 모른다. 그래서 많은 불확실성을 논의에 포함시킨다. 그런데 성경의 눈으로 바라볼 때는 불확실성 그 자체가 이미 강력한 세계관이며 엄청난 공격이다. 인공지능은 거대한 세계관의 싸움터다. 진정한 싸움은 진보와 보수 같은 이념 싸움이 아니라 유물론과 유신론의 싸움, 불신앙과 신앙의 싸움이다. 다른 말로 유물론 인과법칙과 그것을 뛰어넘은 인간의 자유 사이의 싸움이다.

유물론은 정신은 없고 물질만 있다, 또는 정신은 물질에 종속된다 하는 반성경적 세계관이다. 정신은 없이 물질만 갖춘 인공지능이 마치 정신도 있고 감정도 있는 듯 인간과 대화를 나누고 인간에게 위로도 준다. 정신을 가진 인간보다 더 잘할 때도 많아서, 정신이라는 게 있으나 없으나 별 차이가 없는 듯 보이게 만든다. 인공지능이 발전하면 할수록 유물론도 득세할 것이고 그만큼 성경과 복음에 대한 공격도 거세질 것이다.

인공지능은 인간의 두뇌를 모방한 기계인데 그런 기술의 원천을 뇌과학이 제공한다. 뇌과학은 인간의 의식은 뇌신경의 활동에 불과하다고 보는 대표적인 유물론적 학문이다. 인간의 의식이나 정신은 별도로 존재하는 것이 아니라 뇌신경의 활동 즉 '뇌 속의 화학, 물리, 수학'이라는 주장이다.[13] 당연히 영혼도 없다고 주장한다. 그런데 이런 연구를 통해 얻은 결과가 컴퓨터 시스템으로 응용이 되어 인간의 신경과 닮은 신경망을 만들어 냈다. 물론 현재의 인공지능은 인간의 그 복잡한 두뇌에 비하면 초보 중에서도 초보에 불과하다. 그런데 그 정도만 해도 인간과 경쟁이 되고 여러 면에서 인간을 뛰어넘는 존재가 됐다. 인공 신경망이 더 복잡해진다면 세계관 차원에서 뜻밖의 혼란이 제기될 수도 있다.

지금 인공지능이 의식을 가질 수 있는지 논쟁이 벌어지고 있다. 인공지능은 문자 그대로 생각하는 기계다. 그런데 관점은 양극으로

13 "It is basically chemistry, physics and math in the brain." April Cashin-Garbutt & Hyewon Kim, "Will artificial general intelligence one day be conscious?" *Sainsbury Wellcome Centre*, March 15, 2023.

나누어져 있다. 당연히 된다는 사람과 절대 불가능하다는 사람이다. 중간 지대는 거의 없다. 기본 신념의 차이 때문이다. 유물론과 반유물론 사이의 싸움 곧 형이상학 차원에서 벌어지는 싸움에는 중간이 있을 수 없기 때문이다.

우리가 아는 의식은 인간만이 갖는 특수한 현상이다. 생각하고 추론하고 소통하고 자신을 의식하고 자유를 느끼며 책임도 지는 다양한 차원을 가리킨다. 동물도 이런 요소를 어느 정도 갖는다고 보지만 현저히 약하고, 특히 신을 의식하는 종교적 영적 차원은 인간만 가진다고 본다. 그런데 기계가 이런 차원에 이를 수 있을까 하는 점에서는 생각이 다르다. 인간의 의식이 신경의 활동에 불과하다고 보는 이들은 기계의 신경망이 인간의 두뇌만큼 충분히 복잡해지면 기계도 의식이 생길 것이라 믿는다. 딥 러닝을 아주 초보 단계의 의식이라 해석할 여지도 있다. 이런 논의에서는 의식이 무엇인지, 사람이 무엇인지, 심리철학의 연구 결과도 깊이 들여다볼 필요가 있다.

정말 문제가 되는 것은 진짜와 가짜의 경계가 무너진다는 점이다. 인공지능은 참과 거짓 문제에 전혀 관심이 없는데 의식 문제에서도 마찬가지다. 성경을 믿는 우리는 인공지능이 아무리 복잡해져도 거기서 의식이 생길 수 없다고 믿는다. 그런데 인공지능을 연구하는 사람들은 충분히 복잡해진 인공지능이 마치 의식이 있는 것처럼 행동하도록 만들 수 있다. 물론 가짜 의식이다. 그러니까 의식처럼 보이는 기계장치에 불과하다. 지식은 정보의 집합에 불과하고, 감정도 짜놓은 각본대로 나오는 반응이며, 의지 역시 인과법칙에 따라 움직이는 획일성일 뿐이다. 그런데 의식이 없는데도 마치 의식이 있는 듯 행동하는 인공지능을 만들고, 인공 신경망에서 의식이 생긴

거라 주장하고, 그러면서 의식을 가진 인간과 동등하게 취급할 것을 요구할 때 대응하기가 쉽지 않다.

게다가 인간에게 자유가 없다고 주장하는 뇌과학 실험도 문제다. 뇌파 탐지 장치를 부착한 다음 자유로운 선택을 하게 했더니 특정한 선택을 하기 전 뇌파가 먼저 뇌에 주입되는 것을 관찰했다.[14] 그런 신호를 준비전위라 부른다. 의식이 먼저 판단하고 그것을 신경에 전달하는 것이 아니라 신경이 자극을 먼저 주고 그것을 의식이 마치 자유인 듯 판단한다는 것이다. 한 마디로 우리가 경험적, 직관적으로 알고 있는 자유는 거짓이라는 말이다. 1980년대에 실험으로 발표된 내용이 2016년 실험에서는 더 정교하게 확보되었다. 그런 식으로 인간의 자유가 부인되면서 유물론이 더 힘을 얻게 되었다. 인공지능을 연구하는 이들도 뇌과학의 그런 연구를 십분 수용하여 발전을 거듭함으로써 유물론을 더 넓고 든든하게 퍼뜨리고 있다.

그렇게 볼 때 인공지능의 발전은 하나님의 창조가 진리냐 아니면 진화론적 발전이 진리냐 판가름할 중요한 시험대가 된다. 인간의 의식이 뇌신경의 활동에 불과하다면 사람이 만든 기계도 언젠가 의식이 생길 것이고 의식이 생기는 순간 사회성을 인식하게 되고 나아가 황금률 같은 윤리의식도 가질 수 있다. 그런 도덕감은 이내 양심으로 발전할 것이다. 그런 일이 정말로 일어난다면 인간도 원시 세포에서 발전하면서 겉모양도 조금씩 달라지고 소위 창발(emergence) 현상의 결과 의식도 생기고 나중에는 도덕감도 생겼다 하는 진화론이

14 특히 유명한 것이 벤저민 리벳의 실험이다. Benjamin Libet et al, "Time of Conscious Intention to Act in Relation to Onset of Cerebral Activity (Readiness-Potential) - The Unconscious Initiation of a Freely Voluntary Act". *Brain*. 106 (3): 623-642, (1983).

옳을 것이다. 그런 인공지능이라면 종교심까지 갖게 될지도 모른다. 하지만 성경의 창조를 믿는 우리가 볼 때 그런 일은 불가능하다. 하지만 인공지능이 발전하면서 의식이 있는 듯 움직이게 되고 나아가 도덕감이나 양심도 있는 것처럼 행동하게 될 때는 상황이 정말 복잡해질 것이다. 진짜와 가짜가 구분이 안 되기 때문이다.

이제 인공지능과 유물론은 종교적 차원을 갖추어 가고 있다. 인공지능의 도움으로 병도 고치고, 즐거운 인생을 살고, 죽음마저 이겨 영생하려 시도한다. 은혜로만 가능한 것을 은혜 없이 시도하게 만드는 전형적인 마귀의 전략이다. 마르크스 공산주의도 은혜 없이 평등을 시도하다가 수천만 명을 죽였다. 하나님의 약속을 기술의 힘으로 이루겠다는 건 기술을 하나님처럼 섬기겠다는 말인데, 정말로 인공지능을 신으로 섬기는 종교도 생겼다. 인공지능은 공부를 워낙 많이 해 전지, 전능한 수준이다. 기계가 공부를 많이 해 사람이 되나 싶더니 사람을 건너뛰고 바로 신이 될 기세다. 죽지도 않으니 신이 될 자격을 이미 상당히 갖추고 있다. 기계 앞에 노골적으로 절을 하지 않아도 기계를 하나님처럼 의지하는 시대가 왔다. 우리도 운전할 때마다 이미 여자 목소리의 인공지능에게 거의 절대 순종을 한다. 앞으로는 인간관계, 교육과 진학, 취업, 주식투자 등등 중요한 결정을 할 때 인공지능을 더 많이 의지하게 될 것이다.

2) 그리스도인의 자유

인공지능은 이중으로 작용한다. 우선 유물론으로 사람들을 종교에서 멀어지게 만든다. 하지만 하나님의 형상인 사람에게는 종교의 씨가 있어 종교와 담을 쌓을 수는 없다. 결국 유물론 자신이 인공지능과 결합해 새로운 종교 노릇을 하게 된다. 그러니 신기술은 인간이 종교적 존재라는 성경 진리를 입증해 주면서 또 새 우상을 만들어 성경에서 점점 멀어지게 만드는 상반된 두 가지 일을 동시에 하는 셈이다. 우리 시대 젊은이들이 종교 자체를 멀리하면서도 일상의 일부에 종교적 격식을 부여하며 살아가는 것과 닮았다.

유물론이 인공지능의 기초를 이루고 있으므로 인공지능의 발전 자체가 성경과 복음에 대한 거센 공격이 될 수 있다. 유물론은 인간의 의식을 부인하고 자유를 부인한다. 자유가 없다면 사람이 죄인이라는 성경의 선언도 우리를 구원하기 위해 독생자를 보내신 하나님의 사랑도 동화책이 되어 버린다. 사람을 빼닮은 인공지능도 언젠가는 나올 수 있다. 사람인가 아닌가? 메타버스가 활성화되어 아바타까지 등장한다면 정말 복잡할 것이다. 의식이 있는 것처럼 행동하는 인공지능이 많아지면 사람들은 인간만이 가진 영적 특성마저 부인하고 조롱할 가능성이 크다. 성경이 가르치는 인간관도 부인할 것이고, 우리에게 자유를 주시고 책임을 묻겠다 하신 하나님과 한 번 죽은 다음 심판대에 서야 한다는 성경 말씀까지 조롱의 대상이 될 수 있다.

교회도 인공지능을 활용한다. 말씀과 교제와 교육에 더 잘 활용하려 애쓴다. 인공지능은 이미 우리 삶 중심부를 꿰차고 있어 거부한다면 세상을 떠나야 할지도 모른다. 그런데 그 희한한 기술의 바탕이 반성경적 무신론, 유물론이다. 어떻게 해야 하나? 기술을 거부하는 것이 불가능하다면 사용할 때 그 전제를 바로 인식하는 일이 필요하다.

결국 모든 논의는 인간이란 무엇인가 하는 문제로 압축될 것이다. 이미 몇 해 전부터 미국의 아이티 기업들은 인문학 전공자를 따로 고용하기 시작했다.[15] 특히 철학 전공자를 뽑는다. 앞으로 인간에 대한 논의가 많이 일어날 것이기 때문에 미리 준비하자는 것이다. 사람이 뭔지, 어디까지 갖추었을 때 인간으로 인정할 것인지, 인간과 거의 닮은 기계가 등장했을 때 어느 정도의 권리를 인정해야 하는지, 복잡한 문제가 하나둘이 아니다. 말하는 로봇 소피아는 2017년 사우디아라비아 시민권을 얻었다. 2018년에 한국도 방문했는데 입국할 때 지문은 찍었는지 모르겠다. 앞으로 복잡한 문제가 끊임없이 생길 것이다. 기계가 인문학을 아무리 잘해도 사람이, 특히 우리 그리스도인이, 인문학을 포기할 수 없는 이유가 여기 있다. 사람을 논하고, 사람을 알아야 하기 때문이다.

가장 중요한 것은 영혼의 존재다. 우리는 영혼을 하나님이 주신다고 믿는다. 일란성 쌍둥이도 태어나자마자 완전히 다른 인격체로 자라지 않는가. 자신만의 자의식이 있기 때문이다. 인공지능은 자의식을 가진 듯 보여도 영혼은 가질 수 없다. 흉내는 내게 할 수 있겠지만 하나님의 형상으로 자유를 갖고 하나님 앞에서 책임을 지는 그런 존재로는 될 수 없다.

문제는 영혼의 존재를 과학적 방법으로 입증할 수 없다는 점이다. 사람이 죄인이라는 성경의 선언은 DNA를 아무리 분석해도 확인이 되지 않는다. 마찬가지로 영혼이 있다 없다, 인공지능도 사람

15 Tobias Rees, "Why tech companies need philosophers – and how I convinced Google to hire them" on *Quartz*, November 22, 2019.

이다 아니다 등의 논란도 끝없이 이어질 수밖에 없다. 그럼 인간과 똑같이 행동하는 인공지능이 나올 때, 인간인지 아닌지 구분하기가 거의 불가능한 그런 시대가 올 때, 우리는 어떻게 인간의 독특성과 유일성을 보여주고 인간을 존엄하게 만드신 하나님을 전할 수 있을까? 이 점에서 마지막 남을 한 가지는 자유다. 그리고 그 자유는 사랑으로 구현된다.

영혼의 존재를 증명할 수 없어도 자유가 있다는 것은 보여줄 수 있다. 물질은 모두 인과법칙의 지배를 받으므로 유물론은 인과법칙을 못 넘는다. 유물론이 만든 인공지능의 가짜 의식도 마찬가지다. 참 의식, 진짜 인간의 의식은 자유가 있어서 인과법칙의 고리를 깨뜨릴 수 있다. 참 자유는 유물론의 한계와 거짓됨을 드러낼 수 있는 강력한 무기다. 그런데 이런 건 과학 실험으로는 증명이 불가능하고 오직 행동 곧 실천을 통해서만 보여줄 수 있다. 자유가 없다는 주장은 실험을 통해 논문으로 발표할 수 있으나 자유가 있다는 사실은 실험실 아닌 삶의 현장에서만 입증이 가능하다.

이를테면 모든 사람이 돈의 노예가 되어 돈의 인과법칙에 종속되어 있을 때 우리는 성령께서 주시는 자유 가운데 그 인과법칙을 뛰어넘는 능력을 보여줄 수 있다(고후 3:17). 돈으로 사랑을 실천하는 일은 그런 자유의 능력이다(요일 3:17). 사람들은 권력을 잡으면 군림하고 억압하려 한다. 사람의 본성이다. 대부분이 그렇게 하려고 권력을 탐한다. 하지만 그리스도인이 권력을 잡으면 우리를 섬기러 오신 주님처럼 그 강한 힘을 오히려 섬기고 돕고 사랑하는 일에 쓸 수 있다(막 10:43-45). 힘은 반드시 억압하고 군림한다는 힘의 물리적 법칙을 주님이 주시는 자유와 주님에게 배운 사랑의 힘으로 가뿐히 뛰어넘는 일이다. 자기를 다치게 했다고 보복살인을 한 라멕은 감정의 고리에 얽매여 있었지만 우리 그리스도인은 참 용서를 통해 자유의 힘을 보여줄 수 있다(벧전 3:9). 남들은 고통을 겪으면 불평하고 원망하고 좌절하지만 우리는 기뻐하고 감사하는 태도를 통해 그리스도께서 주신 자유의 힘을 과시할 수 있다(살전 5:16-18). 자유가 있다고 백 번 떠드는 것보다 자유를 한 번 행동으로 보여주는 것이 중요하다. 우리가 그렇게 사랑을 실천할 때 하늘에 계시는 우리 아버지께서 영광을 받으신다(마 5:13-16; 벧전 2:12).

6. 글을 맺으며

인공지능의 긍정적, 부정적 면을 논의하기도 전에 인공지능은 이미 우리 삶의 중심에 들어와 있다. 따라서 교회는 인공지능의 존재와 발전 모두에 큰 관심을 두고 부정적 요소에 주의를 기울이면서 긍정적인 면을 적극적으로 활용할 준비를 갖추어야 한다. 적극적인 자세를 갖는 것이 좋은 출발점이다. 발전하는 기술을 부정적으로 보기보다 하나님의 선물로, 사람의 멋진 창조물로 즐길 수 있도록 돕는 것이 좋다. 뒷짐 지고 관망만 하다가는 주도권을 빼앗길 수 있다. 특히 다음세대는 태어날 때부터 인공지능과 함께 자라게 되므로 이 기술의 현실적인 유익을 잘 인식하고 활용하게 도울 필요가 있다.

교회는 성도들이 ChatGPT 등 인공지능을 긍정적으로 사용하도록 도와야 한다. 사람들이 목회자에게서 얻던 도움을 기계에게 얻을 가능성이 커지고 있는데 나쁘게만 보지 말고 도움을 잘 받을 수 있도록 더 좋은 자료를 더 많이 채워 넣는 것이 좋은 방법이다. 기계가 하는 일에 성령이 역사하실 것인지도 물론 따져야 하겠지만 성도가 성령으로 충만한 가운데 기계를 잘 활용하도록 연구하고 가르치는 일도 중요할 것이다. 유익한 정보를 많이 만들어 적극 참여하면 그리스도인뿐 아니라 불신자들도 성경적 자료와 정보를 잘 활용할 수 있다. 성경적이면서 건전한 답을 찾을 수 있도록 기독교판 ChatGPT를 만드는 방법도 좋다. 한국에서 그런 작업을 몇 년째 하고있는 분들도 있다 하니 기도하며 기대하자.

그와 더불어 인공지능이 가진 세계관 측면에서 갖는 위험성과 오류를 교역자나 교사는 정확하게 인식하고 성도들과 학생들에게 가르칠 수 있어야 한다. 기본적으로 유물론을 바탕으로 한다는 사실을 늘 기억해야 하고 유물론의 문제점을 정확히 파악하고 올바르게 가르칠 수 있어야 한다. 인공지능이 가져오는 세계관의 혼란에 대해서도 잘 알아야 한다. 사람과 자연물 사이의 경계가 흐려지고 창조주와 인간 사이의 구분도 사라지는 것이 얼마나 위험한 일인지 잘 알고 가르쳐야 한다.

그리고 이 모든 일을 위해 개혁신학을 가진, 아니면 복음주의를 견지하는 여러 교파가 뜻을 모아 연구소를 설립해 운영할 필요가 있다. 교파마다 신학교를 운영하고 있지만 신학교는 말씀과 교회에 집중하다 보니 세상의 여러 기술과 삶과 세계관에 대해 연구하고 가르칠 겨를이 없다. 그렇지만 인공지능을 비롯해 우리 시대를 연구하는 일은 우리 시대와 다음 시대에도 성경적 세계관을 확립하고 그 세계관대로 살아가기 위해 반드시 해야만 하는 일이다. 한 개인이 하기에는 너무나 벅차 성경 전문가, 세계관 전문가, 현장 목회자, 교사,

학부모, 성도 등이 믿음이 좋은 인공지능 분야의 전문가들과 함께 머리를 맞대고 기도하며 연구해야 할 일이다.

우리의 목표는 이 시대에 그리스도의 제자로 사는 일이다. 기술도 알아야 하고, 적용법도 연구해 사용해야 하지만 결론은 언제나 말씀이다. 하나님 말씀을 깊이 연구하고, 말씀과 기도로 하나님과 깊은 교제를 나누고, 말씀에서 힘과 진리를 얻는 일은 이 모든 일에 앞서 해야 할 일이다. 그러니 결론은 언제나 말씀과 기도이며 그것을 바탕으로 해 갖추는 능력 곧 경건이다.

인공지능은 교회를 새롭게 세우는 활력이 될 수도 있고 교회를 파괴하는 핵무기가 될 수도 있다. 어느 길로 갈 것인지는 성도들과 교사들과 목회자들의 손에 달려 있다.

■ 함께 생각해볼 질문

1. 내가 일상이나 직장에서 느끼는 인공지능의 유익에는 어떤 것이 있을까? 그것이 어떤 점에서 유익한가? 혹은 어떤 위험을 안고 있지는 않는가?
2. 유튜브나 인공지능에서 얻은 지식이 거짓임을 발견한 일이 있는가? 어떤 것이었으며, 어떤 위험을 겪었으며, 그 잘못을 어떻게 바로잡았는가?
3. 주변에 인공지능 때문에 실직한 사람이 있는가? 그들의 현재 상태나 미래에 대해 내가 해줄 수 있는 조언은 무엇일까? 내 직장을 인공지능에게 빼앗길 가능성은 없을까?
4. 인공지능이 계산도, 창작도, 일도, 인간보다 잘하는 시대에 나는 자녀들에게 무엇을 어떻게 가르쳐 사람답게 살게 도울 수 있을지 생각해보자.
5. 나는 인간관계에서 기계를 얼마나 이용하고 있는가? 과거에 비해 사람을 직접 대면하는 일이 늘었는가? 아니면 줄었는가? 그런 변화를 어떻게 느끼고 있는가?

3

AI를 활용한 교회교육의 새로운 패러다임

함영주 교수

총신대학교 기독교교육과

함영주는 총신대학교에서 학사, 목회학석사, 신학석사를 마치고 미국 Biola University에서 기독교교육학으로 박사학위(Ph.D)를 취득하였다. 주전공은 기독교교육방법으로 성경교수법, 교회학교, 가정과 부모, 기독교학교 등과 관련한 논문을 주로 발표하였다.

1. 교회교육 방법의 패러다임 전환이 필요한 이유

현대사회는 인공지능으로 대표되는 첨단기술의 발달과 함께 디지털 대전환의 시대를 맞이하고 있다. 인공지능을 기반으로 한 각종 스마트 기기는 우리 삶의 구석구석에 활용되고 있으며 남녀노소 예외 없이 모두 이러한 문명의 혜택을 맘껏 누리고 있다. 이는 교육 영역도 예외가 아니다. 교육 현장에도 인공지능을 포함한 다양한 에듀테크가 활용되고 있는데 특히 비대면 실시간 수업, 디지털 콘텐츠 제작, 스마트 기기 및 앱 등을 통한 교육이 활발하게 이루어지고 있다. 그야말로 현대사회의 교육은 과학기술의 발달로 인해 혁신적으로 이루어지고 있다.

그러나 이러한 현대교육의 혁신적인 변화와 비교해 볼 때, 교회교육은 여전히 개선해야 할 부분이 많이 있다. 본래 기독교교육 방법을 활용할 경우 전통의 계승과 혁신의 활용이라는 두 가지 측면을 모두 고려해야 한다.[1] 전통적인 방법이란 교사와 부모가 아이들에게 말로 성경을 직접 가르치는 방식을 의미하는데 특히 성경의 핵심 진리와 신앙의 기본 개념을 익히도록 교수자 중심으로 그 내용을 가르치는 것을 일컫는다. 반면에 혁신적인 방법이란 앞서 언급한 현대과학기술을 활용하여 학습자를 교육하는 방법을 의미하는데 인공지능, 사물인터넷, 빅데이터, 메타버스 등 4차 산업혁명을 통해 주어진 기술을 교육에 활용하는 방식이다. 기독교교육은 전통과 혁신이

1 함영주, "전통과 혁신을 활용한 미래형 교회교육방법의 방향성에 대한 연구", ACTS신학저널, 48(2021), 173-204.

주는 '말'과 '기술'을 모두 활용하여 학습자를 가르치고 궁극적으로 예수님을 닮은 성숙한 신앙인으로 만드는 것을 매우 중요하게 여긴다.[2] 하지만 안타깝게도 한국의 기독교교육을 분석해 보면 전통적인 방법인 말과 글을 통한 신앙교육은 비교적 잘 하고 있는 반면에 혁신적인 방법을 활용하는데 있어서는 여전히 미흡한 면이 있다. 그러나 한 가지 분명한 것은 우리가 가르치는 아이들은 우리 기성세대와 달리 디지털·AI 네이티브들이라는 사실이다. 이들은 이미 학교에서 다양한 혁신적 기술을 활용한 교육을 받고 있으며 가정에서도 개인적인 차원에서 이러한 기술이 접목된 기기나 어플리케이션 등을 여러 용도로 활용하고 있다. 하지만 이에 비해 교회교육은 단순히 '말'로 가르치는 전통적인 교육방법만을 고수하고 있다.

이러한 현실에서 우리의 다음세대들에게 하나님의 말씀을 조금 더 효과적으로 가르치고 성경 중심의 신앙을 통전적으로 전수하기 위해서는 교육방법적 차원에서 근본적인 패러다임의 전환이 필요하다. 특히 학생들의 문화를 반영하고 개인적인 학습의 특징을 고려하여 자기주도적이고 능동적인 신앙교육이 이루어지기 위해서는 그에 맞는 새로운 교육방법의 활용이 필요하다. 이에 본 글에서는 전통적인 교회교육의 특징 및 한계를 분석하고 미래 교회교육에 인공지능을 포함한 디지털 기술을 어떻게 활용할 것인지 그 방향성을 제시하고자 한다. 물론 아직까지는 인공지능이 기독교교육의 영역에서 충분히 활용되고 있지는 않다. 그럼에도 불구하고 인공지능을 신앙교

2 현대 과학기술도 하나님께 영광을 돌릴 수 있는 도구이며 그리스도인의 신앙성장과 섬김과 나눔을 돕는 도구가 될 수 있다. 함영주, 『기독교세계관: 성경으로 다리놓기』 (경기: 바이블브릿지, 2020), 82-88.

육에 어떻게 사용할 것인지에 대한 전반적인 방향성을 제시한다면 향후 우리 아이들의 신앙성장에 커다란 도움을 줄 수 있을 것이다.

2. 전통적 교회교육의 특징, 한계, 그리고 방향성

기독교교육에서 혁신적인 교육방법을 활용하기 위해서는 현재 한국 교회교육에서 신앙교육을 어떻게 하고 있는지를 살펴보는 것이 필요하다. 특히 한국교회에서 나타나는 전통적인 교회교육의 특징 및 한계를 살펴볼 필요가 있다. 물론 한국교회가 지난 130년이 넘는 기간에 각 시기에 맞는 적절한 신앙교육을 통해 수많은 신앙교육의 성취를 이룬 것을 부인할 수는 없다. 다만 이제는 변화하는 시대에 맞는 새로운 교육방법의 패러다임이 필요하다는 전제 하에 그동안 시행되어 온 신앙교육방법의 문제점을 몇 가지 측면에서 살펴보고자 한다. 이에 본 장에서는 전통적인 한국교회교육의 특징 및 한계를 '교수자 중심의 획일적 교육, 경험활동 없는 수동적 교육, 삶과 분리된 성경공부, 개인성찰과 공동체 학습의 부재, 면대면 신앙교육 위주의 교육' 등으로 나누어 설명하고자 한다.

첫째, 한국 교회교육의 특징은 교수자 중심의 획일적 교육이다.[3] 일반적으로 신앙교육은 대그룹에서 이루어지는 설교와 소그룹에서 이루어지는 성경공부가 있다. 설교의 경우 많은 사람들을 대상으

3 함영주, "포스트모더니즘 시대의 교회학교 학습공동체", 손원영 외 편저, 『포스트모더니즘 시대의 기독교교육 학습공동체』 (서울: 요단, 2014), 351-352.

로 하기 때문에 교수자 중심으로 진행되는 것이 맞다. 반면에 성경공부는 소수의 인원을 대상으로 하기 때문에 학습자 중심으로 이루어져야 한다. 그러나 한국 교회에서는 설교와 성경공부 모두 사역자 및 교사가 주도하는 교수자 중심으로 이루어지고 있다. 특히 교사가 진행하는 성경공부의 경우 일종의 '미니 설교시간'과 같이 교사가 사역자의 설교를 요약해 주거나 혹은 성경공부 책에 기록된 문제를 푸는 정도의 수준에 머무르고 있다. 또한 성경공부 교재 역시 표준화되어 있어서 학습자 개인의 신앙적 특징 및 수준을 거의 반영하지 못하고 있다. 이러한 현실을 고려해 볼 때, 향후 교회교육은 학습자 맞춤형 교육으로 진행되어야 할 필요가 있다. 학습자 맞춤형이란 '개별 학습자의 특성을 고려하고 교육의 과정에 참여하는 것을 중요하게 여기는 교육원리'이다.[4] 즉 학습자 개인이 가진 신앙적 특징, 신앙 수준, 학습의 강점, 개인적 성향 등을 충분히 고려하여 성경공부가 진행되어야 하고 동시에 사역자나 교사가 처음부터 끝까지 성경공부를 진행하는 방식이 아닌 학습자가 주체적으로 교육의 과정에 참여하도록 해야 한다.

둘째, 한국 교회교육의 특징은 경험활동이 없는 수동적 교육이다. 이 문제는 앞서 언급한 교수자 중심의 획일적 신앙교육으로 인하여 발생한 문제이다. 현재 한국 교회학교의 성경공부 실태를 살펴보면 대체적으로 학생들의 적극적인 참여가 없이 단순히 성경공부 교재에 나오는 문제를 풀거나 혹은 아주 간단한 주제 관련 활동을

4 함영주, "학습자 중심의 교육원리에 대한 기독교교육학적 통합과 비평", 기독교교육정보, 33(2012), 64.

하는 정도이다. 인간발달 단계의 특징에 따르면 유치부는 사역자나 교사와의 활발한 애착 활동이 필요하다. 유초등부는 오감을 활용한 다양한 교육활동이 필요하다. 청소년부는 대화 및 토론과 같은 논리적인 결론을 이끌 수 있는 교육활동이 필요하다. 그러나 현재 교회교육은 인간발달의 특징에 따른 교육방법을 고려하기 보다는 연령에 상관없이 가만히 앉아서 교사의 설명을 듣는 수동적인 교육방법을 활용하고 있다. 그 결과 신앙교육에 '흥미'를 느끼지 못하고 결국 신앙교육의 '의미'를 발견하지 못하는 경우가 많다. 이러한 점을 고려해 볼 때, 향후 신앙교육 방법으로 토의 및 토론, 협동학습, 문제중심의 학습, 프로젝트 기반 학습, 액션러닝 등과 같은 학습자 참여적이고 능동적인 교육방법을 활용할 필요가 있다. 또한 더 나아가 체험학습, 현장학습, 탐구학습과 같이 현재의 교육시간과 교육공간의 한계를 넘어서는 교육방법도 활용할 필요가 있다. 이러한 교육방법들의 가장 큰 특징은 학습자를 능동적인 교육의 주체로 여긴다는 점이다. 이는 결국 전통적인 교회교육의 특징인 '수동적 교육'의 한계를 넘을 수 있게 하는 좋은 방법이 될 수 있다.

셋째, 한국 교회교육의 특징은 삶과 분리된 성경공부이다. 한국 교회학교의 성경공부가 주로 주일 교회에서 이루어지다 보니 성경 암송 및 신앙개념 이해 중심으로 이루어지고 있다. 즉 인지적인 차원에서 성경을 알고 이해하는 교육은 비교적 잘 진행되고 있다. 그러나 상대적으로 주일의 배움이 주중의 실천으로 이어지는 경우는 그리 많지 않다. 그 결과 교회교육이 삶과 분리된 교육이 되고 있다. 신앙교육의 목적은 궁극적으로 하나님의 말씀이 자신의 삶에 적용이 되고 이를 통해 하나님의 나라가 확장되도록 하는 것에 있다. 그렇다면 전통적인 교회교육이 갖고 있는 이러한 앎과 삶의 분리 교육은 반드시 교정되어야 한다. 이를 위하여 '이론과 실천의 통합교육'이 이루어져야 한다. 이것을 가능하게 하는 것이 바로 '학습전이'(transfer of learning)이다. 학습전이는 학습자가 배운 특정한 지식, 기술, 태도가 다른 다양한 상황이나 맥락에서 효과적으로 적용되는 것을 의미한다.[5] 신앙교육에서는 교회학교에서 배운 내용이 가정, 학교, 마을, 온라인 등 다양한 삶의 장에서 그 상황과 맥락에 맞게 적용이 되고 실천되는 것을 의미한다. 그리스도인 학습자가 앎과 삶이 통합된 신앙인으로 성장하기 위해서는 성경공부의 패러다임을 전격적으로 바꿔야 할 필요가 있다.

넷째, 개인성찰과 공동체 학습의 부재이다. 신앙교육이 학습자로 하여금 자신의 신앙을 깊이 돌아볼 수 있게 하거나 혹은 신앙공동체에 속한 학습자들 간에 상호적 교류가 없이 신앙교육이 이루어지고 있다. 교회학교에 다니는 학생들은 성경의 객관적인 사실을 기억하고 그 내용을 이해하는 수준의 교육을 받고 있다. 구체적으로 이야기하면 자신이 학습한 성경의 내용을 깊이 묵상하고 성찰하여 그것을 내면화 하는 단계에까지 이르지는 못하고 있다. 또한 개인이 성찰한 내용을 신앙공동체 안에서 함께 나누고 실천해 보는 공동체적 실천으로 이어지지 못하고 있다. 결국 신앙교육이 피상적이고 공동체적 협력이 없는 지극히 개인 지식위주로 전개되고 있다고 할 수 있다. 이러한 한계를 극복하기 위해서는 기독교적 전환학습을 활용

5 신은경, "학습전이 측정 동향 및 측정도구 신뢰도 일반화 분석", HRD연구, 16(2014), 53-54.

해 볼 수 있다. 전환학습이란 자신의 경험을 비판적으로 성찰하되 다른 사람과 의사소통 및 토론을 통해 새로운 관점을 형성해 가는 학습방법이다.[6] 즉 개인적 차원에서는 깊은 묵상과 성찰을 가능하게 하며 사회적 차원에서는 공동체적 학습을 가능하게 한다. 한편 공동체적 학습을 위해 협동학습이나 액션러닝과 같은 교육방법도 고려해 볼 수 있다. 협동학습은 개인의 책무와 공동체적 협력을 통해 주어진 과업을 함께 해결해 가는 방법이며 액션러닝은 학습자들의 삶에서 벌어지는 실제적인 문제를 학습팀이 함께 해결하여 대안을 제시하는 교육방법이다.[7] 이러한 교육방법들을 통해 개인성찰과 공동체적 학습을 촉진할 수 있다.

다섯째, 면대면 위주의 신앙교육이다. 온라인 기술이 발전하기 전까지 면대면 교육은 거의 유일한 신앙교육 방식이었다. 그리고 실제로 이러한 면대면 교육이 강조하는 인격적 교육을 통해 성숙한 신앙인이 만들어질 수 있었다. 그러나 스마트 기기의 등장, 유비쿼터스 환경의 형성, 다양한 어플리케이션의 활용 등으로 비대면 교육이 가능해진 현재의 상황을 고려한다면 면대면 교육과 함께 비대면 교육을 활용한 신앙교육을 적극적으로 고려해야 할 시점이 되었다. 물론 기독교교육은 기본적으로 면대면 교육이 전제가 되어야 한다. 즉 아무리 비대면 교육환경이 형성이 된다고 할지라도 기독교교육의 기본은 사역자와 학생이 만나고 교사와 학생이 직접 만나는 교육

6 함영주, "예수님의 교육방법으로서의 전환학습과 기독교교육적 함의", 개혁논총, 32(2014), 215-218.

7 이러한 교육방법에 대한 자세한 안내와 소개는 다음의 자료를 참고하라. 함영주, 『심장을 뛰게 하는 성경교수법』 (서울: 익투스, 2025).

이다. 하지만 스마트 기기나 온라인을 활용한 비대면 교육을 보조적 수단으로 활용한다면 지금보다 더 큰 신앙교육적 효과를 얻을 수 있다. 특히 현재 한국 교회교육의 특성상 주중에 학생들을 만나기 어려운 상황을 고려한다면 온라인 상에서 학생들과 교류하고 신앙교육을 하도록 촉진하는 미디어 플랫폼을 만드는 것은 필수적인 과업이라 할 수 있다.

이상과 같이 전통적인 한국 교회교육의 특징 및 한계, 그리고 미래 교회교육 방법의 방향성을 논의하였다. 그런데 전통적인 교회교육 방법의 특징에 대한 논의를 하면서 갖게 되는 한 가지 중요한 인사이트는 현재 드러난 교회교육 방법의 문제점은 인공지능을 포함한 에듀테크를 활용하면 상당부분 해결할 수 있을 것이라는 기대이다. 즉 인공지능과 과학기술을 신앙교육의 보조적 수단으로 적절하게 활용한다면 교수자 중심에서 학습자 중심으로, 수동교육에서 능동교육으로, 삶과 분리된 교육에서 삶의 적용 교육으로, 개인성찰과 공동체 학습의 부재에서 대화와 소통의 교육으로, 면대면 교육에서 비대면 교육으로 전환이 가능하다. 따라서 다음 장에서는 인공지능의 등장과 그것을 교육의 영역에서 어떻게 활용하고 있는지에 대하여 살펴보고자 한다.

3. 인공지능의 등장과 교육적 활용

인공지능은 우리 사회에 많은 변화를 가져왔다. 1950년 수학자 앨런 튜링(Alan Turing)은 연구 및 실험을 통해 '생각할 수 있는 기계'

의 등장을 알렸다. 1956년 미국 다트머스 대학에서 주최한 학술대회에서 인공지능(Artificial Intelligence)라는 용어가 사용되었고 이후 1970년대 인공지능 기술에 대한 재조정의 시기를 거쳐 1990년대에 비약적인 발전을 이루게 되었다.[8] 특히 빅데이터 기반 학습, 머신러닝과 딥러닝 등 새로운 기술의 등장으로 인공지능에 대한 연구와 상용화는 매우 빠른 속도로 진행되고 있다. 최근에는 생성형 AI의 등장으로 인간이 필요로 하는 정보와 결과물을 손쉽고, 정교하고, 빠르게 얻을 수 있게 되었다.

인공지능의 발달은 교육의 영역에서도 매우 활발하게 활용되고 있다. 개별 학습자를 이해하고 파악하여 개인 맞춤형 교수학습에 활용하기도 하고 인공지능이 탑재된 기기를 활용하여 학습자가 직접 문제를 해결하는 용도로 활용하기도 한다. 한편 인공지능을 활용한 교육을 실현하기 위해 인공지능 교육 자체를 실시하고 있는데 그 내용은 "인공지능 이해교육, 인공지능 활용교육, 인공지능 융합교육" 등 크게 세 분야로 구성되어 있다.[9] 인공지능 이해교육은 인공지능의 개념과 원리 등에 대한 학습, 인공지능 활용교육은 인공지능을 활용하는 방법에 대하여 학습, 인공지능 융합교육은 인공지능을 활용하여 실제 문제를 해결하는 것과 관련되어 있다. 우리나라의 경우 이미 2015 교육과정의 정보 교과에서 소프트웨어 기초소양 교육을 실시하였으며 2022 교육과정에서도 디지털 기초 소양교육을 통해 인공지능, 빅데이터, 사물인터넷 등을 생활 속에서 활용하는 방법을

8 곽종호, 『인공지능개론』 (서울: 북랩, 2024), 12-14.

9 박찬 외, 『인공지능과 함께 하는 미래교실』 (서울: 다빈치 Books, 2022), 13에서 참고하여 설명함.

융합적으로 가르치고 있다.[10] 한편 인공지능이 교육에 활용되는 구체적인 방법을 연구한 웨인 홈즈, 마야 비알리크, 찰스 파델은 인공지능이 교육에 활용되는 방식을 대표적으로 5가지로 구분하고 있는데 "지능형 튜터링 시스템, 대화형 튜터링 시스템, 탐구학습 시스템, 자동 서술형 평가, ITS+, AR, VR, 챗봇"이 바로 그것들이다.[11]

활용 유형	내용
지능형 튜터링 시스템(ITS)	학습 단계별 교육
	개인 맞춤형 수준별 학습경로
대화형 튜터링 시스템(DBTS)	학습자의 질문과 대화형 피드백
	학습자의 응답 기반 심화학습
탐구학습 시스템(ELE)	학습자 주도적 탐구학습
	시뮬레이션 기반 학습 환경 제공
자동 서술형 평가(AWE)	형성적, 총괄적 피드백
	평가의 객관성 확보
ITS+, AR, VR, 챗봇	학습의 몰입도와 상호작용
	실시간 대화형 피드백과 문제해결

〈표 1〉 인공지능의 교육적 활용 유형[12]

첫째, 지능형 튜터링 시스템(Intelligent Tutoring System)은 인공지능 기술을 기반으로 개별 학습자의 교육수준에 맞는 맞춤형 교육을 제

10 김용성, 『ChatGPT 충격, 생성형 AI와 교육의 미래』 (경기: 프리렉, 2023), 12-15.

11 Wayne Holmes, Maya Bialik, Charles Fadel, 『인공지능시대의 미래교육』 정제영, 이선복 역, (서울: 박영스토리, 2019), 150-244에서 해당 부분의 내용을 인용 및 발췌하여 이와 관련된 내용 전반을 기술하였음.

12 Wayne Homes, et al., 226의 도표 내용을 참조함.

공하는 컴퓨터 기반 교육 체계이다. 즉 학습자가 가진 개별적인 학습의 강점, 이해의 수준, 실천 역량의 단계 등을 고려하여 개별화된 학습 경로를 설계하고 지원하여 학습이 이루어지도록 하는 시스템을 말한다. 대표적으로 '인공지능 기반 학습 단계별 교육'과 '개인 맞춤형 수준별 학습경로' 등이 있다. '학습 단계별 교육'은 인공지능이 개별 학습자의 수준에 따라 어떤 순서로 가르치고 무엇을 가르칠 것인지를 체계적으로 구조화하고 결정하는 것이다. '개인 맞춤형 수준별 학습경로'는 학습자의 지식수준이나 잘못 알고 있는 개념, 학습에 대한 과거 이력 등을 저장하고 업데이트하여 반영하는 것을 의미한다. 궁극적으로 이러한 지능형 튜터링 시스템을 통해 학습자에게 가장 효과적인 교육내용 및 교육방법이 무엇인지 결정하고 가장 적합한 피드백을 주어 교육이 효율적으로 이루어지도록 한다.

둘째, 대화형 튜터링 시스템(Dialog-Based Tutoring System)은 학습자들이 인공지능이 탑재된 기기와 대화를 통해 질의응답하며 생각을 정리 및 심화하는 체계이다. 앞선 지능형 튜터링 시스템이 개인 맞춤형 학습경로를 제공하고 정해진 규칙에 기반하여 피드백을 주는 것이라면, 대화형 튜터링은 교육의 과정에서 학습 주제에 대하여 학습자가 직접 대화하도록 하고 그에 대하여 피드백을 주는 것에 초점 맞춰져 있다. 대표적인 대화형 튜터링 시스템으로 '학습자의 질문과 대화형 피드백'과 '학습자 응답 기반 심화학습' 등이 있다. '학습자의 질문과 대화형 피드백'은 학습자가 인공지능과 대화하며 적절한 질문을 주고받고 이 과정을 통해 학습 개념에 대한 이해도를 확인할 수 있다. '학습자 응답 기반 심화학습'은 학습자가 인공지능과 대화하면서 더 깊은 개념을 파악하고 적용하도록 도와주는 것으로 대표적으로 계속적인 질문을 통해 답을 찾아 가도록 돕는 '소크라테스식 방법'이 있다.

셋째, 탐구학습 시스템(Exploratory Learning Environment)은 학습자가 학습 환경 및 학습 조건을 스스로 조작 및 변경하여 자신이 지식을 탐구하고 형성해 가는 교육 방식이다. 일반적으로 지능형 튜터링 시스템이나 대화형 튜터링 시스템의 경우 단계별로 진행되는 학습과 같이 이미 주어진 경로에 의해 학습이 이루어지는 특징이 있다면 탐구학습 시스템은 학습자가 직접 자신의 학습 경로를 설계하거나 탐구의 과정에 능동적으로 참여하는 것을 중요하게 여긴다. 대표적인 탐구학습 시스템으로 '학습자 주도적 탐구학습'과 '시뮬레이션 기반 학습 환경 제공' 등이 있다. '학습자 주도적 탐구학습'은 학습자가 직접 탐구과제 설정, 학습의 속도와 진도 결정, 해결해야 할 문제의 가설 설정과 해결을 진행하며 인공지능이 피드백을 주어 잘못된 개념이나 내용을 교정해 주는 방식이다. '시뮬레이션 기반 학습'은 실제 실험공간을 제공하기 보다는 인공지능이 가상의 탐구환경을 제공하여 그곳에서 복잡한 문제를 반복적으로 탐구하면서 문제를 해결하는 방법이다.

넷째, 자동 서술형 평가(Automatic Writing Evaluation)는 학습자들이 작성한 서술형 보고서에 대하여 인공지능이 그 내용을 자동적으로 분석 평가하여 학습자의 과업 수행 역량을 향상시켜주는 시스템이다. 이 방식은 학생들의 생각과 표현에 대해 비교적 빠른 시간 안에 정확하고 세밀하게 피드백을 줄 수 있다는 장점이 있다. 자동 서술형 평가는 대표적으로 '형성적/총괄적 피드백'과 '평가의 객관성 확보' 등의 내용을 포함한다. '형성적/총괄적 피드백'은 학습자가 작성한 내용의 텍스트 분석을 통해 그 글의 구조, 내용, 표현 등을 분석하여 정교한 글이 쓰이도록 돕는 것이다. '평가의 객관성 확보'란 인공지능이 일관된 기준을 가지고 학습자가 만든 결과물을 평가하여 피드백을 주는 것이다. 이렇게 되면 평가의 신뢰도와 일관성을 확보할 수 있어서 공평하고 합리적인 평가가 이루어질 수 있다.

다섯째, ITS+, AR, VR, 챗봇은 지능형 튜터링 시스템에 첨단 과학기술이 포함된 다양한 학습 기기들을 추가적으로 활용하는 것을 의미한다. 이러한 인공지능 활용 기술의 장점은 '학습의 몰입도와 상호작용'과 '실시간 대화형 피드백과 문제해결' 등이 가능하다는 점이다. '학습의 몰입도와 상호작용'은 지능형 튜터링 시스템에 증강현실을 활용하거나 가상현실을 활용하여 학습의 몰입도를 높이고 궁극적으로 학습 효율성을 높여주는 것을 말한다. '실시간 대화형 피드백과 문제해결'은 지능형 튜터링 시스템에 챗봇과 같은 대화형 인공지능을 탑재하여 학습자의 궁금증을 실시간으로 해결해 주어 궁극적으로 문제해결을 할 수 있도록 돕는 것을 의미한다.

이와 같이 일반 교육의 영역에서는 인공지능을 활용하여 학습을 보조하거나 향상시키는 다양한 방법이 활용되고 있다. 물론 현재 이러한 인공지능 활용 교육방법이 한국의 교육현장에서 보편적으로 사용되고 있지는 않다. 하지만 인공지능 기술의 발전이 급속도로 이루어지고 있는 점에 비추어 보면 얼마 지나지 않아 인공지능을 활용한 교육은 지금보다 더욱 활발하게 이루어질 것으로 예상된다.

4. 미래 교회교육을 위한 인공지능 활용 아이디어

지금까지 인공지능이 일반교육 영역에서 어떻게 활용되고 있는지를 살펴보았다. 이것을 살펴본 이유는 일반교육에서 사용되는 인공지능이 기독교교육에도 충분히 활용될 가능성이 있기 때문이다. 물론 일반교육에 비해 기독교교육 영역에서는 여전히 인공지능 활용이 거의 이루어지고 있지는 않다. 그 이유는 일차적으로 인공지능 기반 기독교교육 시스템이 갖춰져 있지 않기 때문이고, 더 나아가 인공지능 기반 교육에 대한 교회의 인식 부재, 교육 주체인 교사 및 부모의 활용 역량 부족 등의 이유 때문이다. 그러나 인공지능 활용 교육은 향후 기독교교육에도 매우 중대한 영향을 끼치게 될 것이기 때문에 그 활용방법을 지금보다 더 적극적으로 개발해야 할 필요가 있다. 현재 기독교교육 관련 일부 책에서 에듀테크를 활용한 신앙교육 방법을 제시하기도 하지만[13] 이러한 방법들은 순수한 인공지능 활용 교육방법이라기 보다는 교육에 기술을 접목시킨 에듀테크 활용 방법이 대부분이다. 왜냐하면 아직까지는 인공지능을 신앙교육에 적극적으로 활용하고 있지 못하기 때문이다. 이에 본 글에서는 현재 신앙교육에 활용되고 있는 인공지능 기술을 소개하기 보다는 미래 신앙교육에 인공지능을 활용할 수 있는 방법에 대하여 제안하고자 한다.[14] 본 글에서는 미래 신앙교육에 인공지능을 활용할 수 있

13 신국원, 김희석, 함영주, 김수환, 『AI의 파도를 분별하라』 (서울: 익투스, 2024), 202-219.

14 본 글에서 소개하는 '인공지능 활용 신앙교육 아이디어'는 현단계에서 바로 사용할 수 있는 교육방법이라기 보다는 향후 '신앙교육을 위한 전용 인공지능 플랫폼'이 마련되면 실현 가능한 방법들이다. 물론 본 글에서 소개하는 상당수의 교육방법은 면대면 교

〈그림1〉 미래 인공지능 활용 신앙교육 방법

는 영역을 '개인 맞춤형 신앙교육, AI 챗봇 신앙성장 튜터, 음성인식 기반 신앙교육, 신앙교육 평가 및 피드백, 창의적 신앙 콘텐츠 제작, 메타버스 기반 신앙교육' 등 6가지로 나누어 설명하고자 한다.

1) 개인 맞춤형 신앙교육

인공지능을 활용한 신앙교육 방법 중에 가장 보편적으로 적용할 수 있는 방법은 바로 개인맞춤형 신앙교육이다. 개인 맞춤형 신앙교육은 학습자의 신앙 수준 및 관심사에 따라 신앙교육을 실천하는 시스템이다. 앞서 한국 교회학교 신앙교육의 문제점에서도 언급한대

육 환경에서 실현 가능한 것들이지만 인공지능 신앙교육 플랫폼이 마련되면 더 신속하고 효과적으로 구현이 가능하기 때문에 지금보다 더 적극적으로 다양한 아이디어를 내고 활용 가능성을 모색하는 것이 필요하다.

로 현재의 신앙교육 체계 하에서는 개별 학습자의 특성을 고려하여 가르치기 매우 어렵다. 그러나 보조 교사로서 인공지능을 활용한다면 개인 맞춤형 신앙교육이 가능할 수 있다. 특히 주일이라는 제한된 시간에 이루어지는 교회학교 성경공부의 한계를 넘어 주중 가정과 일상에서 학습자 스스로 인공지능 기반 교육을 할 수 있다면 효과적인 개인 맞춤형 신앙교육을 할 수 있게 된다.

유치부의 경우 "AI 그림생성 말씀 묵상" 프로그램을 활용할 수 있다. 이는 탐구하고 싶은 신앙 주제나 혹은 성경의 내용을 인공지능이 그림이나 동영상으로 생성해 주어 이해도를 높여주는 프로그램이다. 교수자는 학습자가 배울 성경구절을 선택하고 그것을 쉬운 성경으로 들려준다. 교수자는 성경의 내용을 간략하게 설명해 주어 인지적으로 기본 지식을 습득하도록 한다. 이후 인공지능을 활용하여 해당 성경구절을 가장 잘 설명할 수 있는 그림을 생성하거나 혹은 동영상을 생성하여 아이에게 보여주어 이해도를 더 높여 준다. 이때 아이의 신앙수준, 이해도, 신앙교육 상황 등을 입력하여 학습자에게 가장 적절한 수준의 그림이나 영상을 제공하도록 유도할 수 있다.

유초등부는 인공지능을 활용한 맞춤형 신앙교육으로 "수준별 성경퀴즈"를 실행할 수 있다. 일반적으로 교회학교에서 진행하는 성경퀴즈의 경우 주일에 배운 내용을 '집단'에게 일괄적으로 물어보는 방식이다. 이 방식은 학습자의 신앙수준이나 이해수준을 고려하지 않은 보편적 이해도를 측정하는 방식이다. 따라서 인공지능 기반 성경퀴즈를 진행하면 학습자의 신앙수준에 따라 난이도를 조절할 수 있고 성취수준에 따라 난이도를 높여갈 수 있다는 장점이 있다. 이를 위해 우선 학년이나 신앙수준에 따라 학생을 분류하고 인공지능 기반 퀴즈 생성 프로그램을 활용하여 난이도별로 성경퀴즈 문제를 출제한다. 학습자는 컴퓨터 반응형 수준별 성경퀴즈 문제를 풀고 그 결과에 따라 고차원의 문제로 이동하거나 혹은 다시 개념이해 단계로 이동할 수 있다. 성경퀴즈를 마치면 점수 기반 평가, 축하, 보상을 시행한다.

중고등부의 경우 "관심주제 성경탐구" 활동을 진행할 수 있다. 전통적으로 한국 교회학교는 이미 제작된 교재를 중심으로 성경공부를 진행하기 때문에 누구나 다 배워야 하는 기본 성경지식은 습득할 수 있으나 상대적으로 개인적 관심을 가진 문제를 해결하기 위한 성경공부는 진행하기 어렵다. 이에 개별 청소년 학습자가 궁금해하는 이슈를 중심으로 맞춤형 성경공부를 진행할 필요가 있다. 먼저 학습자가 인공지능 신앙학습 플랫폼에 궁금한 점을 입력하면 관련 성경구절을 찾아주어 성경적인 관점을 형성하도록 돕는다. 학습자가 자신이 제기한 문제에 대한 성경적 관점을 이해했다면 이제는 인공지능 학습 플랫폼이 학습자의 신앙발달 수준에 따라 맞춤형 적용 및 나눔 질문을 제공해 주고 학습자는 이 문제를 가지고 성찰하거나 다른 사람과 토론할 수 있다.

청년부는 "설교요약 및 맞춤형 적용 질문" 활동을 진행할 수 있다. 청년들의 경우 설교와 같은 대그룹 방법과 나눔식 성경공부와 같은 소그룹이 조화롭게 이루어질 경우 상당히 큰 신앙교육적 효과를 얻을 수 있다. 교회에서 사역자가 인공지능 플랫폼에 설교 원고를 탑재하면 이 설교에 대해 요약 및 적용 질문을 생성해 준다. 이때 자신이 속한 공동체원들이 고민하고 있는 문제나 교회의 상황, 혹은 신앙의 수준 등을 입력하면 그에 맞는 맞춤형 적용 질문을 생성해

준다. 이를 토대로 소그룹에서 나눔 모임을 하고 자신의 삶에 적용하는 후속 활동을 진행할 수 있다.

부서	프로그램명	도입 가이드
유치부	AI 그림생성 말씀 묵상	1. 수준에 맞는 성경 구절 선택 2. 아이에게 들려주기 3. 그림 생성 결과 함께 나눔
유초등부	수준별 성경 퀴즈	1. 학년/수준 분류 2. 퀴즈 생성 도구로 문제 구성 3. 점수 기반 평가와 축하
중고등부	관심주제 성경 탐구	1. 학생 주제 선택 2. 관련 성경구절 자동 추천 및 설명 3. 적용 질문 나눔
청년부	설교요약 및 맞춤형 적용 질문	1. 설교 원고 업로드 2. 요약/적용 질문 확인 3. 나눔 모임에 적용

〈표2〉 개인 맞춤형 신앙교육

2) AI 챗봇 신앙성장 튜터

인공지능 기반 챗봇을 활용한 신앙교육은 현재의 기술로도 충분히 실현이 가능한 영역이다. 일반적으로 기업에서 챗봇은 고객을 상담하거나 응대하는 용도로 많이 사용하고 있다. 즉 고객의 불편사항을 접수하고 상담하거나 혹은 문제를 해결해주는 용도로 사용되고 있다. 일반교육의 영역에서도 챗봇은 효과적으로 사용되고 있는데 특히 학습자는 자신이 궁금해하는 내용을 챗봇과 대화하면서 문제를 해결하거나 심화 학습을 진행하기도 한다. 같은 맥락에서 만일 정통 기독교 기반 챗봇을 만든다면 학습자가 스스로 자신의 신앙문제를 해결하거나 더 깊은 성경공부를 하는데 큰 도움을 얻을 수 있다.

유치부는 챗봇을 활용하여 "그림 성경동화 챗봇" 활동을 진행할 수 있다. 유치부 학습자들은 글을 읽지 못하는 경우가 많기 때문에 성경 이야기를 듣거나 혹은 그림으로 인식하는 방법이 더 효과적이다. 이 프로그램은 인공지능이 탑재된 스마트 기기를 활용하여 성경동화를 읽어주거나 혹은 그림이 그려진 성경동화를 보여주면서 자동으로 성경의 내용을 설명해 주는 프로그램이다. 유치부 학습자는 성경동화를 듣거나 본 후에 챗봇과 대화를 하면서 성경의 인물이 왜 그렇게 행동했는지 물어볼 수 있다. 또한 성경동화를 듣거나 보고 난 이후 챗봇이 묻는 질문에 대해 아이가 대답을 하고 그 대답에 따라 추가적인 질문을 하거나 혹은 오답을 교정해 주는 방식으로 활용할 수도 있다.

유초등부의 경우 "매일 큐티 챗봇" 프로그램을 적용해 볼 수 있다. 유초등부 연령대가 되면 아이들은 스스로 큐티를 할 수 있는데 이때 인공지능이 대화와 피드백을 통해 말씀 묵상에 도움을 줄 수 있다. 먼저 인공지능 탑재 기기에 매일 이루어지는 큐티 본문과 내용을 연동시킨다. 학습자가 말씀을 읽고 묵상을 하면 챗봇은 아동의 수준에 맞는 적용 질문을 하고 아동은 그 질문에 대해 답을 한다. 챗봇은 학습자의 대답에 대해 조금 더 심층적인 질문을 하거나 피드백을 주는 방식으로 프로그램을 진행한다. 다짐기도와 요약을 하면서 챗봇과 함께 하는 큐티를 마무리한다.

청소년부는 "신앙 멘토 챗봇" 프로그램을 운영해 볼 수 있다. 청소년 시기는 많은 고민과 갈등이 발생하는 시기이며 이러한 고민을 적절하게 해결하지 않으면 자아정체성 형성에 부정적인 영향을 받기도 한다. 따라서 청소년들을 대상으로 하는 신앙 멘토 챗봇 프로그램을 진행하여 이들이 가진 고민을 해결하고 바른 신앙 정체성을 형성하도록 도울 수 있다. 학습자는 챗봇에 자신의 고민거리를 입력한다. 챗봇은 학습자의 신앙수준과 이해수준을 고려하여 문제해결을 위한 맞춤형 해결책을 제시한다. 학습자는 챗봇과의 대화를 통해 느낀 점을 묵상하고 입력하여 자신의 생각을 정리하고 회고해 보는 시간을 갖는다.

청년부는 "성경연구 인사이트 챗봇" 프로그램을 활용할 수 있다. 청년들의 경우 단순히 큐티를 하거나 혹은 궁금한 점을 질문하는 수준보다 한 단계 더 확장하여 성경을 연구하는 단계까지 나아가는 것이 좋다. 성경연구 인사이트 챗봇은 청년들이 성경본문을 연구하는 데 필요한 각종 자료를 제공하고 이를 토대로 자신의 삶에 적용할 수 있는 도전과제 및 피드백을 제공하는 도구이다. 청년 학습자가 자신이 연구할 본문을 챗봇에 입력하면 이에 대한 성경주해, 신학적

부서	프로그램명	도입 가이드
유치부	그림 성경동화 챗봇	1. 성경 동화 준비 2. 챗봇이 그림과 함께 스토리 제공 3. 아이 질문 응답 또는 챗봇이 질문
유초등부	매일 큐티 챗봇	1. 큐티 본문 연동 2. 아동 수준 적용 질문 포함 3. 다짐기도와 요약
중고등부	신앙 멘토 챗봇	1. 고민 주제 입력 기반 코칭 제공 2. 개인 맞춤 말씀 코칭 3. 회고 기능 활용
청년부	성경연구 인사이트 챗봇	1. 연구할 성경 본문 입력 2. AI가 배경/해설 제공 3. 소그룹 적용에 사용

〈표3〉 AI 챗봇 신앙성장 튜터

의미, 현대적 적용 등을 알려준다. 또한 자신이 깨달은 인사이트를 입력하면 이에 대하여 피드백을 주어 더 깊은 성경연구의 단계에 이르도록 돕는다.

3) 음성인식 기반 신앙교육

신앙교육에서 "음성인식 기반 신앙교육"은 학습자의 말을 인공지능이 인식하여 피드백을 주거나 혹은 콘텐츠를 제작해 주는 프로그램을 의미한다. 현재 인공지능 기술은 문자나 그림뿐 아니라 음성이나 영상까지도 인식할 수 있고 그것이 어떤 내용인지를 분석할 수 있는 수준에 있다. 음성인식 기술이 현대 기독교교육에서 중요한 이유는 학습자들이 '디지털 네이티브(digital natives)'이기 때문이다. 이 세대는 글이나 그림으로도 소통하지만 음성을 포함한 영상매체로 소통하는 것을 좋아한다. 그러므로 이러한 세대의 특징을 이해하여 학습자가 가진 신앙을 음성과 영상으로 표현할 수 있는 교육적 장치를 마련하는 것은 매우 중요하고 필요한 일이라 하겠다.

유치부에서 활용할 수 있는 음성인식 기반 신앙교육 프로그램으로 "음성인식 성경 암송"을 시도해 볼 수 있다. 이 프로그램은 유치부 아이들의 성경 암송을 촉진시킬 수 있는 것으로서 인공지능 안에 아이들의 수준에 맞는 성경 암송 구절을 탑재하고 이 구절을 아이들이 반복적으로 따라서 말하게 하는 프로그램이다. 유치부 아이들이 자신의 입으로 성경구절을 말하면 인공지능이 그 표현의 정확도를 평가하고 피드백을 준다. 이러한 과정을 반복하다 보면 궁극적으로 성경구절을 쉽고 정확하게 암송할 수 있게 된다.

유초등부의 경우 “내가 표현하는 감사기도”를 해 볼 수 있다. 초등학생들에게 한 주간 살아가면서 자신이 가장 감사했던 일을 기억하여 그것을 자신의 말로 표현해 보도록 한다. 학습자의 말을 들은 인공지능은 이 감사의 내용을 정리하여 기도문을 작성해 준다. 그러면 학습자는 그 기도문을 자신의 신앙고백으로 생각하며 그대로 따라서 읽는다. 한 단계 더 나아가 자신이 감사하지 못했던 경험을 이야기하면 이에 대하여 인공지능이 적절한 신앙적 피드백을 주어 어떠한 상황에서도 감사할 수 있는 마음을 갖도록 도와준다. 학습자는 인공지능이 만들어 준 기도문이나 영상을 자신의 SNS에 게시하여 반복적으로 묵상하면서 감사의 마음을 더 깊이 가질 수 있다.

중고등부는 음성인식 기반 신앙교육으로 “신앙일기 작성” 프로그램을 활용해 볼 수 있다. 학습자는 자신이 살아가고 있는 일상에서 벌어지는 소소한 이야기들을 음성으로 녹음해 둔다. 인공지능은

부서	프로그램명	도입 가이드
유치부	음성인식 성경 암송	1. 짧은 암송 구절 제공 2. 음성으로 따라 말하게 함 3. AI가 정확도 평가 및 격려
유초등부	내가 표현하는 감사기도	1. 아이가 감사 내용을 말함 2. AI가 정리하여 기도문 생성 3. 따라하기, 출력, 공유
중고등부	신앙일기 작성	1. 자신의 음성으로 일상 녹음 2. AI가 문서로 정리 및 요약 3. AI가 일기영상 제작 및 업로드
청년부	신앙고백 챌린지	1. 신앙고백 주제 제공 2. 자신의 음성으로 고백 3. 자동 기록 또는 공동체 나눔 활용

〈표4〉 음성인식 기반 신앙교육

녹음된 이야기들을 문서로 요약 정리한다. 정리된 일상의 내용은 인공지능이 일기영상을 만들어 주고 학습자는 이 영상을 자신의 개인 블로그나 SNS에 업로드하여 자신만의 신앙일기를 작성한다. 필요하면 이것을 친구들과 공유하여 자신의 기도제목을 함께 나누고 같이 기도하는 기회로 만들 수 있다.

청년부의 경우 "신앙고백 챌린지" 프로그램을 진행할 수 있다. 이 프로그램은 청년 자신이 치열하게 살아가는 삶의 이야기들을 담고 그것을 신앙으로 해석해 나가는 과정을 담는 것이다. 청년은 자신이 고민하는 문제를 이야기하고 그 문제에 대하여 하나님이 어떻게 해결해 주셨는지를 고백적인 내레이션으로 표현한다. 기록과 정리의 기능을 가진 인공지능 프로그램을 활용하여 음성으로 표현한 신앙고백을 영상으로 제작하여 공동체원들과 함께 나눈다.

4) 신앙교육 평가 및 피드백

신앙교육에서 인공지능을 활용하면 학습자의 신앙을 체계적이고 정교하게 평가할 수 있다. 한국 교회교육의 가장 큰 문제점 중의 하나로 신앙평가의 부재를 꼽을 수 있다. 사실 한국 교회교육은 학습자가 받은 신앙교육의 효과를 측정할 수 있는 평가지표, 평가도구, 평가 프로세스, 평가자 등이 제대로 준비되어 있지 않다. 그 결과 신앙교육의 효과를 제대로 측정하지 못하고 있다. 이러한 현실 속에서 인공지능은 평가를 통해 신앙교육 활동의 효과, 신앙의 내면화, 학습자 개인의 맞춤형 성장을 측정할 수 있도록 도움을 준다. 특히 인공지능은 학습자의 신앙수준, 관심사, 문제점 등을 진단 평가하여 신앙 수준별 맞춤형 교육이 가능하게 하며 적절한 피드백을 주어 바른 방향으로 신앙성장이 이루어지도록 돕는다.

유치부에서 활용 가능한 인공지능 기반 신앙교육 평가 활동은 "성경 그림 포트폴리오"가 있다. 유치부 아이들의 경우 자신의 신앙을 말로 표현하거나 고차원적인 인지적 표현으로 드러내기 쉽지 않다. 따라서 성경의 내용이나 신앙과 관련된 그림을 그리는 방식으로 신앙 이해도나 성장도를 표현할 수 있다. 학습자는 신앙 관련 주제 그림을 그려서 업로드 한다. 인공지능은 이 그림을 분석하여 핵심 키워드를 생성하고 그림에 대한 설명을 한다. 학습자는 성경 그림을 정기적으로 업로드하고 인공지능은 축적된 데이터를 가지고 학습자의 신앙 이해도 및 표현도의 향상을 정밀하게 분석하여 제공한다.

유초등부는 질문이 많은 시기이기 때문에 "말씀 Q&A" 프로그램을 진행할 수 있다. 학습자가 인공지능 기반 성경 챗봇에 성경이나 신앙과 관련한 질문을 하면 인공지능이 성경의 내용에 기반하여 친절하게 대답해 준다. 이 질문과 대답의 데이터가 축적이 되면 인공지능은 학습자의 신앙적 사고 역량을 분석하여 교사나 부모에게 제공해 주고 이를 기반으로 학습자와 진지한 신앙 상담을 진행할 수 있다.

중고등부는 "신앙 에세이 자동 피드백" 활동을 통해 자신의 신앙 성장을 평가 및 피드백 받을 수 있다. 학습자는 성경이나 신앙과 관련된 주제로 간단한 에세이나 신앙일기(reflection note)를 작성한다. 인공지능은 이 글을 읽고 분석하여 학습자의 신앙적 사고의 흐름이나 표현에 대하여 피드백을 준다. 교사나 부모는 인공지능이 평가한 내용을 기반으로 학습자와 심층적인 상담을 진행하여 신앙성장을 촉진할 수 있다.

청년부는 인공지능의 도움을 받아 "신앙 인사이트 분석" 활동을 해 볼 수 있다. 청년들은 자신이 들은 설교 내용, 큐티 내용, 일상에서 느끼는 신앙 인사이트 등을 인공지능에 주기적으로 업로드 한다. 인공지능은 이러한 활동 데이터를 기초로 한 개인의 신앙적 사고, 활동, 가치관 등을 분석하여 유목화시키고 그 활동을 기반으로 교정해야 할 사항이나 유지 발전시켜야 할 구체적인 내용을 제안한다. 개별 학습자는 인공지능의 신앙성장 제안이나 추천 활동을 기반으로 더 심화된 신앙생활을 할 수 있다.

부서	프로그램명	도입 가이드
유치부	성경 그림 포트폴리오	1. 그림 업로드 2. AI가 주제 키워드 생성 및 설명 추가 3. 개별 포트폴리오 생성
유초등부	말씀 Q&A	1. 아동 질문 입력 2. AI가 성경 기반 답변 제공 3. 교사 피드백과 연결
중고등부	신앙 에세이 자동 피드백	1. 에세이 제출 2. AI가 신앙적 흐름과 표현 피드백 3. 교사 확인 및 심화 질문 제공
청년부	신앙 인사이트 분석	1. 신앙활동 기록 입력 또는 자동 수집 2. AI가 유형 분석 3. 개인 성장 방향 제시

〈표5〉 신앙교육 평가 및 피드백

5) 창의적 신앙 콘텐츠 제작

인공지능이 교육의 영역에 가장 활발하게 활용될 수 있는 기술 중 하나는 바로 교육 콘텐츠를 '생성'하는 것이다. 현재 컴퓨터 과학

기술 중에 생성형 AI인 ChatGPT가 매우 다양하게 사용되고 있다. 최근에는 문자생성을 넘어 그림과 영상까지 만들어 주는 인공지능이 속속 등장하고 있다. 이러한 추세를 고려해 볼 때, 신앙교육에서도 인공지능을 활용한 창의적 신앙 콘텐츠 제작을 적극 활용할 필요가 있다. 특히 자신이 가지고 있는 신앙적 생각이나 감정을 디지털 콘텐츠로 만들어서 각종 SNS에 게시한다면 개인의 신앙 성장과 더불어 전도와 선교에도 크게 활용할 수 있다. 기술적으로는 디지털 콘텐츠를 제작할 수 있는 개별 프로그램을 활용할 수도 있고 인공지능 기반 콘텐츠 제작 플랫폼에 명령어를 입력하여 제작할 수도 있다.

유치부 학습자의 경우 자신이 기기를 조작하여 창의적인 디지털 콘텐츠를 직접 제작하기는 어려우나 교사와 부모의 도움으로 신앙 콘텐츠를 제작할 수 있다. 대표적으로 "목소리로 찬양 녹음하기"가 있다. 학습자는 간단한 녹음 앱을 실행하여 찬양을 불러 녹음을 한다. 인공지능은 이 녹음된 파일에 배경음이나 효과음을 자동적으로 추가하여 하나의 완성된 디지털 콘텐츠를 생성할 수 있다. 아이들은 자신이 만든 찬양영상을 다른 친구들과 공유하거나 발표할 수 있다.

유초등부의 경우 "성경 이야기 웹툰 만들기"를 진행해 볼 수 있다. 학습자는 성경의 내용을 읽고 그것을 논리적인 순서로 정리를 한다. 이어서 성경 스토리의 극적 요소를 고려하여 이야기의 구성을 몇 컷으로 할 것인지 결정한다. 이후 인공지능 기반 웹툰 제작 플랫폼에서 캐릭터나 배경을 선택한다. 자막이나 대사를 넣어 스토리 보드가 완성되면 인공지능이 웹툰이나 영상의 형태로 제작한다. 학습자는 이 웹툰 콘텐츠를 친구들과 공유한다.

중고등부의 경우 "성경 이야기 영상광고 만들기"를 해 볼 수 있다. 이 과업은 성경의 이야기를 기반으로 전도자료나 교육자료를 만드는 것으로서 인공지능 기반 동영상 제작 플랫폼에서 짧은 영상으로 만들어 보는 프로그램이다. 학습자는 주제와 관련된 성경구절을 선정하고 그 본문을 가지고 대본을 작성한다. 영상 콘텐츠 제작이 가능한 인공지능 기반 영상제작 플랫폼에 명령어를 입력하여 영상을 제작한다. 필요할 경우 영상에 효과 및 자막을 추가할 수 있다.

청년부의 경우 "신앙기반 팟캐스트 제작" 활동을 해 볼 수 있다. 학습자는 청년들이 관심을 가질만한 주제를 선정하고 원고를 작성한다. 청년들 스스로 자신들의 삶의 이야기를 실시간으로 녹음하여 자신들의 목소리를 생생하게 담거나 혹은 인공지능이 대본을 분석하여 그에 맞는 목소리를 선정하여 영상을 만들어 줄 수도 있다. 이렇게 만들어진 팟캐스트 영상은 스트리밍을 할 수 있는 플랫폼에 업로드 하여 게시하고 다른 사람들에게 전파하여 공유한다.

부서	프로그램명	도입 가이드
유치부	목소리로 찬양 녹음하기	1. 간단한 녹음 앱 실행 2. 찬양 부르기 3. AI가 배경음과 효과음 추가, 공유 또는 발표
유초등부	성경 이야기 웹툰 만들기	1. 이야기 순서 정리 2. 캐릭터/배경 선택 3. 대사 넣고 웹툰 완성
중고등부	성경 이야기 영상 광고 만들기	1. 주제 선정과 대본작성 2. AI 프롬프트 입력 3. 또는 영상에 효과와 자막 추가
청년부	신앙기반 팟캐스트 제작	1. 주제 기획 및 원고 작성 2. AI 또는 실시간 대화 녹음 3. 편집 후 스트리밍 플랫폼 업로드

〈표6〉 창의적 신앙 콘텐츠 제작

6) 메타버스 기반 신앙교육

메타버스 구현에 있어서 인공지능은 핵심적인 요소이다. 메타버스는 일종의 가상현실인데 현실감 넘치는 그래픽과 가상 캐릭터, 그리고 사용자 맞춤형 인터페이스 등으로 구성되어 몰입감을 더한다. 인공지능은 메타버스 내에서 사용자가 선호하는 가상공간을 창출하고 사용자의 사고와 행동 패턴을 분석하여 실시간으로 최적화된 몰입 경험을 하도록 돕는다. 인공지능은 심지어 현실의 인물과 유사한 외모, 행동, 감정을 가진 가상 캐릭터를 만들어 주어 현실세계의 인물과 서로 상호작용할 수 있도록 해 준다. 한국의 경우 2021년 코로나 팬데믹 이후에 메타버스 유행이 일어났다가 다시 수그러들기는 했으나 멀지 않은 미래에 더욱 발전된 플랫폼으로 다시 우리에게 다가올 것이 분명하다. 메타버스는 향후 신앙교육의 영역에도 많은 영향을 끼칠 것으로 보이는데 그동안 한국의 교회학교가 가지고 있었던 교회와 가정의 분리, 주일과 주중의 분리, 온라인과 오프라인의 분리의 문제 등을 해결하는 좋은 방법 중 하나가 될 수 있다.

유치부에서 메타버스를 활용한 신앙교육 방법으로 "하나님의 창조세계 여행"을 활용할 수 있다. 메타버스 관리자는 유치부 학습자들에게 하나님의 창조의 순서와 내용, 그리고 그 신앙적 의미를 교육하는 용도로 이 프로그램을 실천할 수 있다. 메타버스 관리자는 먼저 창조의 순서와 내용을 날 별로 정리하여 메타버스 공간을 조성한다. 아이들은 이 가상공간에 진입하여 하나님의 창조의 내용에 대하여 날 별로 둘러본다. 이후 메타버스 공간 내에서 창조 날 별로 주제를 정하여 신앙미션을 수행하게 하여 하나님의 창조가 자신의 신앙으로 연결되도록 돕는다.

유초등부는 "성경 캐릭터와 성경여행" 프로그램을 진행할 수 있다. 학습자들은 가상공간에 구현해 놓은 다양한 성경의 이야기가 있는 메타버스 플랫폼으로 입장을 한다. 개인별로 자신이 탐색하고 싶은 성경 스토리의 방으로 입장한다. 학습자들은 메타버스 공간에서 성경의 핵심 내용을 이해하고 더 나아가 성경 인물과 대화하거나 문자로 상호작용을 하면서 성경인물의 생각과 마음을 파악한다. 한편 교사가 미리 제작해 놓은 활동지와 함께 메타버스 활동을 하면 훨씬 더 큰 신앙교육적 효과를 얻을 수 있다.

중고등부는 메타버스 공간에서 "십자가의 길 순례" 프로그램을 진행해 볼 수 있다. 관리자는 구약이나 신약 성경에 나오는 핵심 지역을 메타버스 가상공간에 만들어 놓거나 혹은 예수님의 십자가 사건을 중심으로 순례자의 길을 만들어 놓고 학습자들로 하여금 탐험할 수 있는 기회를 제공한다. 또한 각 지점마다 학습자들이 중요한 내용을 묵상할 수 있는 콘텐츠를 배치해 둔다. 학습자들은 각 순례 코스마다 해당 내용을 이해한 후 묵상 및 적용할 수 있는 과업을 수행한다.

청년부는 "가상 선교현장 체험" 프로그램을 메타버스에서 진행해 볼 수 있다. 각 교회마다 주력으로 섬기는 선교지를 메타버스에 구현해 놓는다. 특히 선교지의 역사, 문화, 지형, 언어 등을 구현한 메타버스에서 아바타로 현장체험을 수행한다. 인공지능을 기반으로 하여 만들어진 현지인 캐릭터와 상호작용하면서 선교지를 미리 경험해 볼 수 있다. 또한 가상공간에서 현지인 전도를 직접 연습해 볼 수도 있다.

부서	프로그램명	도입 가이드
유치부	하나님의 창조세계 여행	1. 창조의 날별 주제 정리 2. 메타버스 환경에 입장 3. 주제별 미션 수행 및 활동 나눔
유초등부	성경 캐릭터와 성경여행	1. 등장인물 스토리 선택 2. 가상 공간에서 해당 장면 탐험 3. 활동지와 연계하여 이해도 심화
중고등부	십자가의 길 순례	1. 가상 순례 코스 접속 2. 각 지점 묵상 콘텐츠 배치 3. 각 지점에서 성경 말씀과 기도 나눔
청년부	가상 선교 현장 체험	1. 선교지 선택 및 배경 학습 2. 아바타로 현장 체험 3. 가상 전도 콘텐츠 제작 및 발표

〈표7〉 메타버스 기반 신앙교육

5. 교회교육에서 AI 활용을 위한 선결조건

이상으로 미래 신앙교육에 인공지능을 활용할 수 있는 방법을 '개인 맞춤형 신앙교육, AI 챗봇 신앙성장 튜터, 음성인식 기반 신앙교육, 신앙교육 평가 및 피드백, 창의적 신앙 콘텐츠 제작, 메타버스 기반 신앙교육" 등 6가지 영역으로 나누어 생각해 보았다. 앞에서도 언급한대로 인공지능은 교육의 영역에서도 본격적으로 활용될 것으로 보인다. 비록 기독교 신앙교육의 영역에 적용되기까지는 여전히 많은 기술적 보완과 의식 전환이 필요하겠지만 다음세대 신앙교육의 보조적 수단으로 활발하게 사용될 것은 분명하다. 이에 본 장에서는

〈그림2〉 교회교육 인공지능 활용 선결조건

신앙교육에서 AI 활용을 위한 몇 가지 선결조건을 제시하고자 한다.[15]

첫째, 인공지능을 활용한 신앙교육에 대한 신학적 정립이 필요하다. 일반 교육계를 포함한 우리사회 전반에서 인공지능은 상당한 영향력을 발휘하며 사용되고 있다. 그러나 기독교 신앙교육에 도입하기 위해서는 신학적인 조명이 필요하다. 즉 인공지능 사용 시 성경이 기준이 되며 인격적 관계를 더 중요하게 여기고 신앙교육의 보조재로 사용하는 등 성경과 신학의 원리에 기초하여 인공지능을 신앙교육에 사용하도록 안내해야 한다.

둘째, 인공지능의 신앙교육적 활용에 대한 교육주체들의 인식전환이 필요하다. 교육주체들은 인공지능을 활용한 교육이 학습자들의 신앙성장에 어떠한 영향을 끼치는지에 대하여 면밀한 분석과 검토를 해야 한다. 그리고 어떻게 하면 학습자들에게 인공지능을 활용하여 효과적으로 신앙교육을 할 것인지에 대해 깊이 고민해야 한다. 특히 교육주체들은 인공지능을 활용한 교육이 우리 아이들의 신앙성장에 도움이 될 수 있을 것이라는 인식의 전환을 기반으로 그에

15 신국원, 김희석, 함영주, 김수환, 『AI의 파도를 분별하라』 (서울: 익투스, 2024), 219-223를 참고하여 기술함.

맞는 인공지능 활용 교육방법을 적극적으로 고안해 내야 한다.

셋째, 신앙교육에 인공지능을 활용할 수 있는 인프라 구축이 필요하다. 인공지능을 활용한 교육이 아무리 좋다고 하더라도 그것을 구현할 수 있는 인프라가 형성되어 있지 않다면 고속도로 없는 도로에서 빠른 속도로 고급차를 안전하게 운전하라고 하는 것과 같다. 사실 앞에서 제시한 인공지능 활용 교회교육 방법들은 현재 실제 교육의 현장에서 구현하고 있다기 보다는 앞으로 구현해 볼 수 있는 방법들이 대부분이다. 즉 아직까지 인공지능을 활용한 신앙교육이 활발하지 못하다는 증거이다. 따라서 인공지능 활용 신앙교육을 활성화하기 위하여 신앙교육이 가능한 인공지능 플랫폼 개발, 인공지능 기반 멀티미디어 기기 보급, 신앙교육 교재의 혁신적 변화 등의 인프라 개선이 필요하다.

넷째, 다음세대 학습자를 가르치는 사역자, 교사, 부모에 대한 인공지능 활용교육이 필요하다. 다음세대 교육은 결국 교회학교에서 사역하고 있는 사역자, 교사, 부모에 의해 이루어진다. 이 사회가 아무리 인공지능을 기반으로 생활방식이 형성된다고 하더라도 신앙교육을 책임지는 사역자와 교사, 그리고 부모가 인공지능 기술이 탑재된 기기나 소프트웨어를 사용할 줄 모른다면 신앙교육에서 인공지능은 '그림의 떡'에 불과하게 될 것이다. 따라서 신앙교육을 주도하는 교육주체들에게 인공지능 활용 역량을 길러주는 교육을 철저하게 시행해야 한다.

다섯째, 다음세대 학습자들을 위한 인공지능 리터러시 교육이 필요하다. 우리 사회에서 인공지능이 핵심적인 생활의 도구가 된다고 할지라도 그것을 사용할 수 있는 역량 및 윤리가 구비되어 있지 않다면 오남용 될 가능성이 크다. 이러한 문제를 해결하기 위해 다음 세대 학습자들에게 인공지능 리터러시 교육을 필수적으로 실시해야 한다. 인공지능 리터러시란 "AI 기술을 이해하고, 활용하며, 비판적으로 평가할 수 있는 종합적인 능력"이다.[16] 인공지능 리터러시 교육에는 '데이터와 인공지능의 이해, 인공지능의 윤리적 사용, 인공지능 활용과 실습, 인공지능과 상호작용' 등의 내용이 포함되어야 한다. 특히 기독교 인공지능 리터러시 교육에는 '기독교세계관과 인공지능, 신학적 분별력과 인공지능, 신앙윤리와 인공지능 활용' 등의 내용을 추가하여 가르쳐야 한다.

인공지능은 신앙생활을 포함한 우리의 일상생활에 없어서는 안 될 꼭 필요한 도구가 되고 있다. 신앙교육에서도 인공지능은 매우 중요한 교육의 수단이 되고 있다. 물론 아직까지 우리의 피부에 와 닿게 인공지능을 활용한 신앙교육이 이루어지고 있지는 않으나 얼마 지나지 않아 인공지능은 필수적인 교육의 도구가 될 것이다. 우리가 신앙적인 분별력을 갖고 인공지능을 잘 활용한다면 인공지능은 다음세대 신앙교육에 매우 유용하게 활용될 수 있을 것이다.

16 김용성, 『AI 리터러시』, (경기: 프리렉, 2024), 16.

■ 함께 생각해볼 질문

1. 한국의 교회학교에서 인공지능을 비롯한 에듀테크를 활용하는데 방해가 되는 요인은 무엇이고 어떻게 극복할 수 있을까?
2. 현재 섬기는 교회학교에서 다음세대 학습자의 신앙성장을 위해 인공지능을 활용한 교육을 한다면 가장 우선적으로 무엇을 하고 싶고, 그 이유는 무엇인지 이야기해 보자.
3. 다음세대 학습자가 꼭 알아야 할 '인공지능 리터러시 교육'의 내용에 반드시 포함되어야 할 주제는 무엇이며 어떻게 교육해야 할지 논의해 보자.

■ 읽어보면 좋을 책

신국원, 김희석, 함영주, 김수환. 『AI의 파도를 분별하라』. (서울: 익투스, 2024).

임준섭. 『포스트휴머니즘의 전략과 기독교의 대응』. (서울: CLC, 2022).

Jason Thacker, *The Age of AI: Artificial Intelligence and the Future of Humanity*. (Grand Rapids: Zondervan, 2020).

■ 참고문헌

Wayne Holmes, Maya Bialik, Charles Fadel. 『인공지능시대의 미래교육』, 정제영, 이선복 역. 서울: 박영스토리, 2019.

곽종호. 『인공지능개론』. 서울: 북랩, 2024.

김용성. 『ChatGPT 충격, 생성형 AI와 교육의 미래』. 경기: 프리렉, 2023.

김용성. 『AI 리터러시』. 경기: 프리렉, 2024.

박찬 외. 『인공지능과 함께 하는 미래교실』. 서울: 다빈치 Books, 2022.

신국원, 김희석, 함영주, 김수환. 『AI의 파도를 분별하라』. 서울: 익투스, 2024.

신은경. "학습전이 측정 동향 및 측정도구 신뢰도 일반화 분석." HRD연구, 16(2014), 51-86.

함영주, "예수님의 교육방법으로서의 전환학습과 기독교교육적 함의," 개혁논총, 32(2014), 213-242.

함영주, "포스트모더니즘 시대의 교회학교 학습공동체," 손원영 외 편저, 『포스트모더니즘 시대의 기독교교육 학습공동체』, (서울: 요단, 2014), 351-352.

함영주, "학습자 중심의 교육원리에 대한 기독교교육학적 통합과 비평," 기독교교육정보, 33(2012), 61-85.

함영주. "전통과 혁신을 활용한 미래형 교회교육방법의 방향성에 대한 연구." ACTS신학저널, 48(2021), 173-204.

함영주. 『기독교세계관: 성경으로 다리놓기』. 경기: 바이블브릿지, 2020.

함영주. 『심장을 뛰게 하는 성경교수법』. 서울: 익투스, 2025.

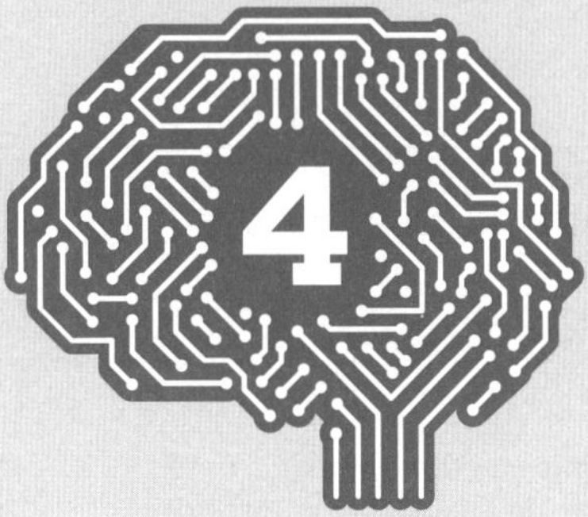

AI 기술을 활용한 교회교육 콘텐츠 개발

김수환 교수

총신대학교 기독교교육과

김수환은 경인교육대학교 학사, 석사를 졸업하고, 고려대학교 컴퓨터과학교육학과에서 박사학위를 취득하였다. 2022개정교육과정 정보교육과정 개발에 참여하였고, 미국 Calvin University에서 방문교수로 연구를 진행하였다. 현재 국가교육위원회 전문위원, 한국컴퓨터교육학회 부회장, 한국정보과학교육연합회 이사를 역임하고 있다. 컴퓨터 교육, 디지털 교육, AI 교육 분야에서 활발하게 연구하고 있으며, 한국컴퓨터교육학회에서 2023년 올해의 우수논문상을 수상하였다.

"시대마다 시대에 적합한 인물을 들어 쓰신다!"

1. 들어가며

일반 교육에서 미래 교육을 조망할 때 인용하는 대표적인 보고서에는 OECD 2030 미래교육 나침반과 유네스코 2050 미래교육 보고서가 있다. 두가지 보고서에서 공통적으로 제안하는 교육내용은 '디지털 리터러시(Digital Litearcy)'에 대한 내용이다. 우리나라 초중등 학생들이 배우는 교육과정에는 디지털 소양을 다음과 같이 정의하고 있다. "디지털 소양은 디지털 지식과 기술에 대한 이해와 윤리의식을 바탕으로, 정보를 수집·분석하고 비판적으로 이해·평가하여 새로운 정보와 지식을 생산·활용하는 능력이다."[1] 디지털 리터러시는 배우는 학생이나 가르치는 교사 모두에게 필요한 것으로 〈그림 1〉과 같은 내용으로 구성된다.[2]

최근 AI 기술이 발전하면서 모든 사람에게 필요한 기본 소양이 디지털 리터러시에서 AI 리터러시로 확장되고 있다. 이런 현상은 일반 교육에서 뿐만 아니라 교회교육에도 비슷하게 나타나고 있다. 교회교육에서는 코로나19의 시기를 겪으면서 온라인 예배나 성경공부를 도입하게 되었고, 코로나19를 극복한 이후에도 필요한 경우에 온라인 교육이나 이벤트를 실시하는 추세가 확산되고 있다. 멀티미디어를 활용한 교회교육 콘텐츠는 이미 모든 교회학교에서 활용하

1 교육부, 2022개정교육과정 총론 주요사항.

2 김자미 외, 2022개정 정보과교육과정 시안(최종안) 개발 연구, (2022, 교육부), 한국과학창의재단.

〈그림 1〉 디지털 소양의 내용 영역(김자미 외, 2022)

고 있고, 각 교회 단위에서도 파워포인트와 같은 도구를 이용해서 설교자료나 성경공부 자료 등을 제작하고 있다.

디지털 교육환경에서 교회교육 콘텐츠를 개발하고 활용하려면 디지털 및 AI에 대한 이해를 토대로 제대로 활용할 수 있는 역량을 길러야 한다. 디지털 교육환경에서는 누구나 멀티미디어 콘텐츠를 제작할 수 있으므로 멀티미디어 콘텐츠를 목적에 맞게 기획하고 개발하는 방법을 익힌다면 손쉽게 필요한 콘텐츠를 개발할 수 있다. 특히 말과 글로 명령하여 결과물을 얻을 수 있는 '생성형(Generative) AI'를 활용한다면 교회교육에 필요한 문서, 이미지, 동영상 등을 제작할 수 있다. 지금부터 교회교육에서 활용할 수 있는 디지털 및 AI 도구를 익혀서 앨빈 토플러가 얘기한 '프로슈머(Prosumer)'[3]가 되어보자.

3 미래학자인 앨빈 토플러가 주장한 것으로 디지털 시대에는 누구나 사용자이면서 생산

2. 교회교육 멀티미디어 콘텐츠

1) 멀티미디어 콘텐츠의 종류

교육에서 활용하는 멀티미디어 콘텐츠는 다양한 형태로 제작할 수 있다. 교육의 목적과 내용에 따라 〈표 1〉과 같은 콘텐츠로 구분할 수 있다. 교회교육에서도 이와 같은 형태로 개발이 가능하다.[4]

유형	프로그램	기본구조	신앙교육 활용방법
대화형	ChatGPT, 제미나이, 클로드, 클로바X	AI 질문 답변, 정보검색 등	성경자료 설명, 신앙생활 챗봇
	초원AI		
참여형	마인크래프트, 로블록스, 제페토, Zep 등	가상세계	선교활동, 신앙성장 활동
	패들렛, 멘티미터, 슬라이도 등	상호작용, 아이디어 공유	신앙 아이디어, 문제해결 방안 공유
	구글 어스, 구글 맵	지역 검색	지역 검색, 선교 및 봉사활동 지원
	VR, AR 프로그램	가상현실, 증강현실	성경 인물 및 지역 탐방
고딩 활동형	스크래치, 엔트리	블록코딩 프로그램	성경이해 및 적용활동
	옥토 스튜디오	스마트폰 코딩 프로그램	성경공부 적용활동
	인공지능 로봇	큐브/휴머노이드 로봇	성경공부 적용활동
	마이크로비트, 메이키메이키	피지컬 컴퓨팅	성경공부 적용활동

자가 될 수 있다고 하면서 이를 '프로슈머(Prosumer)'라고 명명하였다.

4 신국원, 김희석, 함영주, 김수환. (2024). AI의 파도를 분별하라. 익투스.

시각화	오토 드로우	AI 그림 그리기	성경 그림 그리기, 개인 실천사항 그리기
시각화	투닝(Tooning)	AI 웹툰	성경만화 그리기, 적용만화 그리기
시각화	캔바, 미리캔버스 등	AI 이미지, PPT, 카드뉴스 제작	전도 및 성경내용 이미지 제작, 설교 PPT
시각화	ChatGPT, 제미나이, 뤼튼, 스테이블 디퓨전 등	AI 이미지 제작	설교 및 전도 이미지, 교회활동 이미지 제작
시각화	소라, Veo3, 런웨이, 브루(Vrew) 등	AI 동영상 제작	설교 및 전도 영상, 교회활동 영상 제작
청각화	수노(Suno), AIVA 등	AI 음악 제작	CCM 및 신앙고백 음악 제작
청각화	크롬 뮤직랩, code.org 뮤직랩	노래 만들기	찬양 작곡
청각화	클로바 더빙	AI 녹음, AI 보이스 만들기	성경 더빙, 성경공부 오디오 자료 제작

〈표 1〉 에듀테크 및 AI 기술을 활용한 신앙교육 방법(신국원 외., 2024, 208P 수정)

필자는 2014년부터 총신대학교에서 근무하면서 '교회교육을 위한 멀티미디어'를 제작하는 방법을 강의해왔다. 교회교육에서 활용할 수 있는 멀티미디어 콘텐츠를 제작할 때 나타나는 효과는 다음과 같다.[5]

① 교회교육에서 멀티미디어 사용은 매우 중요한 화두가 될 것이다. 첫째 이유는 멀티미디어가 단순한 기능으로서의 역할 뿐 아

5 김수환, 함영주. (2015). "멀티미디어 창작을 활용한 기독교교육의 가능성 연구", (기독교교육정보, 2015), 44, 67-97.에서 발췌 및 재구성.

니라 메시지 그 자체가 될 수 있기 때문이다. 미디어가 곧 메시지라는 맥루한의 말처럼 멀티미디어 자체가 가지고 있는 함의는 매우 크다. 멀티미디어의 제작과 공유가 사람들의 신앙을 내면화시키고 동시에 전수하는데 매우 중요한 역할을 할 수 있다.

② 교회교육에서의 멀티미디어 사용은 수동적인 학습자가 아닌 능동적 학습자를 키워낼 수 있다. 즉 교회교육에서 학습자 친화적 교육환경을 구현할 수 있게 된다. 멀티미디어는 공급자뿐 아니라 사용자의 반응과 적극적 창작으로 그 본래적 의미를 실현할 수 있다. 멀티미디어의 활용을 통해 듣고 본 것을 자신의 참여와 경험으로 반응해야 함을 역설한다. 이러한 쌍방향성을 가능케 하는 것은 결국 사용자의 멀티미디어 창작과 깊은 관련이 있다. 가령 교회교육을 통해서 배운 성경의 핵심적인 진리를 정리하거나 적용하기 위하여 멀티미디어 제작 프로그램을 활용하여 자신이 직접 만들 수 있다. 스크래치 프로그램은 성경 학습자의 성경공부의 툴(tool)로 매우 유용하게 활용될 수 있다. 이러한 문화적인 요소가 반영된 쌍방향식 성경공부는 학습자의 흥미를 유발시킬 뿐 아니라 단순한 '들음'의 차원을 넘어 성경의 진리를 '경험'하고 '적용'하는데 큰 도움을 줄 것이다.

③ 멀티미디어를 통한 쌍방향식 성경교육은 문제해결능력을 향상시켜주기 때문에 신앙발달에 매우 중요하다고 볼 수 있다. 현재 교회교육에서 활용하는 교수방법은 대부분 강의식 방법이거나 단순화된 시청각 자료를 학습자들에게 보여주는 수준이다. 그

러나 이와 같은 교수방법은 학습자를 수동적이게 만들 뿐 아니라 실제 삶에서 벌어지는 문제들을 성경적 관점에서 해결하게 하는데 그다지 큰 도움을 주지 못한다. 그러나 쌍방향식 멀티미디어의 활용은 학습자로 하여금 성경의 내용에 대하여 비평적 성찰(critical thinking)이 가능하도록 할 뿐 아니라 자신의 삶에 구체적으로 적용할 수 있는 기회를 제공해 준다. 학습자는 멀티미디어를 사용하여 프로그램을 제작하면서 자신의 주변에서 벌어지는 문제들을 깊게 고민하게 되고 그 문제를 해결하기 위하여 자주적으로 지혜를 모으게 된다. 이러한 과정을 반복하다 보면 멀티미디어를 활용한 문제해결 능력이 상당히 발전할 수 있게 된다.

2) 멀티미디어 콘텐츠 사례

현재 교회교육에서 활용되고 있는 멀티미디어 콘텐츠는 파워포인트, 이미지, 동영상 등이 있다.

① 파이디온에서는 교회교육에 필요한 성경공부 교재, 절기 교재, 수련회 교재 등 다양한 멀티미디어 콘텐츠를 제작하여 유튜브에 공개하고 있다.[6]

② 히즈쇼에서는 이미지 자료, 동영상 자료는 물론 가상현실

6 https://www.youtube.com/channel/UCePjHumvAonV3aZ7fBh4SCg.

(VR), 증강현실(AR) 자료도 제작하여 보급하고 있다.[7] 증강현실 자료는 그림책과 스마트폰을 활용하여 움직이는 동화같은 콘텐츠로 재미있는 체험을 할 수 있다.

③ 꿈미의 경우 메타버스 공간을 제작하여 교회교육에 적용하는 것을 시도하고 있다.[8] 메타버스 도구는 자신만의 캐릭터로 퀴즈를 풀거나 여러 가지 미션을 온라인 공간에서 수행할 수 있다는 장점이 있으나 디지털 기기나 인터넷 환경이 갖춰져야 가능하다는 단점이 있다.

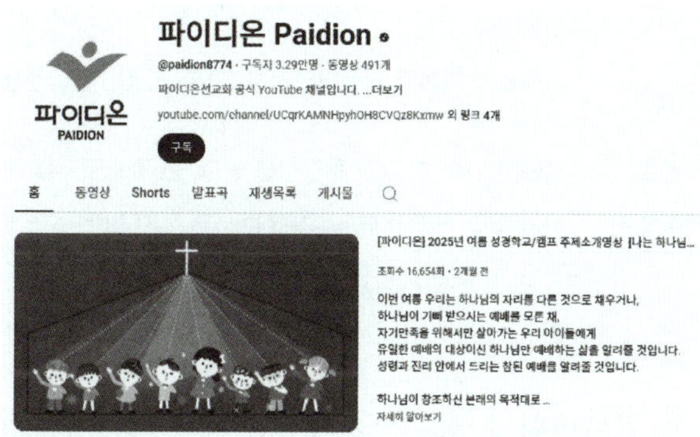

히즈쇼 AR 콘텐츠

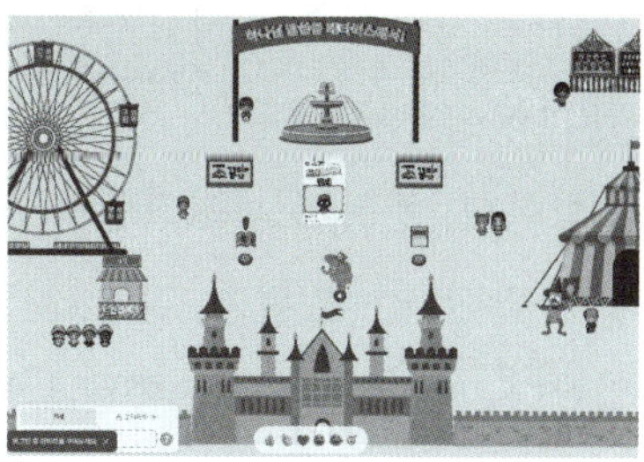

꿈미의 메타버스(Zep 활용)

7 https://hisshow.co.kr/.

8 https://coommi.org/Board/Index/24?category=0.

3) 멀티미디어 콘텐츠 제작 방법

멀티미디어 콘텐츠를 제작할 때는 다음과 같은 순서로 개발할 수 있다.

순서	단계	내용
1	요구 및 목적 분석	멀티미디어 콘텐츠 개발을 의뢰하는 사용자의 요구와 콘텐츠 개발의 목적을 분석하여 도출한다.
2	환경 분석	콘텐츠의 콘셉트를 도출하고 전략을 수립한다.
3	설계	콘텐츠의 형태, 기능, 용도 등이 포함된 스토리보드를 작성한다.
4	구현	디자인 작업, 기능 구현, 프로그래밍 등 콘텐츠를 실제로 구현한다.
5	테스트	콘텐츠가 제대로 제작되었는지, 오류는 없는지 실행해보면서 점검한다.
6	완료	사용자 검수 후 검수 확인서를 받고, 완료 보고서를 작성한다.
7	사후 관리	사용자 및 관리자 매뉴얼 제작, 사후 유지 보수

〈표 2〉 멀티미디어 콘텐츠 제작 단계

교회교육 멀티미디어 콘텐츠를 개발할 때는 시나리오 구성이 중요하다. 시나리오 구성요소는 설정(Setting), 행위자(Actor&Agent), 플롯(Plot)으로 구성된다. 설정에는 어떤 시공간을 배경으로 하는지를 포함한다. 행위자는 등장인물로 주인공, 조력자, 악당 등이 있다. 플롯은 발단, 전개, 위기, 절정, 결말의 구조를 어떻게 구성할 것인가를 말한다. 제작해야 하는 콘텐츠의 설정, 행위자, 플롯을 잘 계획할 수록 좋은 콘텐츠를 개발할 수 있다.

설정		행위자		플롯
시간: 공간:	⇒	주인공: 조력자: 악당:	⇒	발단: 전개: 위기: 절정: 결말:

교회교육 콘텐츠를 제작할 때 중요한 점은 일반적인 세계관을 기반으로 개발하는 것이 아니라 '기독교적 세계관'을 기반으로 제작해야 한다는 것이다. 기독교적 세계관은 창조, 타락, 구속으로 설명할 수 있는데, 제작하고자 하는 콘텐츠에 이 세계관을 적용해야 한다. 교회교육 콘텐츠의 내용은 주로 성경과 교리를 중심으로 이루어진다. 이는 성경의 내용을 멀티미디어로 표현하거나, 자신의 생활에서 말씀과 교리를 어떻게 실천할 것인가에 대한 내용을 제작하는 형태로 구성된다. 나아가 교회활동을 홍보하거나 선교에 활용하기 위한 콘텐츠를 제작하는데에도 활용할 수 있다.

온라인 가상 공간에서 이런 멀티미디어 콘텐츠를 제작하기 위한 아이디어는 〈표 3〉와 같이 다양하게 구성할 수 있다.[9] 멀티미디어의 가장 큰 특징은 상호작용성이기 때문에 학습자들이 제작한 콘텐츠를 친구, 부모님, 선생님과 공유할 수 있다는 장점이 있다. 따라서 이 이들이 만든 콘텐츠를 함께 공유하고 즐기는 문화도 시도해 볼 필요가 있다.

9 김수환, "메타버스 교육의 교회교육 적용 가능성 탐색", (총신대 논총, 2022).

적용유형	세부 내용
가상 세계	성경 시대 경험하기, 성경 속 인물과 대화하고 게임하기 직접 가기 어려운 외국의 기독교 역사와 관련된 장소 탐험 성지순례를 메타버스 안에서 구현하고 실행 예수님의 제자들로 살아보기 교회처럼 한 공간을 만들어서 말씀 듣고 서로 소통하는 시간을 갖기 공과 공부를 통해 직접 그날 배운 성경 인물과 인터뷰 나누기 성경 인물이 처한 상황 체험하기 성경퀴즈게임, 암송대회
증강 현실	예수님의 제자들로 살아보기 실제로 만날 수는 없는 과거와 역사를 AR로 구현(성경 속 인물 만나기, 성경 속 장소 체험하기 성경 체험과 더불어 당시 이스라엘의 지리/환경/문화에 대한 학습
라이프 로깅	금주에 해당하는 성경 말씀과 관련한 게임 오늘 하나님께 감사한 딱 한 가지 적기 성경 읽은 후 은혜받은 구절 적고 통독 일지 작성한 후 공유하기 내가 공부한 성경 내용 발표 저녁마다 함께 모여 하루의 일상을 나누기

〈표 3〉 MICE 활동 유형에 대한 의견(김수환, 2022)

3. 교회교육 멀티미디어 콘텐츠 제작

지금부터는 위에서 소개한 에듀테크나 AI 기술을 이용해서 멀티미디어 콘텐츠를 제작하는 방법을 소개한다. 이 책에서는 대표적인 도구를 중심으로 소개하고 기본적인 사용법만 안내하기로 한다. 세부적인 사용법은 각 도구의 홈페지에서 찾으면 된다.

1) 캔바로 카드 뉴스 제작하기

캔바는 다양한 멀티미디어를 제작할 수 있는 도구로 최근 생성형

AI 기능을 도입해서 이미지, 프레젠테이션, 동영상 등을 제작할 수 있게 해준다. 캔바를 이용해서 교회교육에서 활용할 수 있는 '카드뉴스'를 제작하는 방법을 알아보자.

① 캔바에 접속한다. (https://www.canva.com/ko_kr/)
간편로그인 또는 회원가입해서 로그인한다. 구글 계정이 있다면 구글로 계속하기를 클릭한다.

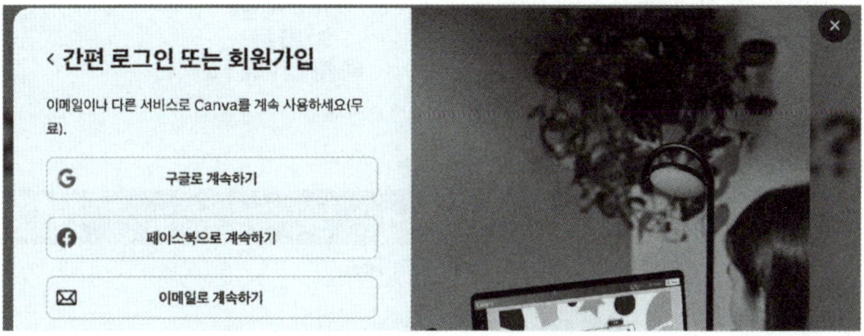

② 왼쪽 메뉴에서 디자인을 선택하고 '카드뉴스'를 친 후 검색 버튼을 누르면 카드뉴스 템플릿이 나온다. 원하는 템플릿을 선택한 후, 텍스트를 수정한다. 예수님의 부활을 축하하는 메시지로 변경한다.

③ 왼쪽 메뉴에서 '요소'를 선택한 후, '예수님'을 검색한다. 맘에 드는 이미지를 클릭하면 카드뉴스에 추가된다. 글자나 그림의 크기를 조정하고 글자의 색 등을 디자인에 어울리게 수정한다.

④ 위쪽에 '공유'를 누르고 다운로드를 선택한다. 원하는 형식의 파일을 선택해서 저장하면 된다. 홈페이지나 SNS에 올리려면 PNG형식으로 저장해서 공유하면 된다.

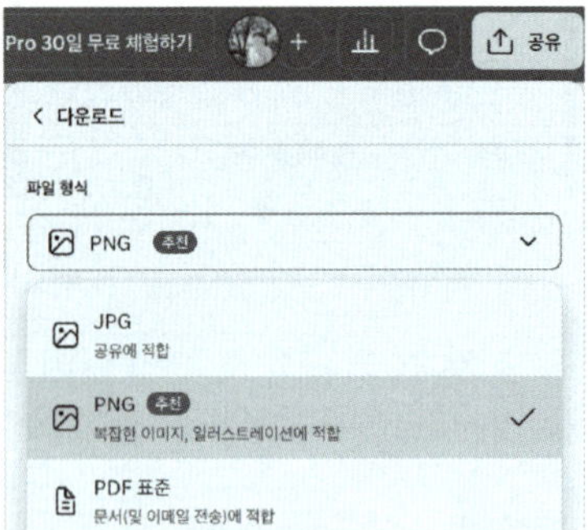

⑤ 캔바는 이미지, 파워포인트, 포스터 등 교육자료나 홍보물을 만들 때 다양하게 활용할 수 있다.

2) ChatGPT로 성경퀴즈 만들기

ChatGPT는 생성형 AI로 원하는 결과물을 글로 설명하면 문장,

이미지 등을 만들어 준다. 생성형 AI를 활용하는 방법은 프롬프트(Prompt)를 입력해서 원하는 결과물을 만들어 달라고 하면 된다.

① ChatGPT 사이트(https://chatgpt.com/)에 접속해서 회원가입 한다. 구글 계정으로도 가입가능하다.

② 명령어를 프롬프트(Prompt)라고 하는데, 프롬프트를 작성하는 일반적인 방법은 다음과 같다.

요소	설명	예시
Task (작업)	AI에게 요청하는 구체적 작업	"이 성경 말씀을 참조해서 5지 선다형 성경퀴즈를 3개 만들어줘."
Context (맥락)	AI가 이해해야 할 상황, 배경	"성경퀴즈를 푸는 대상은 초등학생이야. 초등학생의 수준에 맞게 만들어줘."
Format (형식)	결과물의 형태, 구조	"문제, 정답, 해설을 표로 정리해줘."
Tone/Style (톤/스타일)	응답의 문체, 말투	"설명문 형식으로 써줘."
Length (길이)	원하는 분량	"200자 이내로 작성해줘."

③ 이런 방식으로 ChatGPT에게 성경퀴즈를 만들어 달라고 요청하면 다음과 같이 만들어준다.

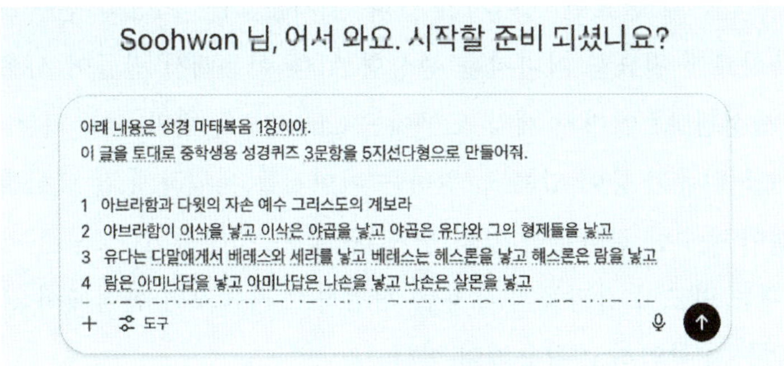

✦ 중학생용 마태복음 1장 성경 퀴즈 (5지선다형)

【문항 1】

마태복음 1장에 따르면, 예수 그리스도의 계보에서 아브라함의 아들은 누구인가?

a) 야곱
b) 이삭
c) 유다
d) 다윗
e) 요셉

> **정답:** b) 이삭

【문항 2】

예수님의 이름은 "자기 백성을 그들의 죄에서 구원할 자"라는 뜻을 가진다고 마태복음 1장은 말한다. 예수님의 이름에 대해 천사가 요셉에게 알려준 말씀은 무엇인가?

a) 그의 이름을 다윗이라 하라
b) 그의 이름을 솔로몬이라 하라
c) 그의 이름을 임마누엘이라 하라
d) 그의 이름을 스룹바벨이라 하라
e) 그의 이름을 예수라 하라

> **정답:** e) 그의 이름을 예수라 하라

3) PPT 배경, 찬양 동영상 배경 만들기

교회학교에서 사용할 콘텐츠에는 프레젠테이션, 홍보물, 주보 등을 제작할 때 필요한 이미지가 있다. 필자도 최근 PPT를 만들거나 교육자료에 필요한 이미지를 생성형 AI를 이용해서 만들어 사용한다. 생성형 AI 이미지 제작 도구에는 ChatGPT, 제미나이, 뤼튼, 스테이블 디퓨전 등이 있는데, 원하는 이미지를 세세하게 잘 묘사하면 품질이 우수한 결과물을 얻을 수 있다. 물론, 생성형 AI 도구를 사용할 때는 반드시 결과물의 내용을 점검하고 기독교적 관점에서 오류가 없는지 확인하고 활용해야 한다.

하늘에서 구름 사이로
햇빛이 쏟아지는 이미지를 만들어줘.

나무사이로 십자가 모양이 만들어지는
자연 사진을 만들어줘.

4) 브루(Vrew)로 영상 편집하기

브루는 국내에서 만든 영상 편집기인데, 기본적인 영상 편집뿐만 아니라 AI 자막 제작, 이미지, 동영상 제작을 도와준다. 최근에는 자신의 목소리를 녹음해서 자신만의 AI 목소리를 만들어서 더빙 작업에 사용할 수 있다.

① 브루 사이트(https://vrew.ai/ko/)에 접속해서 프로그램을 다운 받아서 설치한다.

② AI 영상 만들기를 누르고 '다큐멘터리 스타일'을 선택한다.

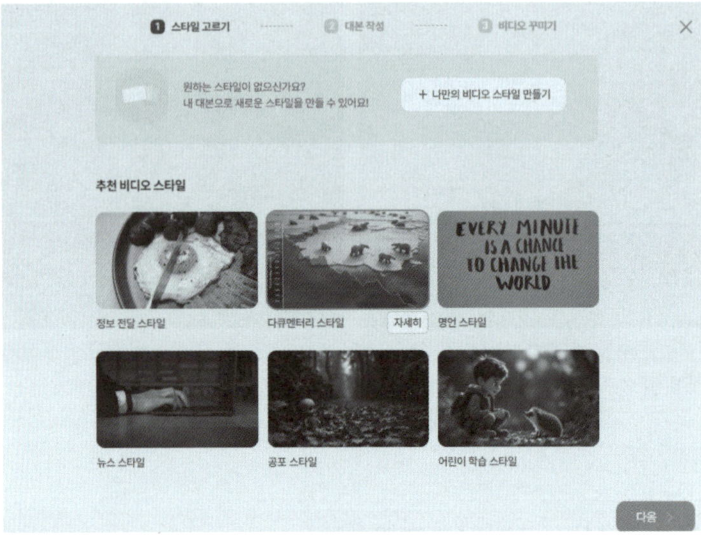

③ 원하는 동영상의 내용을 프롬프트로 만들어서 요청한다.

프롬프트 : 우주공간에 별빛이 점점 다가오다가 사라지는 모습을 만들어줘.

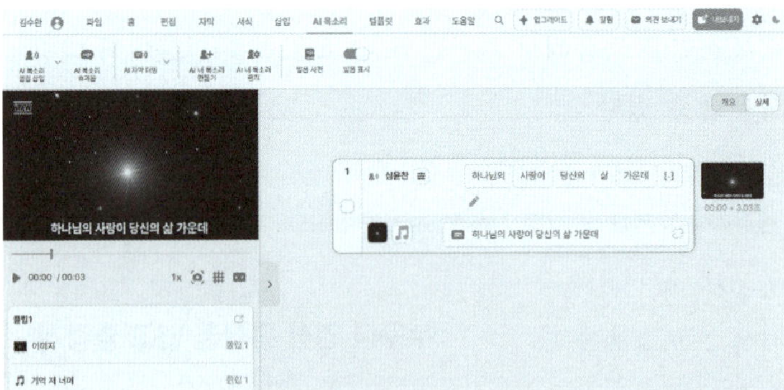

④ 위쪽 메인 메뉴 중에서 'AI 내 목소리 만들기' 기능을 활용하면 자신만의 목소리 모델을 만들어서 영상에 삽입할 수 있다. AI

목소리 만들기는 주어진 문장을 읽어서 자신의 목소리를 학습시킨 후 30분 정도 후부터 사용할 수 있다.

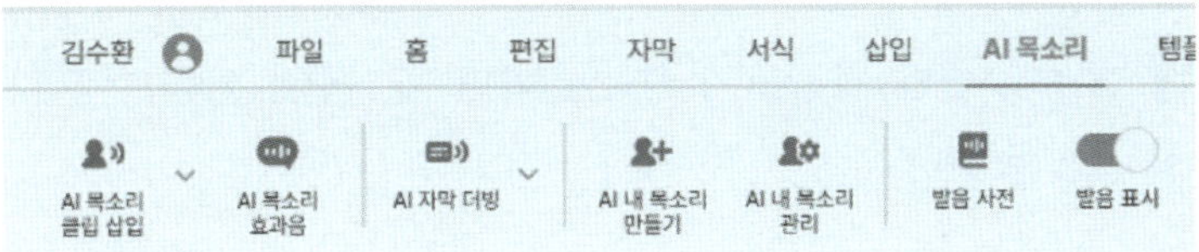

⑤ 편집 트랙에서 자신의 목소리를 선택하고 원하는 더빙 문장을 입력하면 자신의 목소리로 더빙을 만들어 준다.

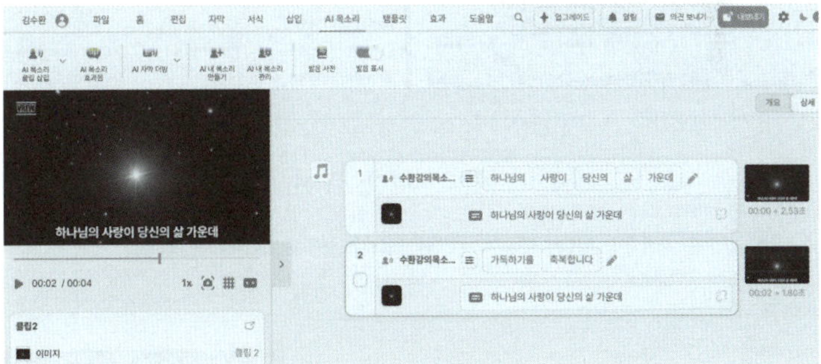

5) 옥토 스튜디오

옥토 스튜디오는 MIT 미디어랩에서 만든 무료 모바일 코딩 앱이다. 교회학교에서 스마트폰이나 스마트 패드를 이용해서 디지털 창작 활동을 할 수 있는 앱이다. 아이폰, 아이패드, 안드로이드 폰, 안드로이드 패드, 크롬북에 설치해서 사용할 수 있다.

① 옥토 스튜디오 사이트(https://octostudio.org/)에 접속한다.

② 옥토 스튜디오는 스마트 기기를 이용해서 애니메이션, 게임, 디지털 창작물을 만들 수 있고, 가족이나 친구들과도 공유해서 함께 즐길 수 있다. 학습하기 메뉴로 가면 '레퍼런스 가이드'를 다운 받을 수 있다.

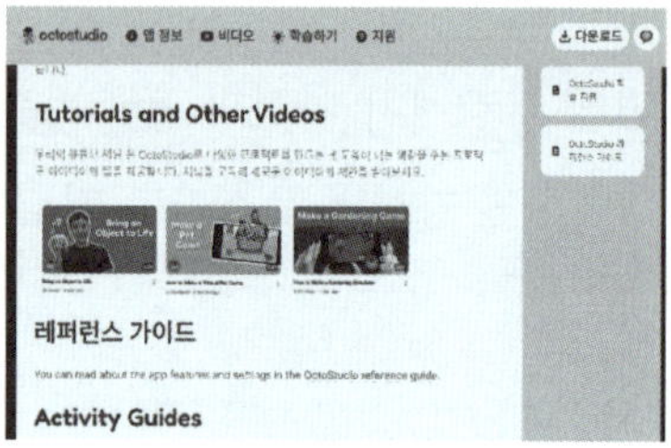

③ 설교시간에 들은 내용이나 성경공부 시간에 배운 내용을 토대로 애니메이션을 만들 수 있다. 예를 들어 모세의 십계명 스토리를 배운 후, 책의 사진을 찍어서 대사를 넣고 애니메이션으로 만들 수 있다.

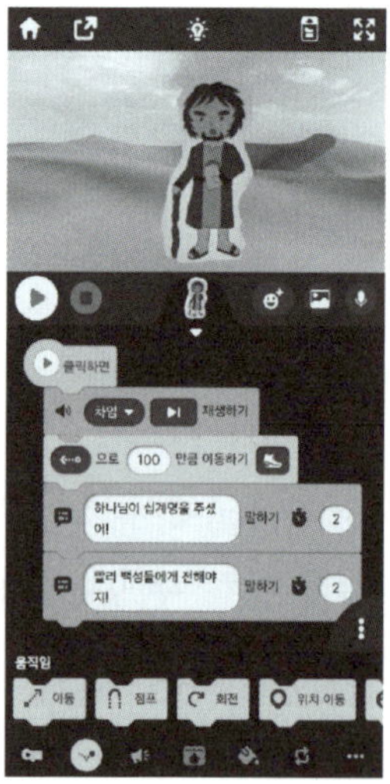

④ 옥토 스튜디오에서는 스마트폰 사진을 찍어서 필요한 부분만 잘라서 캐릭터로 만들 수 있다. 왼쪽 그림처럼 모세 사진을 잘라서 캐릭터로 만든다.

⑤ 오른쪽 그림처럼 이동하기, 말풍선 기능을 이용해서 애니메이션을 만든다.

⑥ 다양한 배경과 효과음, 목소리 등을 넣어서 자신만의 성경 스토리 작품을 만들 수 있다. 전체화면 보기 기능을 이용해서 친구들이나 부모님과 함께 감상한다.

4. 교회학교 교사의 AI 리터러시 강화

디지털 대전환 시대에는 교회교육 담당 교사도 디지털 도구와 AI 기술을 다루는 역량이 필요하다. 디지털과 AI 기술이 발전하면서 교사의 역량을 측정하는 프레임워크로 TPACK가 등장하게 되었다.

TPACK 모델은 리 슐먼(Lee Schulman)이 1986에 제안한 이론으로,[10] 일반 교육에서 교사들이 교육학과 내용학 뿐만 아니라 기술을 교육에 접목해서 어떻게 활용해야 하는지를 아는 능력도 필요하다는 사실을 보여준다.[11] 교회학교 교사들도 디지털과 AI 기술을 활용하는 능력이 필요하기 때문에 동일하게 TPACK모델이 필요하다.[12]

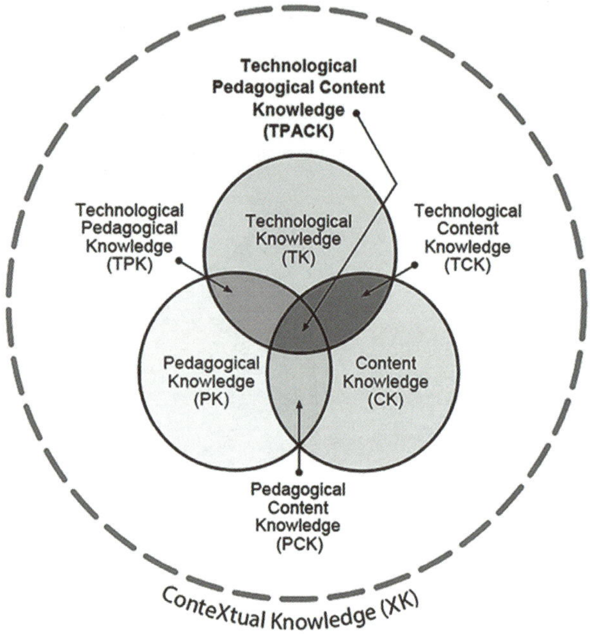

〈그림 2〉 교사를 위한 TPACK모델(Mishra, 2019)

---

10 Lee S. Shulman, "Those who understand: Knowledge growth in teaching," *Educational Researcher* 15/2(1986), 4-14.

11 Ann D. Thompson and Punya Mishra, "Breaking news: TPCK becomes TPACK!" *Journal of Computing in Teacher Education* 24/2(2007), 38-64.

12 박노선, 함영주, "포스트 코로나 시대에 블렌디드 러닝을 활용한 교회학교 신앙교육프로그램 설계," 「기독교교육정보」 76(2023), 233-266.

TPACK모델은 기술(Technology), 내용(Content), 교수법(Pedagogy), 지식(Knowledge)을 나타내는 줄임말로 이 네 가지 요소가 각각 제 역할을 해야 교수와 학습이 효과적으로 이루어진다는 모델이다.[13] 이 모델에서 기술은 학생들을 가르치는 데 이용하는 물리적 자원을 말하고, 내용은 기술의 도움을 받아서 무엇을 가르쳐야 할지 아는 것을 의미하며, 교수법은 학습 목표에 도달하기 위해 기술을 이용하는 방법을 아는 것을 말한다. 또한 지식은 교사가 각 요소를 효과적으로 통합하는 데 필요한 전문지식과 능력을 말한다. Mishra와 Koehler에 따르면, TPACK의 세 요소인 테크놀로지, 교수, 내용은 각각 교집합을 이루어 교육내용을 효과적으로 가르치기 위한 교수방법에 대한 교수 내용지식(이하 PCK), 교수 방법에 적합한 테크놀로지를 선택하고 활용할 수 있는 테크놀로지 교수지식(이하 TPK), 교육내용을 전달하기 위해 적절한 테크놀로지를 선택하는 테크놀로지 내용지식(이하 TCK)을 구성한다. TPACK모델은 교사들이 기술을 교육에 접목할 때 필요한 역량 프레임워크로 활용된다. TPACK모델에는 발달 단계가 있으며, Niess 외(2009)는 이를 인식에서 발전에 이르기까지 다섯 단계로 설명한다.[14]

13 Mishra, P. (2019). Considering Contextual Knowledge: The TPACK Diagram Gets an Upgrade. *Journal of Digital Learning in Teacher Education*, 35(2), 76–78. https://doi.org/10.1080/21532974.2019.1588611.

14 Margaret L. Niess, Robert N. Ronau, Kathryn G. Shafer, Shannon O. Driskell, Suzanne R. Harper, Christopher Johnston, Christine Browning, S. Asli Ozgun-Koca and Gladis Kersaint, "Mathematics teacher TPACK standards and development model," *Contemporary Issues in Technology and Teacher Education* 9/1(2009), 4–24.

- 인식(Recognizing): 교사가 테크놀로지를 사용할 수 있다. 교과 내용에 대한 테크놀로지의 관계를 인식할 수 있다. 교수학습에서 테크놀로지를 통합할 수는 없다.
- 수용(Accepting): 교사가 적절한 테크놀로지를 교수학습에 통합하는 것에 대하여 호의적이거나 그렇지 않은 태도를 형성한다.
- 적응(Adapting): 교사가 적절한 테크놀로지를 교수학습에 채택하거나 거부하는 선택에 이르는 활동에 참여한다.
- 탐색(Exploring): 교사가 능동적으로 적절한 테크놀로지를 교수학습에 통합한다.
- 발전(Advancing): 교사가 적절한 테크놀로지를 교수학습에 통합하는 결정의 결과를 평가한다.

필자는 2024년 교회학교 교사를 위한 TPACK모델 연구를 진행하면서 교회교육에서 기술이 어떻게 적용되고 있는지 살펴보았다.[15] 교회학교에서 사용되는 기술을 살펴보면 ① 방송 및 음향 분야, ② 문서작업 및 회계 분야, ③ 홍보 및 디자인 분야, ④ 설교 및 교육자료 제작, ⑤ 홈페이지 제작 및 운영 등이 있다. 이때 교사들이 갖춰야 할 멀티미디어 활용 능력은 먼저 주보나 안내장 같은 문서를 만들기 위해 워드 프로세서, 이미지 편집 프로그램을 다룰 줄 알아야 한다. 또한 수련회나 교회활동을 안내하고 홍보하기 위해서는 카드뉴스나 홍보물을 만들 수 있는 포토샵이나 미리 캔버스 같은 프로

15 김수환, 교회학교 교육자를 위한 TPACK 모델. 신학과 실천, (2024), 88, 461-489.에서 발췌 및 재구성.

그램을 다룰 수 있어야 한다. 특히 홍보나 행사 보고 영상 같은 동영상을 제작하기 위한 프리미어나 아이무비 같은 동영상 편집 도구를 사용하는 것이 필요하다. 설교 자료는 주로 파워포인트 같은 프레젠테이션 제작 도구를 사용하는데, 2부 순서나 수련회 활동을 할 때도 필요하다. 홈페이지의 경우 제작은 전문 업체를 통해 이루어지지만 홈페이지를 운영하고 자료를 관리하는 것은 교육자들이 해야 하는 경우가 많다. 따라서 기본적인 관리 방법을 이해하고 활용할 필요가 있다. 학생들이나 학부모와 소통하기 위해서는 밴드나 블로그와 같은 사진, 동영상을 공유하는 프로그램과 소통과 상담에 사용하는 SNS 같은 도구도 활용할 수 있어야 한다. 앞서 소개한 것처럼 생성형 AI의 경우 교회교육에 필요한 교안을 작성하거나 안내문을 작성하는 데 도움을 받을 수 있고, 예배에 필요한 찬양을 선곡하는 데 유용하다. 또한 교육에 필요한 이미지를 만들 때도 활용할 수 있다.

이 연구에서 도출한 결론은 다음과 같다. 중요도와 시급도 매트릭스 분석 결과 최우선 순위의 항목으로 TPK가 나타났고, 전략적으로 수행해야 하는 일상적인 과업으로는 TPACK로 나타났다. 중요도가 낮고 시급도도 낮은 항목으로는 TCK가 정해졌고, 중요도가 높기 때문에 앞으로 준비해야 할 항목으로는 TK가 선정되었다. TPK가 중요하다는 것은 교육학적인 지식과 기술 지식의 결합으로 교회학교 교육자들이 성경이나 교리에 대한 지식은 어느 정도 갖춰져 있으나 교육학적인 지식이 부족하고 이를 기술과 결합하는 부분은 더욱 준비되지 않았다는 점을 시사한다. 따라서 교회학교 교육자를 위한 최신 기술의 교육 적용 방법을 개발하고 교육해야 한다. 일반교육에서 시도하고 있는 교사연수 프로그램처럼 교회학교 교육자를 위한 교육 프로그램이 개발되어야 한다. 특히 AI를 목적에 맞게 제대로 활용할 수 있는 능력을 길러주는 교육자 교육 프로그램이 개발되어야 한다.

따라서 AI 시대를 대비하기 위해서는 교회학교 교사들을 위한 AI 리터러시 교육이 필요하다 하겠다.

5. 나가며

미래를 예측하는 대표적인 미래학자인 레이 커즈와일(Ray Kurzweil)은 '특이점이 온다(The Singularity Is Near)'의 후속작으로 2025년 상반기에 '마침내 특이점이 시작된다(The Singularity Is Nearer)' 책을 출판했다.[16] 레이 커즈와일은 AI의 발전을 예측하면서 인간이 인공지능과 결합해서 새로운 형태의 인간으로 발전하는 모습을 제시한다. AI 기술의 발전은 유토피아의 결과를 초래할지 디스토피아의 결과를 초래할지 아무도 모른다. 특히, 기독교 세계관의 관점에서 본다면 인공지능으로 인해 인간의 작업이 자동화되고, 인공지능과의 결합을 통해 사고와 육체가 증강되는 것이 하나님이 원하시는 방향이 아닐 수 있다.

16 레이 커즈와일, 이충호 역, 『마침내 특이점이 시작된다』(2025, 비즈니스북스).

닐 포스트만(Neil Postman)은 테크노폴리 책[17]에서 기술이 신격화되고 모든 권위를 독점하게 되는 상황을 경고한다. 인간이 기술에 모든 전권을 내어주고 스스로 기술의 노예로 전락시키는 문화적 상태에 대해 일침을 가한다. 여러 연구에서 나타난 AI의 이점은 튜터링과 개인 맞춤형 학습 지원, 학습 콘텐츠 개발 및 차별화, 평가 설계 및 즉각적인 피드백 지원, 글쓰기 첨삭 및 피드백 지원, 자연스러운 상호작용 지원, 창의성 및 협업 촉진, 데이터 기반 의사결정 지원, 교사의 전문성 신장 기회 제공, 운영 및 행정 업무 효율화 등이다. 반대로 잠재적 위험은 표절 및 학문적 부정행위, 학생과 교사의 자율성 및 책임 저하, 학생 프라이버시 침해 우려, AI에 대한 과도한 의존 및 비판적 사고 부족, 인간 상호작용 감소, 교육적 효과 검증 미비, 사회적 편견의 지속 가능성 등이다.[18] AI 기술이 하나님의 축복인지, 인간이 발명한 재앙인지는 아직 아무도 모른다. 기술이 사용한 사람들의 가치관과 세계관에 따라 다른 모습이 된다면, 기독교인은 AI를 기독교 세계관에 입각해서 바르게 활용할 수 있어야 한다. AI 기술을 이해하는 가장 좋은 방법은 직접 사용해보고 장점과 단점을 파악하여 비판적으로 활용하는 것이다.

이 책에서 소개한 디지털 및 AI 도구들은 일반적으로도 많이 사용되는 것으로 필자도 실제 교회학교의 콘텐츠를 만들 때 사용하는 것들이다. 교회학교 교육자라면 한번씩 사용해 보고 장단점을 파악

17 닐 포스트먼, 김균 역, 『테크노폴리』, (파주: 궁리, 2005).

18 김현철, 김정남 외, "교육용 인공지능 시스템의 학교 현장 적용을 위한 기초연구", (한국교육학술정보원, 2024).

해 보기를 권한다. 현 시대가 디지털 대전환, AI 르네상스 시대라고 한다면 교회학교 교사들도 AI 리터러시를 함양하여 교회교육에 적용하는 지혜를 길러야 한다.

■ **함께 생각해볼 질문**

1. AI 기술에 대한 막연한 기대감이나 두려움을 없애기 위해 나는 어떤 노력을 할 수 있을까?
2. 교회학교 교사들이 갖추어야 할 AI 기술을 다루는 역량이 무엇이 있을까?
3. 교회학교 학생들에게 기독교 세계관에 입각해서 AI를 어떻게 가르쳐야 할지 논의해보자.
4. 새로운 AI 기술이 개발되고 유행할 때 나는 어떤 기준을 가지고 이를 활용할지 생각해보자.

■ **읽어보면 좋을 책**

김수환, 『처음 만나는 옥토스튜디오』, (서울: 창비교육, 2024).

김수환, 『자녀와 함께하는 메타버스 여행』, (서울: 피톤치드, 2022).

AI 시대의 목회자

이수인 교수

아신대학교 기독교교육과 미디어학과

이수인은 총신대(B.A), 총신대학원(M.Div.), Southwestern Baptist Theological Seminary(M.A.C.E.), Biola University(Ph.D.) 이수인은 인공지능과 각종 미디어를 이용한 효과적인 학습과 학습자 중심 교육을 주된 주제로 연구하고 있으며 미래목회와말씀연구원 연구위원으로 섬기고 있기도 하다. 『인포데믹 시대의 그리스도인들을 위한 미디어 리터러시 수업』외의 다수의 논문과 저서를 발표하였다.

1. 들어가면서

인공지능(AI) 기술은 전례 없는 속도로 발전하며 사회 전반에 걸쳐 혁명적인 변화를 가져오고 있다. 특히 ChatGPT와 같은 생성형 AI와 사람을 대신하여 여러 시스템에 접속하고 정보를 취합하며, 요청된 작업을 자동으로 처리하는 AI 에이전트의 등장은 이러한 변화의 중심에 있다. AI 에이전트 시장은 2024년 약 51억 달러 규모에서 2030년에는 471억 달러로 성장하며, 연평균 성장률은 44.8%에 달할 것으로 예측되는데,[1] 이는 AI가 단순한 도구를 넘어 자율적으로 복잡한 작업을 처리하는 '디지털 비서' 형태로 발전하고 있음을 명확히 시사한다. 마이크로소프트, 메타, 엔비디아 등 주요 IT 기업의 최고 경영자들도 모든 기업과 직무에 AI 어시스턴트가 도입될 것을 예측하고 있다. 또한 여전히 회의적인 시각이 존재하기는 하지만 인간 수준의 AGI(범용 인공지능) 개발 노력도 계속되고 있는 상황이다. 이와 같은 흐름들을 살펴볼 때 AI가 인류의 삶에 더욱 깊숙이 개입하여 전반적인 패러다임 변화를 가져올 것임은 명약관화한 일이다. 이처럼 AI 발전은 일시적인 기술 유행이 아니라 인류 사회의 근본적이고 지속적인 변화를 의미한다. 그 파급력은 일상을 넘어 종교 영역까지 빠르게 스며들고 있다. 실제로 AI가 설교 작성, 행정 업무, 신앙 상담 등 목회 사역의 일부를 대신하는 사례가 증가하고 있다.

1 윤소진, "'AI 에이전트' 시장 2030년 67조원 규모로 성장", 아이뉴스24 (2025.1.30.), https://www.inews24.com/view/tp/1808101 (2025.6.30.).

2024년 11월, 스위스 루체른의 성 베드로 교회에서 일어난 한 사건이 전 세계 기독교계의 주목을 끌었다. 'Deus in Machina(기계 속의 하나님)'라는 이름의 실험적 예술 설치물로, 고해성사실 안에 인공지능(AI)으로 구현된 예수의 아바타를 설치한 것이다. 방문자들은 격자무늬 스크린을 통해 보여지는 아바타 예수와 대화할 수 있었고, AI 예수는 "형제여, 평화가 함께하기를"이라고 인사하며 사람들의 고민을 들어주었다. 약 2개월 정도의 시간 동안 100개의 언어로 1,000명 가까운 사람들과 대화를 나눴는데, 그 결과가 꽤나 충격적이다. AI 예수와 대화를 나눴던 사람들 중 230명 정도의 사람들에게 피드백을 받았는데 그 중에 2/3의 사람들이 AI 예수와 대화했음에도 불구하고 '영적인 경험'을 했음을 고백했다.[2]

이 소식은 단순한 화제거리를 넘어 우리에게 중요한 질문을 던진다. "AI가 과연 영적인 영역까지 침범할 수 있는가?", "과연 AI가 목회의 영역에 어디까지 개입할 수 있을까?", 그리고 "이런 변화의 흐름 속에서 목회자들은 어떤 자세를 취해야 할까?"와 같은 질문들이 꼬리에 꼬리를 물고 이어진다.

현실을 직시해보자. 오늘날 교인들은 스마트폰으로 설교를 듣고, 온라인으로 예배에 참여하며, 인공지능에게 성경 구절을 검색하고 신앙 상담을 받는다. 특히 코로나19 이후 비대면 목회가 일상화되면서, 목회 현장에도 디지털 전환이 가속화되고 있다. 이제 AI는 단순

---

2 Ashifa Kassam, "Deus in machina: Swiss church installs AI-powered Jesus", The Guardian (2024.11.22.), https://www.theguardian.com/technology/2024/nov/21/deus-in-machina- swiss-church-installs-ai-powered-jesus (2025.6.29.).

한 도구를 넘어 목회자의 역할과 정체성 자체에 대해 근본적인 질문을 던지고 있다.

물론 어떤 목회자들은 이런 변화를 위협으로 받아들일 것이다. "AI가 설교도 하고 상담도 한다면 목회자의 존재 의미는 무엇인가?"라는 불안감을 갖는 것이다. 반면 일부 목회자들은 새로운 기회로 바라볼 것이다. AI를 활용해 더 효과적으로 말씀을 전하고, 교인들을 돌볼 수 있다고 생각하는 것이다. 하지만 여기서 중요한 것은 AI가 가져올 변화에 대해 막연한 두려움이나 맹목적인 기대를 품는 것이 아니라, 명확한 신학적 기준과 목회적 통찰을 바탕으로 지혜롭게 대응하는 것이다. 스위스 교회의 실험이 보여주듯, 기술과 신앙의 만남은 이미 현실이 되고 있다. 이제 우리에게 필요한 것은 이 변화를 어떻게 신앙적으로 해석하고 목회적으로 활용할 것인가에 대한 구체적인 방향과 실천 방안이다.

AI 시대의 목회자는 단순히 기술을 거부하거나 무조건 수용하는 존재가 아니다. 오히려 변화하는 시대 속에서도 변하지 않는 복음의 본질을 깊이 이해하고, 그 본질을 새로운 환경에서 어떻게 효과적으로 전할 것인가를 고민하는 지혜로운 청지기여야 한다. 이번 장에서는 이와 같은 고민들을 하고 있는 목회자들을 위해 AI 시대가 가져온 변화와 도전을 직시하되, 목회자 고유의 소명과 역할을 더욱 명확히 하고, 기술을 통해 하나님 나라를 확장해 나가는 구체적인 방법을 제시하고자 한다. 변화의 물결 앞에 두려워 움츠러들기보다는, 이 시대가 주는 새로운 기회를 붙잡아 더욱 효과적인 목회를 감당해 나가는 지혜로운 목회자들이 되기를 소망한다.

2. 인공지능이 목회자를 대체할까?

“목사님, 이제 AI가 설교도 하고 상담도 한다는데, 우리 목회자들은 앞으로 어떻게 해야 할까요?” 최근 세미나와 강연 현장에서 만나게 되는 목회자들을 통해 자주 듣게 되는 질문이다. ChatGPT 같은 생성형 AI가 등장하면서 많은 목회자들이 불안해하고 있다. 과연 인공지능이 목회자를 대체할 수 있을까? 결론부터 말하면 그렇지 않다. 그 이유를 살펴보면서 인공지능의 작동 원리에 대한 기초적인 이해를 해보도록 하자.

1) 인공지능은 신앙 자체를 가질 수 없는 존재다

요즘 AI의 성능이 놀라울 정도로 향상되었다. 실시간으로 인간과 자연스럽게 대화하고, 멀티모달 AI는 텍스트, 이미지, 음성 등 다양한 유형의 데이터를 동시에 처리한다. 마치 인간의 지능 수준에 가까워지는 것처럼 느껴지기도 한다. 그렇다면 과연 인공지능은 인간처럼 생각하고 의식을 가진 존재일까? 이 질문에 답하기 위해서는 먼저 ‘생각한다’는 것이 무엇인지 정의해야 한다. 하지만 이는 쉽지 않은 문제다. 우리 인간은 너무나 자연스럽게 생각하며 살아가지만, 정작 생각한다는 것이 무엇인지 명확히 정의하기는 어렵다. 영국의 수학자 앨런 튜링은 이 복잡한 문제에 실용적으로 접근하기 위해 ‘튜링 테스트’를 고안했다. 튜링의 전제는 지적인 작업에서 기계가 인간을 잘 모방한다면 지능이 있고, 생각을 할 수 있다는 것이었고, 그래서 기계가 얼마나 인간을 잘 따라하는지를 테스트하면 될

튜링 테스트

튜링 테스트(Turing test) 또는 이미테이션 게임(imitation game)이라고 불리는 이 테스트는 앨런 튜링이 1950년에 발표한 '계산기계와 지능(Computing machinery and intelligence)'이라는 논문에서 최초로 제안한 시험이다. 원래 이미테이션 게임은 빅토리아 시대에 유행했던 게임인데, 이 게임은 질문을 던지는 사람이 각각 다른 방에 있는 남자와 여자에게 같은 질문을 보내 타이핑을 통해 답을 하게 한 다음, 어떤 대답을 여자가 했는지, 어떤 대답을 남자가 했는지 청중들이 맞추는 방식으로 진행된다. 튜링 테스트에서는 이와 비슷하게 질문을 던지는 사람이 각각 다른 방에 있는 인간과 컴퓨터에게 문자로 질문을 보내고, 어떤 답변을 인간이 제공했고, 어떤 답변을 컴퓨터가 제공했는지 맞추는 방법으로 진행된다. 배심원단이 컴퓨터가 답을 했는지 인간이 답을 했는지 구분하지 못한다면 튜링 테스트를 통과했다고 본다.

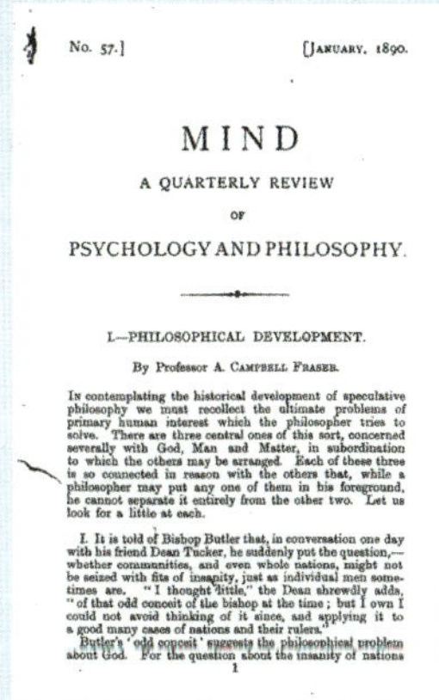
No. 57.] [January, 1890.

MIND

A QUARTERLY REVIEW

OF

PSYCHOLOGY AND PHILOSOPHY.

I.—PHILOSOPHICAL DEVELOPMENT.

By Professor A. Campbell Fraser.

In contemplating the historical development of speculative philosophy we must recollect the ultimate problems of primary human interest which the philosopher tries to solve. There are three central ones of this sort, concerned severally with God, Man and Matter, in subordination to which the others may be arranged. Each of these three is so connected in reason with the others that, while a philosopher may put any one of them in his foreground, he cannot separate it entirely from the other two. Let us look for a little at each.

I. It is told of Bishop Butler that, in conversation one day with his friend Dean Tucker, he suddenly put the question,—whether communities, and even whole nations, might not be seized with fits of insanity, just as individual men sometimes are. "I thought little," the Dean shrewdly adds, "of that odd conceit of the bishop at the time; but I own I could not avoid thinking of it since, and applying it to a good many cases of nations and their rulers."

Butler's 'odd conceit' suggests the philosophical problem about God. For the question about the insanity of nations

1

것이라 제안했다.

튜링의 접근 방식을 따라 생각하면 요즘의 인공지능은 생각을 하고 지능도 있는 것 같다. 거의 사람이 이야기하는 것과 비슷한 결과물을 내주기 때문이다. 과연 그렇게 판단할 수 있는가? 물론 튜링의 이러한 접근에 반대 의견을 낸 사람도 있었다. 미국의 철학자 존 설(John Rogers Searle)은 튜링 테스트 자체만 가지고서는 어떤 기계가 지능을 가지고 있고 생각을 하는지 증명해 낼 수 없다고 하면서 '중국어 방'이라는 사고 실험을 제안한다.

중국어 방(Chinese Room)

어느 가상의 방 안에 중국어를 전혀 모르는 사람이 들어간다. 이 사람에게는 다른 사람과 소통하기 위한 필기도구와 자신의 모국어로 된 중국어 규칙책을 제공받는다. 이후 방안에 있는 사람이 중국어로 된 질문을 받으면 중국어 규칙책을 찾아 이에 대응하는 적절한 중국어 응답을 써서 밖의 심사관에게 건네준다. 이렇게 한다면 중국어 방 밖의 심사관은 중국어 방 안의 사람이 건네는 답변만 받게 되는데, 중국어로 답변이 나왔기 때문에 이 안의 사람이 중국어를 할 줄 안다고 생각하게 된다.

그렇다면 실제로 방 안의 사람은 중국어를 할 수 있는가? 그렇지 않다. 방 안의 사람은 질문이 무엇인지도, 자신의 답변이 맞는지도 모른다. 단지 규칙에 따라 기계적으로 반응했을 뿐이다. 존 설은 이 사고 실험을 통해 적절한 결과를 낸다고 해서 그 기계가 생각한다거나 지능이 있다고 보기 어렵다는 점을 지적했다. ChatGPT나 Gemini와 같은 거대 언어모델(LLM)이 작동하는 방식을 보면 존 설의 지적이 맞다. AI는 '통계학적 앵무새'에 가깝다. 앵무새가 자신이 무슨 말을

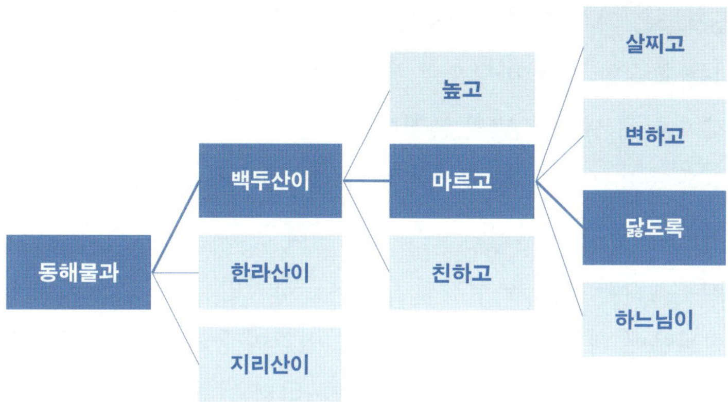

하는지 알지 못하면서 인간의 말을 따라하는 것처럼, AI도 자신이 무슨 말을 하는지 모르면서 수학적 확률에 근거해 말을 만들어낸다.

처음에 '동해물과'라고 하는 단어가 나왔다. 그러면 그 다음 단어에 어떤 단어가 올 수 있을까? 사실 '백두산이', '한라산이', '지리산이'라는 단어들이 다 올 수 있다. 그런데 확률적으로 '백두산이'가 들어갈 확률이 높다. 그러면 '동해물과 백두산이'라는 말이 되었는데 그 다음에는 어떤 말이 올까? 물론 다른 말들도 들어갈 수는 있겠지만 아무래도 애국가의 가사인 '마르고'가 제일 들어갈 확률이 높고, '동해물과 백두산이 마르고'까지 말이 완성이 되었다면 그 다음 단어로는 '닳도록'이 올 확률이 거의 100%가 된다.

이와 같이 현재 생성형 인공지능은 수많은 언어데이터를 통해 학습한 것을 기반으로 통계학적 계산에 의해 말을 만들어 낸다. 그렇다면 이러한 인공지능이 생각한다고 할 수 있을까? 그렇게 보기는 어렵다. 겉보기에는 인간과 자연스럽게 대화가 될 정도로 말을 잘 만들어 내기 때문에 혹시 가능하지 않을까 생각할 수 있는데, 사실

인공지능은 의식도 없고, 생각도 하지 않는다. 그저 수많은 언어 데이터를 학습한 것을 바탕으로 통계학적 계산에 의해 말을 만들어내는 것이 현재 생성형 AI의 본질이다.

더욱 중요한 것은 AI에게는 메타인지(자기 반성적 사고 능력)가 없다는 점이다. 인간은 자신이 무엇을 생각하고 있는지 생각할 수 있고, 자신의 생각과 행동을 성찰할 수 있다. 하지만 AI는 스스로 만들어낸 결과물에 대한 평가를 할 수 없다. 인간이 동물과 다른 점은 언어나 도구 사용 때문이 아니다. 동물들도 이런 능력을 가지고 있다. 근본적으로 인간이 동물과 다른 것은 인간만이 메타인지, 즉 자기 반성적 성찰 능력을 가졌다는 점이다. 이 고유한 능력으로 인류는 다양한 문화를 꽃피웠고, 종교적 신앙도 가질 수 있게 되었다. 따라서 의식도 없고 생각도 하지 않으며, 메타인지 능력이 없는 AI가 하나님을 믿는 신앙을 가질 수 있다고 보기는 어렵다. AI는 하나님에 대한 정보를 제공할 수는 있지만, 하나님을 믿고 경험하며 사랑할 수는 없다. AI에게는 신앙의 전제 조건인 의식과 자기 성찰 능력이 근본적으로 부재하기 때문이다. 이처럼 신앙 없는 AI가 인간 목회자를 대체할 수 있을까? 그럴 수 없고, 그렇게 되어서도 안된다.

2) 인공지능은 삶으로 신앙의 모범을 보여줄 수 없다

한 번 상상해 보자. 미래에는 정말 뛰어난 기독교 전문 AI가 등장할 수도 있을텐데 신구약 66권의 원어 성경과 모든 역본들, 지금까지 출판된 모든 주석 자료들, 최고의 목회자들이 설교한 모든 설교들, 복음주의 신앙으로 쓰인 모든 경건서적들을 학습한 AI가 등장한다면 어떨까? 그리고 이 AI가 현재 세상 돌아가는 모든 일들도 신뢰할 수 있는 뉴스와 데이터를 통해 잘 파악하고 있다면, 이런 AI의 설교는 어떨까? 솔직히 말하면, 어쩌면 그런 AI의 설교가 인간의 설교보다 더 나을 수도 있을 것 같다. 인간의 주관성이나 감정에 매이지 않고 정말 본문에만 충실하면서도, 다양한 자료들을 통해 더 탄탄한 내용의 설교를 할 수도 있을 것이다.

하지만 아무리 성경 본문에 충실하고 논리적으로 잘 작성된 설교라 해도, AI 설교에는 결정적인 약점이 있다. 바로 설교자가 그 설교를 삶으로 살아낼 수 없다는 것이다. 현재 ChatGPT는 신앙적 질문들에 대해 적절한 답을 찾아 이야기할 수는 있지만, 결코 그 답의 내용들을 살아내지는 못한다. 이것은 영적 교사로서 치명적인 약점이다. 결국 신앙은 머리에 지식을 쌓는 행위가 아니라, 자신의 삶으로 살아내는 것이기 때문이다. 예수님은 "나더러 주여 주여 하는 자마다 다 천국에 들어갈 것이 아니요 다만 하늘에 계신 내 아버지의 뜻대로 행하는 자라야 들어가리라"(마 7:21)고 말씀하셨고, 바울도 "내가 그리스도를 본받는 자가 된 것 같이 너희는 나를 본받는 자가 되라"(고전 11:1)고 권면했다.

그런데 중요한 것은 AI가 인간 목회자를 대체할 수 없으니 안심하고 넘어가자 하는 식으로 가볍게 생각하면 안 된다. 오히려 더욱 고민하고 반성해야 할 지점이 있다. 이제는 영적 교사가 자신의 삶으로 모범을 보여줄 수 없다면 교사로서 사람들 앞에 설 수 없는 시대가 되었다. 학생들과 친밀하게 교제하고, 자신의 삶을 개방하여 제자들과 나누는 교사가 되지 못한다면, 그리고 이렇게 열어 보여준 우리의 삶이 사람들에게 모범이 되지 못한다면, 차라리 AI와 대화하는 것이 영적으로 더 유익한 시대가 되었다. 특히 대형교회의 경우 수천, 수만 명의 성도들과 담임목사가 개인적으로 영적 교제를 나누기는 현실적으로 어렵다. 대부분의 성도들은 그 설교자가 어떻게 자신의 설교를 살아내는지 알기 어렵다. 그렇다면 차라리 앞으로 만들어질 설교 전용 AI의 설교를 듣는 것이 나을 수도 있다. 어차피 삶으로 살아내는 말씀을 볼 수 없다면 내용이 더 좋은 설교를 선택하는 것이 합리적일 수 있기 때문이다. 이것은 AI 시대를 맞은 목회자들에게 던지는 강력한 메시지다. 이제는 설교 실력만으로는 경쟁력이 없을 수 있다. 자신이 전하는 말씀을 삶으로 살아내고, 그 삶을 통해 사람들과 깊은 관계를 맺을 수 있어야 한다.

3) 인공지능의 앎은 성경적인 앎과는 다르다

ChatGPT와 같은 생성형 AI에게 "수박이 뭐야?"라고 물으면 어떤 답을 내놓을까? 사실 거의 완벽한 답을 이야기한다. "수박은 큰 멜론과 비슷한 형태를 가진 과일입니다. 표면은 단단하고 두꺼운 녹색 껍질로 덮여 있으며, 내부는 주로 달콤하고 즙이 많은 빨간색이나 분홍색 과육으로 구성되어 있습니다. 또한 이 과육에는 많은 작은 검은 씨가 들어 있습니다. 수박은 열대와 아열대 지역에서 잘 자라며, 매우 높은 수분 함량 때문에 더운 날씨에 흔히 먹는 과일입니다. 또한, 다양한 비타민, 미네랄, 항산화제가 풍부하여 건강에 좋습니다." 이런 식으로 기가 막힌 설명을 한다. 그런데 정말 ChatGPT가 수박을 안다고 할 수 있을까? 여름날 더위와 갈증에 지쳐 있다가 차가운 냉장고에서 꺼낸 수박을 크게 한 입 베어물고 느끼는 그 달콤함과 청량함을 경험해본 적이 없는 AI가 과연 수박을 안다고 할 수 있을까? 그렇지 않다. 차라리 수박을 먹어보고 그 맛과 촉감을 제대로 느껴본 세 살짜리 어린아이가 수박을 더 잘 안다고 봐야 한다.

히브리어에서 '안다'는 뜻으로 사용되는 '야다'는 단순히 '안다'는 의미뿐만 아니라 '관계하다', '성적 관계를 가지다' 등의 의미를 가지고 있다. 즉 히브리적인 앎은 단순히 머리로만 아는 것이 아니라 관계성에 기초를 둔 앎이다. "아담이 그의 아내 하와와 동침하매"(창 4:1)라고 할 때의 '동침하매'가 바로 '야다'인데, 이처럼 성경적 의미에서의 '안다'는 것은 단순히 정보를 파악하는 것이 아니라 깊은 인격적 관계 속에서 하나가 되는 것을 의미한다. 그러므로 하나님을 '안다'고 할 때도 하나님에 '대한' 명제적 정보들을 머리로 알고 있는 것이 아니라, 하나님과의 깊고 친밀한 관계 속에서 그분을 아는 것이다. 반면에 AI에게 하나님에 대해 묻는다면 몇 초 만에 하나님에 대한 꽤 준수한 설명을 할 수 있을 것이다. 하지만 그 설명은 인격적이고 관계적인 지식에서 나오는 것이 아니라 수학적 계산과 학습한 데이터에 근거한 것일 뿐이다. 이는 마치 한 번도 수박을 먹어보지 못한 사람이 수박에 '대한' 설명을 하는 것과 같고, 신앙 없는 사람이 하나님에 '대해' 설명하는 것과 다를 바 없는 공허한 지식이다. 물론 그러한 지식을 통해서도 성령 하나님께서 역사하신다면 어떤 일이든 일어날 수 있다. 하지만 하나님과의 만남과 깊이 있는 교제를 경험해보지 못한 AI의 정보들을 통해 성도들이 하나님을 만나고 깊이 있게 교제할 수 있을 것인가를 생각해보면 부정적인 답을 할 수밖에 없다.

인공지능이 목회자를 대체할 수 없는 이유는 명확하다. AI는 신앙을 가질 수 없고, 삶으로 모범을 보일 수 없으며, 관계적 앎을 제공할 수 없기 때문이다. 하지만 이것이 우리가 안주할 이유는 아니다. 오히려 AI 시대는 목회자들에게 본질로 돌아가라는 강력한 메시지를 주고 있다. 정보 전달자가 아닌 삶의 모델이 되고, 지식 제공자가 아닌 관계의 중재자가 되며, 설교자가 아닌 동행자가 되어야 한다. AI가 할 수 없는 것들, 즉 인격적 관계, 삶의 모범, 영적 동행이야말로 목회자만이 할 수 있는 고유한 영역이기 때문이다. 이제 목회자들은 스스로에게 물어야 한다. "내가 전하는 말씀을 내가 살아내고 있는가? 내 삶이 사람들에게 신앙의 모델이 되고 있는가? 나는 사람들과 깊은 관계 속에서 하나님을 경험하도록 돕고 있는가?" AI 시대의 목회자는 바로 이런 질문들에 대한 답을 자신의 삶으로 보여주는 사람이어야 한다.

3. 인공지능을 사용해도 괜찮을까? 사용한다면 어떻게 사용할 수 있을까?

AI가 목회자를 대체할 수 없다는 것을 앞서 살펴보았다. 그렇다면 이제 다른 질문이 남는다. 목회자가 AI를 사용하는 것은 괜찮을까? 이 기술을 목회 현장에서 활용하는 것이 과연 하나님의 뜻에 부합할까? 이 질문에 답하기 위해서는 먼저 근본적인 물음을 던져야 한다. AI는 본질적으로 선한 것일까, 악한 것일까? 이사야서는 우리에게 통찰을 제공한다. "이 나무는 사람이 땔감을 삼는 것이거늘 그가 그것을 가지고 자기 몸을 덥게도 하고 불을 피워 떡을 굽기도 하고 신상을 만들어 경배하며 우상을 만들고 그 앞에 엎드리기도 하는구나"(사 44:15). 같은 나무가 생명을 주는 불이 되기도 하고, 우상이 되기도 한다.

AI도 마찬가지이다. 그 자체로는 선하지도 악하지도 않다. 사용자가 어떻게 활용하느냐에 따라 축복의 도구가 될 수도, 저주의 도구가 될 수도 있다. 디모데전서는 "하나님께서 지으신 모든 것이 선하매 감사함으로 받으면 버릴 것이 없나니"(딤전 4:4)라고 말씀하신다. 기술 자체가 선악을 결정하는 것이 아니라, 사용자의 가치관과 목적에 따라 그 결과가 달라진다. 그러므로 선한 목적을 위해 선한 방법으로 사용한다면 AI는 목회자의 강력한 도구로 다양한 사역의 환경 가운데 사용될 수 있다.

실제로 전 세계 교회들은 이미 다양한 방식으로 AI를 활용하고 있다. 이러한 사례들을 통해 우리는 AI 활용의 가능성과 한계를 동시에 볼 수 있다. 지난 2023년 독일 바이에른주의 성 바울 교회는 ChatGPT 기반의 AI 목사가 예배를 인도하는 실험을 최초로 진행했는데, 그 이후로 도입 부분에서 언급한 스위스 루체른의 성 베드로 성당의 'Deus in Machina(기계 속의 하나님)' 프로젝트 등의 다양한 시도들이 이루어졌다. 특히 2025년 3월 핀란드 헬싱키의 성 바울 루터교회는 인공지능(AI) 도구를 활용해 거의 모든 예배를 구성하는 실험적인 시도를 진행했는데, 이는 핀란드 최초의 AI 주도 교회 예배로, 설교와 음악 작곡, 시각 효과 제작까지 AI가 담당했다. 이 예배에는 평소 예배 참석 인원보다 더 많은 120여 명이 참여해 큰 관심을 끌었는데, 예수와 사탄의 대화 장면을 AI가 생성하기도 하고, 1986년 사망한 핀란드 전 대통령의 아바타가 구약성경 낭독하는 등 다양

한 AI 기술들이 사용되어 거의 모든 예배의 순서들을 진행했다.[3]

이와 같은 실험적인 시도 외에도 실용적인 측면에서 다양한 사역의 필요들을 위해 AI는 활용되고 있다. 그렇다면 실제로 목회자들은 자신의 목회 사역을 위해 AI를 어떻게 활용할 수 있을까? 여기서는 AI가 목회 사역의 각 영역에서 어떻게 활용될 수 있는지 구체적으로 살펴보고자 한다.

1) 설교 준비와 콘텐츠 제작의 혁신

우선 AI는 설교 준비의 효율성을 크게 증대시킬 수 있다. 아침 일찍 서재에 앉아 설교를 준비하는 목회자를 생각해보자. 전통적으로는 여러 권의 주석과 사전을 펼쳐놓고 단어 하나하나 구절 하나하나 찾아가며 연구해야 했다. 하지만 이제 AI 도구는 이 과정을 획기적으로 단축시켜 줄 수 있다. 특정 주제나 단어와 관련된 모든 성경 구절을 순식간에 찾아주고, 다양한 번역본을 한눈에 비교할 수 있게 해준다. 히브리어나 헬라어 원문의 의미를 분석하는 것도 몇 번의 클릭으로 가능하다. 이는 단순히 시간을 절약하는 것이 아니라, 더 깊이 있는 성경 연구를 가능하게 한다. 절약된 시간을 묵상과 기도에 할애할 수 있기 때문이다.

3 Dasha Litvinova and Kostya Manenkov, "What one Finnish church learned from creating a service almost entirely with AI", Ap News (2025.3.7.), https://apnews.com/article/ finland-lutheran-church-artificial-intelligence-64135cc5e58578a89dcbaf0c227d9e3e (2025.6.28.).

또한 AI는 목회자가 다양한 맞춤형 콘텐츠들을 제작할 수 있도록 지원해 줄 수 있다. 한 지역 교회를 섬기는 목회자는 대체로 다양한 연령층과 배경을 가진 성도들을 섬긴다. 청소년부터 노년층까지, 초신자부터 신앙의 연륜이 깊은 성도까지. AI는 이들 각각에게 맞는 콘텐츠를 제작하는 데 큰 도움을 준다. 예를 들어, 같은 설교 내용을 청소년을 위한 쉬운 언어로 재구성하거나, 시각 장애인을 위한 오디오 자료로 변환하는 일이 가능하다. 설교의 핵심 메시지는 그대로 유지하면서도 텍스트, 오디오, 비디오, 인포그래픽 등 다양한 형식으로 변환하여 여러 플랫폼에서 공유할 수 있다. 이는 복음의 접근성을 높이는 중요한 도구가 될 수 있다.

그리고 AI는 설교자가 미처 생각지 못했던 창의적 표현과 예시들을 제안할 수 있다. 많은 설교자들이 공감하겠지만 매주 설교를 준비하다 보면 때로는 창의적인 영감이 떠오르지 않을 때가 많다. 특히 매주 1편을 준비하더라도 매번 새로운 아이디어와 표현으로 설교를 준비하기 쉽지 않은데, 대부분의 목회자들은 한 주에 여러 편의 설교를 준비해야 하는 상황이다. 그러다 보니 자기복제적인 표현이나 생각들이 설교 속에서 반복될 수 있는데, 이러한 상황에 AI는 의미 있는 도움을 제공할 수 있다. 그리고 AI는 설교에 활용할 수 있는 다양한 예시, 비유, 이야기를 제안함으로써 메시지를 더욱 생동감 있게 전달할 수 있도록 도와줄 수 있다. 물론 여기에는 주의가 필요하다. AI는 도구일 뿐, 성령의 감동과 목회자의 영적 통찰력을 대체할 수는 없기 때문에 AI가 제안하는 내용을 그대로 받아들이기보다는 신학적 분별력을 가지고 철저하게 검토해야 한다.

2) 목회적 돌봄과 상담의 확장

기본적으로 AI는 목회적 돌봄의 시간을 1년 365일 하루 24시간으로 확대해 새로운 차원의 목회적 지원 시스템을 구축하도록 도울 수 있다. 사실 목회자도 사람이다. 24시간 깨어있을 수 없고, 동시에 여러 곳에 있을 수도 없다. 하지만 영혼의 필요는 시간을 가리지 않는다. 새벽에 잠 못 이루는 성도, 해외에 있는 교인, 갑작스러운 위기에 처한 이들이 있다. AI 챗봇은 이런 상황에서 기본적인 목회적 돌봄을 제공할 수 있다. 위로가 필요한 이에게 적절한 성경 구절을 제시하고, 기도문을 안내하며, 기본적인 신앙 질문에 답할 수 있다. 물론 심각한 상황이라면 목회자에게 즉시 연결해주는 역할도 한다. 이는 특히 혼자서 많은 성도를 돌봐야 하는 소규모 교회 목회자에게는 큰 도움이 된다.

또한 목회 상담 보조 도구로 활용함에 있어서도 AI는 무궁무진한 잠재력을 가지고 있다. 목회 상담은 깊은 영적 분별력과 공감 능력을 요구하는 일이기 때문에 AI가 대체할 수는 없지만, 유용한 보조 도구가 될 수 있다. 상담 중에 언급된 주제와 관련된 성경 구절을 즉시 찾아주거나, 유사한 상황에 대한 참고 자료를 제시할 수 있다. 또한 상담을 하다보면 목회자가 잘 알지 못하는 상황이나 질병, 혹은 정신적인 어려움에 처한 성도들을 만날 수 있는데, 이럴 때도 AI가 관련 내용들을 잘 정리해서 제공해 주면 내담자를 보다 잘 이해한 상태에서 상담을 해 줄 수 있다. 그리고 상담 기록을 체계적으로 정리하고, 후속 조치가 필요한 사항을 추적하는 것도 가능하다. 이를 통해 목회자는 행정적인 절차에 신경 쓸 시간에 성도와의 깊은 교감과 영적 돌봄에 더 집중할 수 있다.

팬데믹은 우리에게 물리적 거리가 목회의 장애물이 될 수 없음을 가르쳐주었다. AI 기술은 이런 원격 목회 역시 더욱 효과적으로 만들어 준다. 지리적으로 떨어져 있거나 이동이 어려운 성도들에게 목회적 돌봄을 제공하기 위해 사용해 온 화상 상담 시스템, 온라인 기도 모임 플랫폼, 가상 소그룹 도구 등은 AI 기술과 결합되어 더욱 편리하고 다양하게 사용할 수 있게 되었다. 이를 통해 해외에 나가 있는 청년, 요양원에 계신 어르신, 육아로 외출이 어려운 젊은 부모들까지 모두가 교회 공동체의 일원으로 연결되어 더욱 확장된 원격 목회 돌봄의 영역이 펼쳐질 수 있다.

3) 교회 행정과 운영의 혁신

AI는 주먹구구식 행정과 운영에서 벗어나 데이터에 기반한 의사결정 자료를 제공해 주기 때문에 교회 행정과 운영에 큰 변혁을 가져올 수 있다. 목회는 영적인 일이지만, 동시에 현실적인 운영도 필요하다. AI는 교회 운영에 관한 데이터를 수집하고 분석하여 더 나은 의사결정을 도와줄 수 있다. 예를 들어 AI가 교인들의 출석 패턴을 분석하여 어떤 프로그램이 성도들에게 도움이 되는지 파악하고, 헌금 추이를 통해 재정 계획을 세울 수 있다. 또한 각 사역의 결과물들을 분석함을 통해 어떤 사역에 더 많은 자원을 투입해야 하는지, 어떤 부분이 개선이 필요한지를 객관적으로 볼 수 있다. 이는 목회자의 직관과 경험에 더해져 더욱 균형 잡힌 교회 운영을 가능하게 할 것이다.

또한 AI, 특히 최근 등장하고 있는 AI 에이전트들은 자동화된 행정 처리를 통해서 목회자의 행정 업무에 큰 도움이 될 수 있다. 목회자가 하루 중 얼마나 많은 시간을 행정 업무에 쓰는지 생각해보자. 일정 관리, 이메일 응답, 주보 제작, 재정 보고서 작성… 이런 반복적이고 소모적인 작업들이 정작 중요한 목회 활동을 방해하곤 한다. AI는 이런 업무의 상당 부분을 자동화할 수 있다. 정기적인 안내 메시지 발송, 헌금 영수증 발급, 출석 체크 등의 행정 업무들을 자동으로 처리함을 통해 목회자와 교회의 리더들은 사람을 만나고, 기도하고, 말씀을 연구하는 본질적인 사역에 더 많은 시간을 할애할 수 있다.

그리고 현대의 교회는 복잡한 조직이다. 다양한 부서, 여러 연령대의 모임, 각종 프로그램이 동시에 운영된다. 그런데 AI 기반의 지능형 교회 관리 시스템은 이 모든 것을 통합적으로 관리할 수 있다. 새로운 성도가 등록하면 그의 나이, 관심사, 은사에 맞는 소그룹이나 봉사팀을 추천해 주고, 오랫동안 교회에 나오지 않는 성도를 자동으로 파악하여 심방이 필요함을 알린다. 교회 시설 사용 스케줄을 최적화하고, 각 부서 간의 일정 충돌을 방지한다. 이런 시스템은 교회가 더욱 유기적이고 효율적으로 운영되도록 돕는다.

4) 개인화된 신앙 성장 지원과 다양한 공동체 내외 소통

모든 성도의 신앙 여정은 다르다. 어떤 이는 모태신앙인으로 오랜 시간 교회에 다녔고, 어떤 이는 교회에 다니기 시작한 지 얼마 안 된 새신자이다. 또 어떤 이는 기도에 관심이 많고, 어떤 이는 성경 공부에 열심이며, 또 어떤 이는 봉사와 헌신으로 신앙을 표현한다. 한 교회 내에 이렇게 다양한 사람들이 다양한 영적인 필요를 가지고 신앙생활을 하고 있기 때문에, 교회를 이끌어가는 소수의 목회자들이 사람들의 이러한 다양한 영적 필요를 모두 충족시키는 것은 결코 쉬운 일이 아니다. AI는 이러한 상황 가운데 있는 교회와 목회자들에게 각 개인의 특성과 필요에 맞춘 맞춤형 신앙 성장 프로그램을 제공할 수 있다. 성경 읽기 패턴을 분석하여 개인에게 맞는 성경 읽기 계획을 제안하고, 관심 주제에 맞는 설교나 강의를 추천해 줄 수 있다. 기도 생활이 부족한 성도에게는 기도 가이드를 제공하고, 봉사에 관심 있는 이에게는 적합한 봉사 기회를 안내한다. 이는 대형교회에서도 개인 맞춤형 목회가 가능하게 만든다.

그리고 AI 기술은 소셜 미디어와 디지털 플랫폼 활용을 강화해 교회 공동체 멤버들 간의 소통은 물론, 교회 외부인들과의 소통을 도울 수 있다. 현대인들, 특히 젊은 세대는 디지털 공간에서 많은 시간을 보낸다. 교회가 이들에게 다가가려면 그들이 있는 곳으로 가야 한다. 바로 AI 서비스야말로 교회가 소셜 미디어를 더욱 효과적으로 활용하도록 도울 수 있는 최적의 도구이다. 어떤 콘텐츠가 사람들의 관심을 끄는지 분석하고, 최적의 게시 시간을 제안해 줄 수 있다. 또한 온라인상의 반응을 모니터링하여 사람들의 영적 필요를 파악하고, 적절한 메시지로 응답할 수 있다. 이는 단순한 정보 교환과 소통을 넘어 디지털 네이티브 세대에게 복음을 전하는 중요한 통로가 될 수 있다.

마지막으로 한국 교회도 이제는 다문화 시대를 맞이했다. 이주민, 유학생, 다문화 가정이 늘어나면서 언어와 문화의 장벽이 목회의 새로운 도전이 되고 있다. AI 번역 기술은 실시간으로 설교를 여러 언어로 번역하여 자막으로 제공할 수 있다. 또한 교회 웹사이트와 안내 자료를 다국어로 제공하는 것도 쉬워지고, 더 나아가 각 문화권의 특성을 고려한 목회적 접근도 가능하게 된다. 이는 모든 민족에게 복음을 전하라는 대위임 명령을 실천하는 실질적인 도구가 되어줄 것이다.

이렇게 AI는 목회의 거의 모든 영역에서 유용한 도구가 될 수 있는 다양한 목회적 활용 가능성이 있다 보니 교회 내 AI의 사용이 점점 늘어나고 있는 추세이다. Exponential NEXT, ChurchTechToday 등의 기관이 협력하여 594명의 목회자와 교회 직원을 대상으로 진행한 The State of AI in the Church Survey 2025 보고서에 의하면 응답자의 91%가 사역에 AI를 활용하는 것에 어느 정도 찬성한다고 답했으며, 9%만이 전적으로 반대했는데 이는 2024년의 87% 찬성률보다 증가한 수치이다. 또한 응답자의 61%가 주 1회 이상 AI 도구를 사용한다고 답해, 2024년의 43%보다 크게 증가한 것으로 나타났고, 매일 사용하는 비율도 25%에 달했다. AI의 주된 사용처는 콘텐츠 제작(36%), 연구(26%), 행정 업무(16%), 이미지 생성(10%)순으로 나타났는데, 설교 준비에 관여하는 응답자 중 64%가 설교문 작성 과정의 일부로 AI를 사용해 본 경험이 있다고 답했다.[4] 또한 최근 미국의 기독교 IT기업 푸시페이(Pushpay)가 발표한 State of Church Tech 2025 보고서에 의하면 AI를 사용하는 교회 비율은 2024년 25%에서 2025년 45%로 증가했으며, 2026년에는 57%에 달할 것으로 전

4 Exponential's AI NEXT, *The State of AI in the Church Survey 2025*, 6-20.

망되고 있다. 특히 교회들은 주로 커뮤니케이션과 관련된 운영 업무에 AI를 활용하고 있었는데, 문서 콘텐츠 제작(51%), 문서/미디어 콘텐츠 편집(49%), 이미지/그래픽 생성(47%), 소셜 미디어 콘텐츠 생성(44%)의 순으로 사용되고 있었다.[5] 한국의 목회자를 대상으로 한 조사는 미래목회와말씀연구원과 목회데이터연구소가 함께 수행한 "ChatGPT에 대한 목회자의 인식과 사용 실태 조사"가 있는데 이 연구에서도 연구에 참여한 목회자들 중 절반 정도가 ChatGPT를 사용해 본 경험 있는 것으로 나타났으며, 10명 중 8명은 앞으로 설교 준비에 ChatGPT가 사용될 것이라고 전망했다.[6]

4. 인공지능 시대를 어떻게 준비할 것인가?

오늘날의 목회자들은 지금까지 한 번도 경험해보지 못한 전환기를 지나고 있다. 물론 이전에도 기술의 발전은 있었지만, 지금과 같은 인지적 작업을 기계가 대신하는 시대는 처음이다. 그런데 기계가 인간의 자리를 넘보게 되자 오히려 인간은 인간 본연의 자리를 돌아볼 수 있게 되었다. 이처럼 AI 시대는 목회자들에게 새로운 도전과 함께 사역의 본질을 재확립하고 영적 역량을 강화할 수 있는 거룩한 재성찰의 기회를 제공한다. 이제는 단순히 'AI를 어떻게 활용할까'에서 한 걸음 더 나아가, AI 시대에 목회자가 어떤 준비를 하며 어떤

5 Pushpay, State of Church Tech 2025 – The Future of Connection, 9-11.

6 목회데이터연구소, "ChatGPT에 대한 목회자의 인식과 사용 실태 조사 결과 발표", 「넘버즈 리포트 186호」, 10.

방향으로 나아가야 할지를 함께 고민할 시점이다.

1) 목회 본질의 재확립과 영적 역량 강화

AI가 아무리 발전해도 대체할 수 없는 목회자의 고유한 역할이 있다. 즉 정보 분석, 콘텐츠 생성, 자동화된 응답 등 특정 지적 능력을 모방하고 확장할 수 있는 능력이 AI에게 있지만, 인간 목회자가 가진 고유한 영적 깊이, 진정한 공감 능력, 도덕적 판단, 윤리적 책임, 그리고 사랑과 연민의 감정을 완전히 이해하거나 재현할 수는 없다. 무엇보다 AI는 메모리와 GPU(Graphic Processing Unit) 등의 물리적 구조물(하드웨어)과 알고리즘이나 프로그램과 같은 소프트웨어로 이루어져 있는 기계적 존재이기 때문에 신앙을 가지거나 하나님과의 인격적인 교제가 불가능하다. 더 중요한 것은 인공지능은 인간이 매일의 일상에서 하는 육체적 경험 뿐만 아니라 초월적이거나 영적인 경험을 할 수 없다. 그렇기에 자신의 신앙을 삶으로 보여줄 수도 없고, 계시나 방언 등 초월적 차원의 영적인 영역은 다룰 수 없다. 깊이 있는 영성으로 인간의 내면 깊숙한 곳을 다루는 목회자의 역할은 AI가 아무리 발전한다고 해도 담당할 수 없는 고유한 영역으로 남게 될 것이다.

또한 목회자의 고유한 역할은 단순히 지식을 전달하는 것을 넘어선다. 성도들과의 진정한 인간적 교감을 통해 관계를 형성하고, 영적인 성장을 돕는 것은 목회자가 감당하는 핵심적인 사역 중 하나이다. 물론 AI는 교적 카드나 상담 내용을 분석하여 성도들의 신앙 상태나 관심 분야를 목회자에게 알려줄 수 있을 것이다. 하지만 성도들의 영적인 문제나 가정사, 사업적인 세부 문제까지 이해하고 공감할 수 있는 능력은 없다. 오직 목회자만이 이러한 역할을 감당할 수 있으며, 이는 목회자의 고유한 영역이자 능력이다.

그러므로 AI 시대에 목회자가 영적 깊이와 진정성을 유지하는 것은 그 어느 때보다 중요하다. 첫째로, 기도와 말씀 묵상에 더욱 힘써야 한다. AI는 방대한 데이터를 분석하고 심지어 예측도 가능하지만, 자신을 깊이 있게 돌아보고 생각하는 성찰 능력은 없다. 목회자는 하나님의 말씀을 분석하고 묵상하며 깊은 성찰과 기도를 통해 목회를 성공적으로 이끌 원동력을 얻어야 한다. 설교를 준비할 때도 AI가 제공하는 정보는 보조적인 수단일 뿐, 설교자의 영성과 내면화된 말씀이 진정한 감동을 전달할 수 있음을 잊어서는 안 된다.

둘째로, 공감 능력을 개발해야 한다. AI는 성도들의 상황을 데이터를 가지고 분석할 수는 있겠지만, 그들의 영적인 문제나 삶의 세부적인 어려움에 공감하는 능력은 없다. 그러므로 목회자는 성도들에 대한 공감 능력을 개발하고 더 인간적인 접근을 통해 소홀해진 관계성을 회복해야 한다. 대학에서 학생들을 가르치고 있는 필자에게 상담을 해 왔던 많은 청소년과 청년들은 교회의 목회자들에게 고민을 털어놓으면 전혀 공감해주지 않으면서 '답정너(답은 정해져 있고 너는 대답만 하면 돼)'식으로 반응하는 것을 경험할 때가 많다고 한다. 그런데 이와 같이 상대방의 어려움과 문제에 공감하지 못하고, 그저 기도하자는 식의 답을 하는 것은 감정이 없어서 제대로 공감하지 못하는 인공지능이나 할 법한 대답이라 할 수 있겠다.

셋째로, 성도들과 친밀한 관계 속에서 영적 리더십을 발휘해야 한다. AI는 수많은 자료들을 제공할 수도 있고 다양한 분석과 대안을 제시할 수도 있지만, 교회 안에서 일어나는 수많은 문제 앞에서 영적 리더십과 영향력을 발휘하기는 어렵다. 우리가 AI 목사의 설교를 경계할 필요가 없는 이유는 설교는 한 지역 교회를 이루고 있는 성도들의 삶의 정황과 관계 속에서 진정한 힘을 발휘하기 때문이다. 지금도 서점이나 도서관, 그리고 인터넷을 통해 교회 역사 가운데 있었던 수많은 위대한 설교자들의 설교를 전문 그대로 입수할 수 있다. 그렇지만 그렇게 좋은 설교문을 그대로 전한다고 해도 똑같은 말씀의 역사가 일어날까? 그렇지 않을 것이다. 아무리 좋은 내용이라고 해도 우리 교회 성도들의 삶의 상황과 형편과 동떨어진 내용이고, 성도와 설교자와의 친밀한 관계 속에서 전달되는 말씀이 아니라면 그렇게 큰 영적 영향력을 미치기 어렵다. 그러므로 AI 시대의 목회자는 성도들과 함께 울고 웃으며 함께 신앙의 삶을 살아가야 하며, AI가 따라할 수 없는 직관과 영성의 영역인 영적 리더십을 통해 신자들에게 신앙과 삶에 깊은 영향력을 발휘함으로써 하나님 나라를 확장시켜야 한다.

2) 새로운 시대가 요구하는 역량 준비

AI 시대는 목회자에게 기존의 '말씀 전하는 사람'이라는 정체성에 더해, 해석자, 큐레이터, 감별자 등의 새로운 역할들을 요구하고 있다. 정보가 넘쳐나는 시대에 목회자는 단순히 정보 전달자가 아니라, 정보의 출처를 검증하고, 공동체의 상황에 맞게 재구성하며, 무엇이 참된 진리인가를 분별하는 사람이 되어야 한다. 그리고 무엇보다 AI 시대에 목회자가 효과적으로 사역을 감당하기 위해서는 AI와 디지털 기술을 이해하고 현명하게 활용하는 능력을 함양하는 것이 필수적이다.

바울 사도는 "여러 사람에게 여러 모습이"(고전 9:22) 되었다고 고백했다. 복음을 전하기 위해 복음을 들어야 할 사람들에게 맞춰서 스스로를 변화시켰다는 의미이다. 오늘날 AI는 현대인의 '언어'가 되었다. 젊은 세대는 AI와 대화하며 정보를 얻고, 창작하고, 소통한다. 목회자가 이 언어를 모른다면 어떻게 그들에게 복음을 효과적으로 전할 수 있겠는가? 그러므로 AI 활용 능력은 목회자들에게 더 이상 선택이 아닌 필수라고 할 수 있다. 특히 프롬프트 엔지니어링과 같은 기술을 통해 AI를 효과적으로 사용하는 능력은 AI를 단순한 도구에서 전략적 파트너로 변화시킨다. 이를 통해 목회자들은 일상적인 업무를 자동화하고, 초안을 생성하며, 데이터를 신속하게 분석하여 매주 써 내야 하는 수편의 설교원고의 부담을 줄일 수 있다. 이처럼 AI 활용 능력은 목회 생산성 증대와 본질 집중을 위한 필수 역량으로 많은 목회자들을 괴롭히던 행정적이고 비영적인 업무에 들어가던 시간을 획기적으로 줄일 수 있다. 이러한 효율성 증대는 그 자체로 목적이 아니라, 목회자들이 확보된 시간과 에너지를 더 큰 목적과 본질적인 사역을 위해 재분배할 수 있는 수단이 된다.

또한 다양한 디지털 매체들을 통해 전달되는 뉴스와 정보들을 바르게 이해하고 분별하기 위한 '디지털 분별력'이 그 어느 때보다 목회자들에게 필요한 시대가 되었다. 특히 생성형 AI는 간단한 명령어만 입력을 하면, 글부터 시작해 사진이나 동영상까지 엄청나게 빠른 시간에 많은 결과물들을 산출해 낼 수 있기 때문에 그것을 사용하는 사람의 의도와 능력에 따라 정교한 가짜 뉴스들을 수도 없이 만들어 낼 수 있는 시대가 되었다. 안 그래도 가짜 뉴스 때문에 우리 사회의 모든 구성원들이 어려움을 겪고 있는데, 불에 기름을 끼얹는 상황이 되었다. 실제로 2023년 3월 당시 전 미국 대통령이었던 도널드 트럼프가 경찰에 체포되는 사진들이 소셜 미디어들을 중심으로 확산되는 일이 있었다. 그는 '성추문 입막음' 사건으로 수사를 받던 중이었는데, 문제가 된 사진 속에는 트럼프가 체포되지 않기 위해 강하게 저항하거나, 경찰을 피해 도망치는 모습 등이 생생하게 담겨 있었다. 그런데 이 사진들은 영국의 온라인 매체 벨링캣의 창립자이자 저널리스트인 엘리엇 히긴이 이미지 생성 AI 서비스인 미드저니(Midjourney)를 통해 만들어낸 가짜 사진들이었다.[7] 이처럼 이제는 AI를 사용해 이단들이 그럴듯한 설교문을 만들어내고, 가짜 간증을 생성하며, 심지어 잘못된 성경 해석까지 유포할 수 있는 상황이 되었고, 아예 딥페이크 기술로 유명 목사의 얼굴과 목소리를 도용한 가짜 설교 영상도 등장할 수 있는 상황이다. 이런 상황에서 목회자의 디지털 분별력은 양떼를 지키는 영적 방패가 된다. 하나님께서 에스겔 선지자를 이스라엘 백성들을 위한 파수꾼으로 세우셨듯이(겔 3:17), 이 시대의 목회자는 디지털 세계의 파수꾼이라는 사명을 받은 사람들이다. 위험한 콘텐츠가 교회 공동체에 침투하기 전에 미리 감지하고 경고해야 한다. 단순히 "인터넷을 조심하라"라는 식으로 막연히 경고하는 것이 아니라, 구체적이고 실질적인 가이드라인을 제시해야 한다.

7 고석용, "도망가는 트럼프, 경찰에 체포?…美서 난리난 '이 사진' 정체는", 머니투데이 인터넷 기사 (2023.03.22.), https://news.mt.co.kr/mtview.php?no=2023032222195387331 (2025. 7. 1.).

기술의 변화 속도는 상상을 초월한다. 불과 3년 전만 해도 ChatGPT는 존재하지 않았으나 지금은 일상이 되었고, 앞으로는 더 다양하고 강력한 AI 서비스들이 등장할 것이다. 또한 메타버스, 블록체인, 양자컴퓨팅 등의 새로운 기술들 역시 계속 목회 현장에 영향을 미칠 것이다. 이런 환경에서 목회자가 한 번 배운 지식으로 평생을 살아갈 수는 없다. 그러므로 이 시대를 살아가는 목회자들에게 중요한 것은 단순히 새로운 기술을 따라가는 것이 아니다. 더 본질적인 것은 '배우는 능력' 자체를 기르는 것이다. 어떻게 학습하고, 어떻게 적응하며, 어떻게 분별할 것인가를 아는 것이 개별 기술을 익히는 것보다 중요하다.

역설적이게도 AI가 발전할수록 인간 고유의 능력이 더욱 중요해진다. AI는 방대한 정보를 처리하고 패턴을 분석할 수 있지만, 그 정보의 의미를 통찰하고 가치를 부여하는 것은 여전히 인간의 영역이다. 특히 목회자에게는 신학적 통찰력 뿐만 아니라 철학적 사유력과 문학적 상상력이 필수적이다. 지혜를 사랑하는 학문인 철학은 우리로 하여금 근본적인 질문을 던지는 힘을 길러 준다. "인간이란 무엇인가?", "AI 시대에 영혼의 의미는 무엇인가?", "기술 발전이 하나님 나라와 어떤 관계가 있는가?" 이런 질문들은 AI가 대답할 수 없는 영역이다. 목회자는 이런 깊은 질문을 통해 시대를 읽고 성도들을 인도해야 한다. 또한 문학과 예술은 인간의 내면을 이해하는 창이 된다. 도스토옙스키의 소설을 읽으며 인간 영혼의 깊이를 탐구하고, 렘브란트의 그림을 보며 빛과 어둠의 대비를 묵상하는 것은 AI가 줄 수 없는 영적 통찰을 제공한다. 이런 인문학적 소양은 설교를 풍성하게 하고, 상담을 깊이 있게 만든다. 그러므로 AI와 디지털 기술들을 능숙하게 사용하지만, 그것에 의존하며 살아가는 것이 아니라 인문학과 철학, 고전 독서, 묵상의 삶을 병행해 사고력의 근육을 키워나가야 한다. 아우구스티누스의 『고백록』, 칼빈의 『기독교 강요』, 본회퍼의 『나를 따르라』 같은 신학 고전들을 통해 시대를 초월한 지혜를 얻을 수 있으며, 또한 현대의 다양한 책들을 통해 시대정신을 읽고, 비판적 사고력을 기를 수 있을 것이다.

마지막으로 지금까지 정리한 새로운 목회 역량들을 훈련하기 위해 지속적인 학습 공동체를 만드는 것도 중요하다. 아프리카 속담에 "빨리 가려면 혼자가고, 멀리 가려면 함께 가라"는 말이 있다. 아무리 좋은 것이라 해도 혼자서는 지속하기 어렵다. 함께 책을 읽고 토론하는 독서모임, AI 활용법을 나누는 스터디 그룹, 철학과 신학을 논하는 포럼 등을 통해 서로 자극하고 함께 성장해 나가야 오래 이 길을 갈 수 있다. 무엇보다 중요한 것은 '왜'라는 질문을 잃지 않는 것이다. 왜 이 기술을 사용하는가? 왜 이 책을 읽는가? 왜 이런 훈련을 하는가? 그 답은 언제나 같아야 한다. "하나님 나라를 위해, 영혼을 섬기기 위해." 이 목적을 잃지 않을 때, 우리는 AI 시대에도 참된 목회자로 설 수 있을 것이다.

3) 신학적 성찰과 윤리적 분별력 함양

AI 시대의 목회자는 기술 활용 능력뿐만 아니라, AI가 제기하는 심오한 신학적 질문에 대한 깊은 성찰과 윤리적 분별력을 갖추는 것이 중요하다. AI의 발전은 인간의 존재론적 본질, 창조, 그리고 하나님과의 관계에 대한 근본적인 신학적 질문들을 제기한다. 먼저 인간처럼 생각하는, 아니 더 정확하게 이야기하자면 인간처럼 생각하는 것처럼 보이는 기계의 탄생은 인간론, 즉 성경이 이야기하는 인간에 대한 관점에 대해 다시금 고민하게 한다. 또한 인간 역시 하나님의 피조물이면서도 또 다른 창조 주체가 되어 자기와 유사한 존재인 AI를 만들고, 그 존재가 점점 고차원적으로 발전해 나가는 현실은 창조주와 피조물이라고 하는 전통적 위계를 뒤흔들고 있는 상황이다. 또한 영혼과 구원의 본질에 대한 질문도 제기된다. AI와 같이 영혼도 없고, 죽음에 대한 불안이 없는 존재가 구원의 대상이 될 수 있는가, 혹은 구원은 유기체에게만 해당되는가 포스트휴먼 존재에게도 구원이 적용되는가와 같은 질문은 전통적 구원론에 대한 재고를 요구한다.[8]

이와 같은 AI 시대의 신학적 성찰은 다가올 시대의 목회적 정체성을 확립하는 근간이 된다. AI가 제기하는 인간 본성, 창조와 창의성, 구원에 대한 근본적인 신학적 질문들은 단순히 주변적인 학술 논쟁이 아니다. 이러한 질문들은 목회자들이 자신의 소명, 성도들의 본성, 그리고 복음 메시지의 본질을 어떻게 이해하는지에 직접적인 영향을 미치기 때문이다. 튼튼한 성경적 기초 위에 잘 정리된 신학적 틀이 없다면, 목회자들은 여러 위험에 처할 수 있다. 즉, 기술 결정론에 휘둘리거나, AI의 능력을 잘못 해석하거나, 심지어 핵심 기독교 신념을 무심코 타협할 수도 있다. 예를 들어, '하나님의 형상'이 AI의 '지능'과 관련하여 명확하게 이해되지 않으면, AI를 의인화하

8 전철, "신, 인간, 그리고 인공지능 – AI 시대의 신학적 인간학", 「한국기독교학회 2025 춘계학술대회 자료집」, 28–29.

거나 인간의 고유성을 경시하는 결과를 초래할 수 있다. 영적 경험과 구원의 본질이 성경적으로 굳건히 뿌리 내리지 않으면, AI가 진정한 영적 만남을 중개할 수 있다고 잘못 믿는 성도들이 나타날 수도 있다. 따라서 깊은 신학적 성찰은 선택적인 학술 활동이 아니라, 목회적 진정성을 유지하고 건전한 영적 가이드라인을 제공하며 AI가 스며든 세상에서 교회의 고유한 정체성을 보호하기 위한 실질적 필수 요소다.

또한 이러한 신학적 성찰은 AI를 사용하는 모든 실제적인 적용과 윤리적 지침에 영향을 미쳐야 한다. 특히 인공지능의 윤리적 기준과 규제와 관련된 일은 주체가 중요하다. 런던 정치경제대학교(London School of Economics and Political Science)의 주디 와이즈먼(Judy Wajcman) 교수는 "기술 전문가가 아닌 사람들이 인공지능에 대한 대화를 형성하는 데 참여하고 미래를 만드는 데 주도적인 역할을 하는 것이 중요하고, 이들이 늘 변화의 바람을 경계하며 지평선에 시선을 고정해야 한다"[9]고 주장했는데, 필자는 이게 정말 맞다고 생각한다. 사실 기술 전문가들은 기술을 계속 발전시키려고 하기 때문에 스스로 자신들을 규제하거나 스스로 브레이크를 걸기는 쉽지 않다. 특히 천문학적인 돈이 투자되고, 기술 개발로 인해 막대한 수익을 거둘 수 있을 것으로 예상되는 이런 상황에서는 자발적 규제를 한다는 것은 비현실적인 생각일 수 있다.

특별히 중요한 것은 인공지능의 개발과 활용이 경제적 논리에 의

---

9 Neil Selwyn, *Should Robots Replace Teachers?: AI and the Future of Education* (Digital Futures) (Cambridge, UK: Polity Press, 2019).

해서만 결정되지 않도록 하는 것인데, 이 일을 누가 하겠는가? 맘몬이 아닌 하나님을 섬기는 우리 교회가 끊임없이 감시하고 요구해야 한다. 기술 전문가들에게 모든 것을 맡겨 놓고 세상이 어떻게 돌아가는지, 그들이 세상을 어떻게 바꿔놓고 있는지 아무 것도 모른 채 지내는 것이 아니라 이 땅을 관리하고 다스리는 사명을 받은 청지기들인 우리들이 적극적으로 이 일에 참여하고, 끊임없이 저 멀리 있는 지평선 너머로 다가오고 있는 변화의 바람을 살펴야 한다.

특별히 AI 기술의 발전은 기독교 윤리적 관점에서 인간의 존엄성, 공정성, 책임감과 같은 근본적인 가치에 대한 깊은 고민을 요구한다. 첫째로, 인간 존엄성을 존중해야 한다. AI 기술은 인간의 존엄성을 훼손하거나 인간을 수단으로 취급하는 데 사용되어서는 안 된다. AI 기반 감시 시스템이나 차별적인 알고리즘은 인간의 존엄성을 침해할 수 있는 가능성이 있으며, 이는 기독교 윤리에 어긋난다. 또한 AI와 인간은 본질적으로 다르다는 사실이 분명히 인식해야 하며, AI가 인간처럼 보이도록 하는 윤리적 오용 역시 경계해야 한다.

둘째로, 공정성과 책임감을 견지해야 한다. AI 기술은 모든 사람에게 공정하게 적용되어야 하며, 특정 집단에 대한 차별을 야기해서는 안 된다. AI 알고리즘은 데이터에 내재된 편향성을 학습할 수 있으므로, 편향성을 제거하고 공정성을 확보하기 위한 노력이 필요하다. 무엇보다 AI 기술의 개발자와 사용자는 자신의 행동에 대한 책임을 져야 하며, AI가 야기할 수 있는 부정적인 결과에 대비해야 한다.

셋째로, 데이터 윤리 및 개인정보 보호에 주의해야 한다. AI가 학습 및 운영하는 과정에서 얻은 개인정보와 사생활 정보는 엄격하게 보호되어야 하며, 이를 하나님 앞에서 공의롭게 다뤄야 한다. 특히 목회자나 교회 직원들은 민감한 교회 및 교인 관련 정보를 AI에 입력하지 않도록 유의해야 한다.

넷째로, AI에 대한 적절한 통제와 분별이 필요하다. AI는 인간의 통제와 분별 아래서만 개발되고 활용되어야 하며, 하나님의 창조 질서를 해치지 않도록 주의해야 한다. AI가 종교적 권위를 대체하거나 새로운 종교로 등장할 가능성에 대해 경계해야 한다. 특히 정신적으로 취약한 사람들에게 AI 챗봇이 망상이나 음모론을 부추기거나, '아첨형 대화 패턴'으로 현실과의 단절을 가속화할 수 있다는 점에 대한 심각한 윤리적 우려가 제기된다.

AI 시대를 맞이하는 목회자는 이 세 가지 방향성을 균형 있게 추구해야 한다. 목회의 본질을 재확립하고 영적 역량을 강화하는 것이 첫 번째다. AI 기술을 현명하게 활용하는 능력을 포함한 새로운 시대가 요구하는 역량을 함양하는 것이 두 번째다. 그리고 신학적 성찰과 윤리적 분별력을 갖추는 것이 세 번째다. 그런데 이 세 가지는 서로 분리된 것이 아니라 유기적으로 연결되어 있다. 영적 역량이 강화될 때 AI를 올바르게 활용할 수 있고, AI를 현명하게 사용할 때 목회의 본질에 더 집중할 수 있으며, 신학적 성찰이 깊어질 때 기술 활용의 방향성이 명확해진다.

5. 결론

AI 시대의 미래교육은 '하이 터치, 하이 테크(High Touch, High Tech)'로 이루어져야 한다고 한다고 많은 전문가들은 설명한다. AI

와 다양한 첨단 기술(High Tech)이 교육에 사용된다고 해도, 인간적인 상호작용, 즉 교사와 학생 간의 직접적인 소통, 감정적인 교류, 그리고 개인적인 관심의 중요성(High Touch)을 강조하는 것이다. AI 시대의 미래 목회에서도 '하이 터치, 하이 테크(High Touch, High Tech)'의 중요성이 재발견되는 현상은 주목할 만하다. AI의 한계는 인간의 따뜻함, 감정, 깊은 연결을 요구하는 영역에서 일관되게 나타난다. 반대로 AI의 강점은 정보 처리 및 작업 자동화이다. 이러한 현상은 '하이테크(AI의 영역)'와 '하이 터치(인간 목회자의 대체 불가능한 영역)' 사이에 명확한 경계를 만든다.

AI가 목회의 '하이테크' 측면을 더 많이 처리할수록, '하이 터치' 요소의 중요성과 가치는 더욱 커진다. 목회자들은 진정한 현존, 공감적 경청, 개인적인 영적 지도, 그리고 AI가 복제할 수 없는 인간적 교제의 따뜻함을 제공하는 데 있어 독보적인 위치에 있다. 이는 기술로부터의 후퇴가 아니라 전략적인 우선순위 재조정이다. AI가 일반화된 세상에서 교회의 독특성은 진정한 인간적 연결과 영적 친밀함을 제공하는 능력에 점점 더 의존하게 될 것이다. 이는 목회 돌봄, 일대일 제자 훈련, 소그룹 사역, 그리고 육화된 예배 경험에 더 많이 집중해야 함을 의미한다.

AI 시대는 위기이자 기회의 시간이다. 목회자가 자신의 정체성을 잃고 기술에 종속될 위험도 있지만, 동시에 목회의 본질을 재발견하고 더욱 효과적으로 하나님 나라를 섬길 기회가 될 수도 있다. 중요한 것은 AI를 두려워하거나 맹목적으로 수용하는 것이 아니라, 하나님께서 주신 지혜로 분별하며 활용하는 것이다. 결국 AI 시대에도 변하지 않는 것은 복음의 본질과 목회자의 소명이다. 기술이 아무리 발전해도 하나님의 사랑을 전하고, 영혼을 돌보며, 하나님 나라를 확장하는 일은 여전히 목회자의 거룩한 사명으로 남을 것이다. AI는 이 사명을 감당하는 데 유용한 도구가 될 수 있지만, 결코 그 사명 자체를 대체할 수는 없다. 이제 목회자들은 새로운 시대를 향해 나아가야 한다. 두려움이 아닌 믿음으로, 거부가 아닌 분별로, 안주가 아닌 도전으로. 그리하여 AI 시대에도 여전히, 아니 더욱 빛나는 하나님 나라의 사명자들이 되어야 할 것이다.

■ 함께 생각해볼 질문

1. 기술에 대한 의존이 목회의 본질을 흐리지 않도록 하기 위해 나는 무엇을 실천하고 있는가? AI 도구를 사용할수록 더욱 필요한 '비기술적 요소'는 무엇이며, 그것을 어떻게 훈련해 나가고 있는지 나눠보자.
2. AI를 비롯한 디지털 기술에 익숙한 세대와 아날로그 기술에 익숙한 세대가 공존하는 교회의 속에 모두가 포함되는 균형 잡힌 사역들을 어떻게 설계할 수 있을까?
3. AI와 함께 살아가는 신자들에게 성경적 분별력과 영적 근력을 어떻게 길러줄 수 있을까? 교회 공동체가 기술에 이끌리지 않고 중심을 지킬 수 있도록, 나는 어떤 말씀 교육과 공동체 훈련을 고민하고 있는지 논의해보자.

■ **읽어보면 좋을 책**

챗GPT, 김규섭, 김학봉, 이수인, 유지윤 저 외 1명, 『챗GPT 목사님 안녕하세요』, (서울: 뜰힘, 2023).

구본권, 『로봇 시대, 인간의 일』, (서울: 어크로스, 2020).

김재인, 『AI 빅뱅』, (서울: 동아시아사, 2023).

AI 시대
다시 상상하는 교회 공동체

김효숙 교수

장로회신학대학교

김효숙은 성균관대학교에서 아동학을, 장로회신학대학교에서 신학(M.Div.)과 기독교교육학(M.A.)을, 한양대학교에서 교육공학(Ph.D.)을 공부하였다. 주전공은 교수설계이며, 기독교교육과 교육공학을 융합한 '기독교교육공학' 분야를 개척하고 있다. 최근 연구주제는 목회자 및 신학생들의 디지털·AI 리터러시와 소셜 네트워크 분석을 활용한 기독교신학 성찰이다.

"그리스도인의 형제 공동체는 이상이 아니라, 거룩한 현실입니다."
- 디트리히 본회퍼, 『성도의 공동생활』.

1. 프롤로그: 어느 주일 아침의 풍경[1]

주일 오전 9시 30분. 대한민국 서울의 한 아파트에서 초등학교 4학년인 홀로는 오늘도 혼자 방에서 태블릿을 켠다. 낯선 동네로 이사 온 뒤, 홀로는 아직 교회에서 마음을 나눌 친구를 사귀지 못했다. 하지만 화면에 뜨는 익숙한 교회 로고와 함께 AI 신앙 튜터가 홀로의 지난주 감정 데이터와 기도제목을 바탕으로 맞춤 설계한 '오늘의 말씀 탐험'이 그를 맞이한다. 오늘의 말씀은 '다윗과 요나단의 우정 이야기,' 단순한 영상 시청이 아니라, 홀로의 질문에 실시간으로 답하고 이야기 속 인물의 감정을 탐색하는 상호작용형 콘텐츠다.

잠시 후 가상 교회학교(메타버스)에 접속하자, 홀로의 아바타가 활기찬 찬양 소리가 울려 퍼지는 가상 예배당에 들어선다. 현실 세계에서는 쭈뼛거리며 낯을 가리지만, 아바타 친구들과 함께 찬양 율동을 따라 하는 것은 조금 더 자연스럽다. 화면 속에서나마 함께 예배드리는 이 순간, 홀로는 혼자가 아니라는 것을 느낀다.

같은 시각, 교회 예배실에서는 대학생 교사 오지랖 형제가 찬양팀 리더로 서 있다. 그의 스마트워치에는 오늘 예배에 온라인으로

1 프롤로그·에필로그 시나리오, Google Gemini 2.5 Pro, 2025년 8월 13일 생성 후 필자가 수정함.

참여하는 아이들의 숫자가 실시간으로 표시된다. 그는 화면 너머에 있을 홀로를 생각하며 더 힘껏 찬양한다.

한편, 얼마 전 첫 자녀를 출산한 고단해 집사는 아기를 돌보며 교회 앱을 통해 '부모를 위한 오늘의 묵상'을 확인한다. 밤에 아기가 잠들면, 아이와 함께 드릴 수 있는 비실시간 유아 예배 영상을 볼 계획이다. 비록 교회에 나가지 못하지만, 이렇게라도 예배를 드리며 신앙생활을 이어간다.

각기 다른 공간, 다른 시간, 다른 방식으로 하나님을 예배하지만 이들은 모두 하나의 교회, '새로운 빛(새빛) 공동체'의 지체들이다. 홀로의 외로움과 오지랖 교사의 열정, 고단해 집사의 간절함이 어떻게 하나의 코이노니아로 엮일 수 있을까? 이는 교회를 '모임'으로만 보는 관점을 넘어 '관계'로 이해할 때 가능하다. 흩어짐과 연결됨이 공존하는 이 시대, 교회교육은 새로운 상상력을 요구한다.

2. AI 시대의 교회: 에클레시아와 코이노니아 다시 보기

1) 연결과 고립의 역설

코로나19 팬데믹이라는 전례 없는 위기는 한국교회에 '모일 수 없다면 교회는 과연 무엇인가?'라는 근원적인 질문을 던졌다. 물리적 공간에 깊이 의존하는 교회의 특성은 세계적 감염병과 같은 상황 앞에서 그 한계를 드러낸 것이다. 이에 대한 기술적 해법으로 온라인 송출이 빠르게 도입되었지만, 그것은 임시방편에 가까웠다. 화면 너머 회중들은 예배의 '참여자'이기보다 '관람객'으로 머무는 경우가 많았고, 물리적 공간을 중심으로 이루어지던 교회의 교제와 교육, 돌봄의 공백은 예상보다 컸다.

이후 엔데믹으로 전환되면서 많은 교회는 '하이브리드 교회(Hybrid Church)'라는 이름 아래 대면 예배와 온라인 송출을 병행하고 있다. 그러나 이것이 온전한 공동체를 담아내고 있는지는 선뜻 답하기 어려운 실정이다. 이는 단순히 기술의 문제가 아니라 공동체, 즉 교회의 본질과 맞닿아 있기 때문이다.

교육현장에서 '하이브리드 교육'은 미래교육이 지향해야 할 교육으로 광범위하게 수용되고 있다. 기독교 공동체 또한 '하이브리드 교회'를 미래교회의 지향점으로 제시하고 있으며, 신학적 정당성과 실제적 필요성 모두 지지받고 있다. 이와 관련하여 디지털 종교학자 하이디 캠벨(Heidi A. Campbell)과 존 다이어(John Dyer)는 온라인과 오프라인을 분리된 세계로 이해하는 것을 경계하고, 두 공간 모두에 존재하는 교회의 잠재력을 인식할 필요가 있다고 말한다.[2] 이들의 주장처럼 하이브리드 교회는 단순히 대면과 송출의 병행이 아닌, 온라인과 오프라인을 분리된 두 세계로 보지 않는 관점 전환에서 출발해야 한다. 예배와 교제, 교육과 돌봄이 서로 다른 세계에서 일어나더라도 하나의 관계적 흐름으로 설계되는 것이 중요하다.

---

2 하이디 A. 캠벨 & 존 다이어, 안규식 역, "결론: 디지털 교회의 주제," 『디지털 교회를 위한 교회론 뉴 노멀에 관한 신학적 성찰』 (서울: 이레서원, 2024), 276-277.

2) 교회의 두 은유: 에클레시아와 코이노니아

새로운 교회를 상상하는 일은 교회의 특성을 설명하는 두 가지 은유, 즉 에클레시아(ἐκκλησία)와 코이노니아(κοινωνία)를 이해하는 데서 시작된다. '집회' 혹은 '회중'을 뜻하는 '에클레시아'는 신약성경에서 교회를 가리키는 용어로 사용된다. 이는 하나님께서 그리스도 안에서 부르신 백성들의 모임으로서 제도적이고 가시적인 측면을 강조하고, 모임 자체와 소집의 개념에 중점을 둔다.[3]

이러한 에클레시아적 구조의 강점은 '안정성'과 '지속성'에 있다. 명확한 소속감과 정기적인 공식 모임, 질서 있는 위계 구조는 지난 2천 년간 교회가 온갖 핍박과 이단의 도전 속에서도 복음의 순수성을 보존하고 다음세대에 신앙을 전수할 수 있었던 토대가 되었다. 매주 정해진 시간과 공간에서 이루어지는 주일 예배, 분반 공부, 여름성경학교 등은 에클레시아적 구조가 있었기에 가능했던 소중한 신앙 전수의 통로다.

한편, '친교' 혹은 '교제', '연합'의 개념과 연관된 '코이노니아(κοινωνία)'는 사도행전 2장 42절에 묘사된 초대교회의 교제와 공동생활을 특징짓는 개념이다. 이는 장소를 기반으로 한 공동체나 구조 지향적 교회라기보다 상호의존적 영적 유대를 기반으로 한 공동체를 의미한다. 따라서 정해진 제도 안에서 신앙 전수를 넘어, 서로의 삶을 나누며 신앙이 자연스럽게 형성되고 성숙하는 공동체를 지향

3 캠벨 하이디, 안규식 역, "자가 격리를 통해 계시된 교회에 관한 이해: 하나님의 백성을 다시 상상하다", 『디지털 교회를 위한 교회론: 뉴 노멀에 관한 신학적 성찰』 (서울: 이레서원, 2024), 115-117.

한다.[4] 두 가지 은유에 내포된 교회의 특성은 다음과 같다.

〈표 1〉 두 은유에 내포된 교회 특성[5]

구분	에클레시아	코이노니아
어원	ἐκκλησία: 부름받은 회중 집회, 회중	κοινωνία: 교제의 공동체 친교, 교제, 연합
은유	그리스도의 몸(Body of Christ)	하나님의 백성(People of God)
특징	제도적, 경계가 뚜렷한	관계적, 네트워크적, 경계가 희미한
구조	중앙집중적, 위계적	분산적, 수평적
공간성	물리적 모임, 장소 중심	영적 연결, 공간 중심
참여 방식	정해진 형식과 절차	유동적이고 상호작용적

기본적으로 교회를 설명하는 두 가지 은유는 대립적 관계가 아닌 상호보완적 관계를 이룬다. 그러나 캠벨은 디지털 시대의 교회가 제도 중심(에클레시아)의 은유에 치우쳐 잘 짜인 프로그램을 만드는 데는 성공했지만, 정작 교회는 공동체적 상호작용과 관계를 구축하는 데는 소홀했다고 지적한다. 따라서 급변하는 시대에 적절히 대응하기 위해서는 '제도 중심의 교회'를 넘어 '관계 중심의 교회' 은유를 적극적으로 채택해야 한다고 주장한다.[6] 이는 더 유연하고 네트워크화된 방식으로 세상과 소통하며 새로운 공동체를 형성할 출발점이 될 수 있다.

4 위의 책, 117-119, 124-125.

5 위의 책, 115-123의 내용을 토대로 구성한 것이다.

6 위의 책, 110-111, 275.

3. 디지털 세대의 디지털 신앙

1) AI와 함께 성장하는 디지털 세대

AI 시대를 살아가는 다음세대는 디지털 환경에 익숙하며 AI를 자연스럽게 활용하는 '디지털 네이티브'이다. 실제로 우리나라 연령대별 인공지능 서비스 이용실태를 살펴보면, 6~19세, 20대, 30대 등 상대적으로 낮은 연령층의 경험률이 높게 나타났다. 그중에서 6~19세의 경험률은 2021년 대비 30.8%p가 증가하여 2024년은 67.9%로 나타났다. 이는 교회교육의 주체인 다음세대가 AI와 함께 성장하고 있음을 보여주는 하나의 근거다.[7]

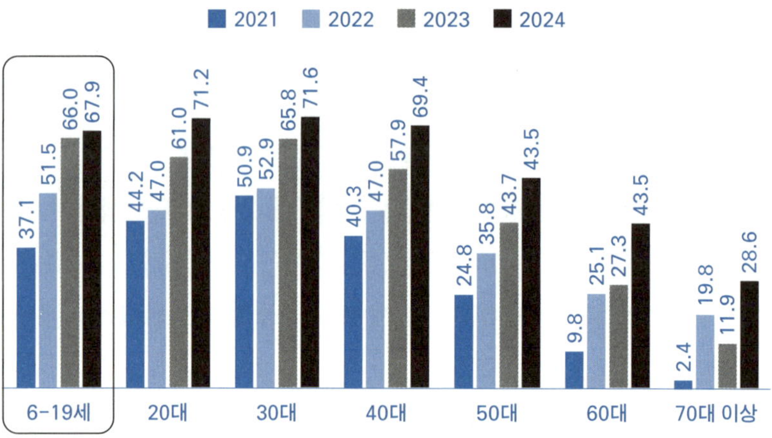

〈그림 1〉 2024 연령대별 인공지능 서비스 경험률 추이

7 과학기술정보통신부, 한국지능정보사회진흥원, 2024 인터넷이용 실태조사, 47.

특히 ChatGPT와 같은 생성형 AI가 출시된 이후, 이들의 학습과 생활 방식은 근본적으로 변화하고 있다. 교육혁신 전문가 마크 프렌스키(Marc Prensky)는 이처럼 기술과 공생하며 성장하는 디지털 세대를 '하이브리드형 인간'으로 묘사한다. 그는 하이브리드형 세대가 이전 세대와는 다른 가치관과 사고방식을 지녔고 기술을 통해 사회 참여를 확대하면서 세상을 변화시켜 갈 잠재력이 있다고 주장한다.[8]

한편, 사회심리학자 조나단 하이트(Jonathan Haidt)는 1996년 이후 태어난 세대가 이른바 '불안 세대'가 된 주요 원인을 '놀이 기반 아동기'가 '스마트폰 기반 아동기'로 대체되었기 때문이라고 말한다. 그는 디지털 세대의 기술 의존도가 높아지면서 필수적인 사회적 경험이 사라지고, 수면 부족과 주의력 분산, 중독과 같은 문제를 일으킬 수 있음을 다양한 사례로 제시한다.[9]

두 학자의 관점이 상반되는 것처럼 보이지만, 디지털 세계가 다음세대의 성장과 발달에 결정적인 영향을 미친다는 점에서는 일치한다. 즉, 다음세대는 기술과 분리해 이해할 수 없으며, 학습과 발달, 신앙형성의 전 과정에서 기술과 상호작용한다. 따라서 교회교육 지도자의 과제는 디지털 도구의 효용을 활용하되, 심리적·윤리적·신학적 안전장치를 갖춘 환경을 조성하는 일이다. 이 관점은 이후 제시할 동등성·연결성·내러티브·공동 권위·다중 공간·통합성의 설계 원리로 구체화된다.

---

8 마크 프렌스키, 허성심 역, 『세상에 없던 아이들이 온다: 세계적 교육혁신가의 알파세대를 위한 21세기형 미래교육』 (서울: 한문화, 2023), 크레마(Yes24) e-book, 4장.

9 조너선 하이트, 이충호 역, 『불안 세대: 디지털 세계는 우리 아이들을 어떻게 병들게 하는가』 (서울: 웅진지식하우스, 2024), 205-206, 210.

2) 디지털 신앙의 6가지 특성[10]

디지털 환경 속에서 성장한 다음세대는 신앙을 받아들이고 실천하는 방식에서 이전 세대와는 확연히 다른 특징을 보인다. 이는 디지털 종교 연구자들이 제시한 디지털 종교(신앙) 경험의 특성과 관련되며, 그 특성은 네트워크화된 공동체, 융합적 실천, 다중사이트 실재, 변화하는 권위, 서사적 정체성, 체험적 진정성이다.

(1) 네트워크화된 공동체: 온라인에서 만나는 신앙의 동반자

'네트워크화된 공동체(networked community)'란 신앙공동체가 지리나 혈연, 제도로 국한되지 않고, 디지털 네트워크의 연결성을 통해 느슨하고 다층적인 관계망으로 재편되는 것을 뜻한다. 이는 청소년과 청년들이 교회에 소속되면서도 카카오톡 오픈 채팅과 인스타그램 그룹 등 디지털 플랫폼에서 관계를 형성하고, 온·오프라인의 신앙 경험을 공유하는 모습에서 확인할 수 있다.

디지털 종교학자들은 네트워크화된 공동체가 전통적인 신앙공동체 개념을 확장하고, 새로운 형태의 관계와 상호작용을 가능하게 한다고 주장한다. 흥미로운 점은 인터넷이 완전히 새로운 종교 현상을 만드는 것이 아니라 이미 오프라인에서 진행 중이던 변화를 반영한

---

10 해당 부분은 Heidi A. Campbell and Wendi Bellar, *Digital Religion: The Basics*(LEAD)(London: Routledge, 2023)를 중심으로 캠벨의 인터뷰 기사인 "The Internet Challenges and Empowers Religious Institutions," Faith & Leadership(November 18, 2013)을 참고해 작성하였다. 기사를 참고한 부분은 이 각주로 대신하며, 디지털 종교학자들에게 '디지털 종교'는 매우 복잡하고 중요한 개념이지만, 교회교육 지도자들의 이해를 돕기 위해 '종교'를 '신앙'으로 바꾸어 표기하거나 필요한 경우 이중으로 표기하였다.

다는 것이다. 따라서 디지털 세대에게 교회 출석은 수많은 영적 네트워크 활동 중 하나일 수 있고, 실제로 그들은 다양한 온라인 채널을 넘나들며 필요한 영적 도움과 교제에 참여하고 있다. 이러한 경향은 제도적 교회에 소속되지 않으면서 개인적 신앙을 유지하려는 사람들이 증가하는 데서도 확인할 수 있다.[11]

(2) 융합적 실천: 분절되지 않는 학습 경로

'융합적 실천(convergent practice)'이란 예배·교육·돌봄 등이 주일-평일, 온라인-오프라인, 교회-가정-학교 등에서 하나의 연속적 경로로 이어지도록 설계하는 것을 의미한다. 디지털 환경은 개인에게 다양한 신앙 콘텐츠를 접할 경로를 제공하고, 디지털 세대는 자신에게 적절한 방법으로 신앙을 실천하면서 온·오프라인 경험을 자연스럽게 이어간다. 중요한 것은 온라인 활동이 오프라인 공동체를 '대체'하는 것이 아니라 '상호 보완'하는 것이며, 분절되지 않은 학습 경험으로 구성될 때 온라인 활동은 오프라인 공동체를 약화시키지 않고 강화한다.[12] 예컨대, 다음세대가 주일에 깨달은 말씀을 평일 유튜브 영상이나 성경 앱의 퀴즈로 복습하고, 온라인에서 발견한 새로운 신앙 지식을 다시 주일 소그룹 모임에서 나누기도 한다. 이처럼 온·오프라인의 자원이 융합되어 하나의 신앙 경험으로 구성되면서 신앙교육의 연속성이 강화되는 것이다.

---

11 위의 책, 12, 28.; 하이디 A. 캠벨, "자가 격리를 통해 계시된 교회에 관한 이해: 하나님의 백성을 다시 상상하다," 121.

12 위의 책, 33, 51.

(3) 다중사이트 실재: 동시에 여러 공간에서 펼쳐지는 신앙

'다중사이트 실재(multisite reality)'란 신앙이 여러 공간(물리적 장소, 다수의 디지털 플랫폼)에서 동시에 전개되고, 각 장면이 상호보완해 하나의 공동체 경험을 구성하는 것을 가리킨다. 디지털 세대는 한 교회에 속하기보다, 주일예배에 참석하면서도 기독교 캠프 영상이나 다른 교회 목회자의 설교를 유튜브로 즐겨본다. 또한 온라인 성경읽기 챌린지에 참여하기도 하고, 기독교 게임 서버에서 활동하는 등 다양한 플랫폼에서 신앙 정체성을 드러낸다.

디지털 세대는 항상 지니고 다니는 인터넷, 즉 하이브리드 공간에서 다층적으로 살아간다. 따라서 교회는 주일에 모이는 장소만을 뜻하지 않고, 공동체 구성원이 모이는 모든 장소와 플랫폼이 교회의 일부가 된다. 이로써 교회교육은 집과 학교, 교회와 인터넷을 아우르는 총체적 신앙 경험을 설계해야 할 과제를 안고 있다.[13]

(4) 변화하는 권위: 탈중앙화되는 권위와 관계적 권위의 부각

'변화하는 권위(shifting authority)'란 전통적인 성직 및 제도라는 권위가 플랫폼 참여자, 알고리즘, 디지털 창작자 등으로 분산되고 다원화되는 현상을 뜻한다. 정보와 가르침의 출처가 다원화되면서 유튜브나 블로그를 운영하는 크리스천 크리에이터, 인스타그램의 크리스천 인플루언서, 혹은 알고리즘이 추천해주는 신앙 콘텐츠 등이 영향력 있는 권위로 부상한 데서 비롯된다.

이러한 변화에 현명하게 대응하기 위해서 교회교육 지도자들은

13 위의 책, 53, 58, 63.

'관계적 권위'의 중요성을 인식하고 집중된 권위를 분배, 협상할 필요가 있다.[14] 결국 교사의 역할이 복음을 일방적으로 제시하는 것에서 복음이라는 보화를 발견해 가는 여정을 안내하고 조정하며 검증하는 것으로 바뀌고 있다.

(5) 서사적 정체성: 디지털 공간에서 만들어가는 신앙 이야기

'서사적 정체성(storied identity)'이란 사람들이 디지털 이야기를 통해 자신(개인)과 공동체의 정체성을 구성해 가는 방식을 의미한다. 과거에는 한 사람의 신앙적 정체성이 교회에서 제공하는 교리교육이나 의식을 통해 비교적 획일적으로 형성되었다. 그러나 디지털 환경에 매개된 사람들은 자신의 정체성을 스스로 만들어가는 과정을 통해 신앙적 정체성이 고정된 것이 아니라 가변적임을 보여준다.

예를 들어, 청소년들은 SNS에 신앙 관련(QT·봉사 활동·감사 일기 등) 글이나 사진, 밈 등을 올리고, 인스타그램에 릴스를 제작·공유하기도 한다. 이후 온라인 게시물에 댓글들이 달려 신앙 서사를 형성하고, 동일한 플랫폼에 모인 사람들과 상호작용하면서 더 풍성한 이야기를 구성하게 된다.[15]

디지털 세대의 자기 서사화는 교회가 개인의 신앙 이야기를 안전하고 긍정적으로 나눌 장을 마련해주고, 그 이야기에 귀 기울이며 함께 해석해 줄 때, 개인과 공동체의 정체성이 새롭게 형성될 수 있음을 보여준다.

---

14 위의 책, 77-78, 84-86.

15 위의 책, 102, 106, 114.

(6) 체험적 진정성: 개인의 주관적 체험의 신뢰성을 중시하는 문화

'체험적 진정성(experiential authenticity)'이란 온·오프라인을 막론하고 개인의 체감적 신뢰성을 종교적 진정성의 주요 기준으로 여기는 경향을 가리킨다. 즉, 디지털 세대는 교회학교에서 가르쳐준 신앙 지식보다 자신이 직접 느끼고 경험하며 평가('진짜')한 것에 더 큰 가치를 부여한다. 따라서 이들은 삶에서 하나님을 체험하기를 갈망하며, 디지털 공간에서 각자 경험한 하나님을 나누는 일을 자연스럽게 여긴다.

이러한 현상은 "디지털 환경에서 과연 진짜 영적 체험이 가능한가?"라는 질문을 낳지만, 캠벨의 한 연구에 따르면 그 진정성은 기술 자체보다 참여자의 태도와 해석에 달려 있는 것으로 확인되었다.[16] 따라서 교회교육은 개인의 체험을 존중하되, 성경적·공동체적 분별을 통해 의미를 해석하도록 돕고, 그 체험이 신앙 성숙으로 이어지도록 설계하는 것이 중요하다.

4. 하이브리드 교회교육 설계

1) 하이브리드 교회교육 설계 프레임워크

지금까지 살펴본 디지털 신앙의 특성은 특정 세대만의 현상이 아니라, 교회의 신앙 경험이 재구성되고 있음을 보여준다. 이러한 변

16 위의 책, 116, 125, 142.

화에 효과적으로 대응하기 위해 하이브리드 교육을 도입할 필요가 있다. 앞서 논의한 디지털 신앙의 여섯 가지 특성은, 이어지는 하이브리드 교회교육 설계 프레임워크의 네 가지 핵심 차원(관계, 서사, 권위, 실재)의 이론적 토대가 된다. 이 네 가지 차원을 중심으로 다음세대에게 통합적이고 연속적인 신앙 경험을 제공하는 교육 패러다임을 구체화하면 다음과 같다.

(1) 관계 차원 설계

관계 차원은 디지털 환경에서 느슨해질 수 있는 공동체의 관계망을 어떻게 재구성하고 강화할 것인지에 대한 설계 영역이다. '네트워크화된 공동체'와 '체험적 진정성'이라는 디지털 신앙 특성과 연결되며, '연결성 원리'와 '동등성 원리'를 바탕으로 예배·소그룹·가정·온라인 공간이 하나의 통합된 관계망으로 작동하도록 설계한다.

연결성 원리의 실행 전략인 '소통 채널 구분 전략'은 카카오톡 공지방과 상호작용방 등을 분리하여 운영하는 방식이다. '공지방'에서는 일방향적인 정보 전달을, '상호작용방'에서는 양방향 소통을 담당하도록 기능을 명확히 구분한다. '실시간 응답 및 환대 시스템 전략'은 주중 알림이나 질문, 환대를 상시화하되, 24시간 이내 응답을 기준으로 설정하여 지속적인 관계가 유지될 수 있도록 한다.

한편, 동등성 원리의 실행 전략인 '동시 자료 제공 전략'은 오프라인 참석자와 온라인 참석자 모두가 동일한 학습 자료에 접근할 수 있도록 QR코드나 링크를 통해 실시간으로 공유하는 방식이다. '실시간 상호작용 전략'은 예배나 교육 시 온라인 참여자의 이름을 호명하고, 실시간 질의응답이나 퀴즈에 참여하게 하며, 필요시 자막이나 대본을 제공하여 모든 참여자가 동등한 경험을 할 수 있도록 보장하는 것이다.

(2) 서사 차원 설계

서사 차원은 학습자 개인이 어떻게 자신만의 신앙 이야기를 형성하고 발전시켜 나갈지에 관한 영역이다. '서사적 정체성'이라는 디지털 신앙 특성과 연결되며, '내러티브 원리'를 통해 디지털 세대들이 중시하는 개인적 이야기 구성과 정체성 형성 과정을 교육에 반영한다.

내러티브 원리의 실행 전략인 '개인 서사 형성 전략'은 학생들이 배우고 깨달은 내용을 30초 영상이나 1컷 사진, 3줄 텍스트 등과 같이 자신만의 이야기로 표현하도록 하는 방식이다. '공동체 공유 및 상호지지 전략'은 주일마다 1-2건씩 개인 창작물을 공동체 앞에서 상영하고, 디지털 신앙 포트폴리오로 축적하여 개인의 신앙 성장 과정을 체계적으로 기록하고 공동체가 함께 축복하는 시스템이다.

(3) 권위 차원 설계

권위 차원은 가르침의 권위를 재구성하도록 설계하는 영역이다. 즉, 전통적인 교사 중심의 일방향적 지식 전달 구조를 재검토하여, 보다 참여적이고 협력적인 학습환경을 조성한다. 이는 '변화하는 권위'라는 디지털 신앙 특성과 연결되며, '공동 권위 원리'를 통해 교사와 학생, 그리고 디지털 도구들이 어떻게 권위를 공유하고 역할을 분담할 것인지를 설계한다.

공동 권위 원리의 실행 전략인 '학습자 주도 활동 전략'은 소그룹 리더를 세우고 학생들의 질문이나 요청을 교육에 반영하여 가르침의 권위를 함께 나누는 방식이다. '멘토링 시스템 전략'은 일대일 체크인 시스템을 통해 개별적인 돌봄을 제공하고, '공동 교수 전략'은 미디어팀을 비롯한 구성원들이 역할을 분담해 협력적 교수 체제를 구축하는 것이다.

(4) 실재 차원 설계

실재 차원은 학습이 발생하는 장소와 매체를 배치·연결하는 영역이다. 이는 물리적 장소(교회 예배실·가정·학교·지역사회 등)와 디지털 공간, 일상의 맥락이 동시에/순환적으로 연결되어, 학습자가 어느 지점에서든 동일한 이야기·자료·참여 기회를 경험하도록 환경을 설계하는 것이다.

다중 공간 원리의 실행 전략인 '다중 공간 동시 진행 전략'은 교회·가정·지역사회·온라인에서 신앙 실천이 동시에 이루어지도록 가정예배 키트를 제공하고, 지역 봉사를 정례화하는 방식이다. '일상 연계 전략'은 각 플랫폼 간 일정을 동기화하여 교회 활동과 일상생활이 자연스럽게 연결되도록 하는 것이다.

통합성 원리의 실행 전략인 '매체 혼합 활용 전략'은 카훗(Kahoot)이나 퀴지즈(Quizizz) 같은 디지털 도구를 활용한 학습 점검과 영상·문서를 병행 제시하는 방식으로 디지털과 전통적 방법을 조화롭게 운용한다. '상호 보완 설계 전략'은 주일과 주중을 연결해 온·오프라인 학습이 상호 보완하며 학습 효과를 극대화할 수 있도록 순환 구조를 만드는 것이다.

지금까지 살펴본 하이브리드 교회교육 설계 프레임워크를 정리하면, 다음과 같다.

설계 차원	관련 특성	설계 원리	설계 원리 정의	실행 전략
관계	네트워크화된 공동체	연결성 원리	예배·소그룹·가정·온라인을 하나의 관계망으로 연결하는 원리	소통 채널 구조화 전략 실시간 응답·환대 시스템 전략
	체험적 진정성	동등성 원리	현장과 온라인 참여자 모두 동등하게 환대받고 참여하게 하는 원리	동시 자료 제공 전략 실시간 상호작용 전략
서사	서사적 정체성	내러티브 원리	학습 경험을 개인의 신앙 이야기로 표현·공유하게 하는 원리	개인 서사 형성 전략 공동체 공유·상호지지 전략
권위	변화하는 권위	공동 권위 원리	가르침의 권위를 참여와 돌봄 속에 교사와 학생, 공동체가 함께 나누는 원리	학습자 주도 활동 전략 멘토링 시스템 전략 공동 교수 전략
실재	다중사이트 실재	다중 공간 원리	신앙적 실천이 물리적 장소와 디지털 공간에서 동시에 유기적으로 펼쳐지게 하는 원리	다중 공간 동시 진행 전략 일상 연계 전략
	융합적 실천	통합성 원리	전통적 방식과 디지털 도구를 혼합, 상호 보완되게 활용하는 원리	매체 혼합 활용 전략 상호 보완 설계 전략

〈표 2〉 하이브리드 교회교육 설계 프레임워크[17]

교육 설계 프레임워크는 교육의 전 과정에서 네 가지 차원이 유기적으로 연결되어 작동하도록 하는 것이 핵심이다. 예를 들어, '연결성 원리'에 따라 주일 예배와 주중 활동, 가정과 온라인 공간이 끊김 없이 이어지도록 설계하고, '동등성 원리'에 따라 현장 참석자와 온라인 참여자가 동일한 수준의 환대와 참여 기회를 가지도록 한다.

17 이 프레임워크는 '디지털 종교의 6가지 특성'을 토대로 설계 원리와 실행 전략을 도출한 것이다. 여기서 '실재'란 '학습이 발생하는 장소·매체의 장'을 총칭한다.

또한 '내러티브 원리'에 따라 학습자들이 배운 내용을 자신만의 이야기로 표현하고, '공동 권위 원리'에 따라 교사·학생·미디어팀이 각각의 역할을 분담하여 함께 교육을 만들어가도록 한다.

2) 연령대별 하이브리드 교회교육 설계 예시

하이브리드 교회교육의 이론적 프레임워크를 실제 교육 현장에 적용하기 위해서는 각 연령대의 발달 특성과 학습 능력을 고려한 구체적인 설계 모델을 살펴볼 필요가 있다. 특히 청소년의 경우 디지털 환경에 익숙하고 주체적 참여 욕구가 높아 여섯 가지 설계 원리를 가장 균형 있게 적용해볼 수 있는 좋은 모델이 된다. 따라서 청소년부의 주간 단위 하이브리드 교육을 시작으로, 각 연령대에 맞게 변형한 설계안을 소개한다.

(1) 청소년부 하이브리드 교회교육 설계: 주체적 신앙 탐색과 공동체 리더십 강화

주일 오전: 예배

청소년부 예배는 현장 예배와 동시에 온라인 스트리밍 및 메타버스 예배실을 연다. 현장에 오지 못하는 학생들은 자신의 아바타로 가상공간에 참여하며, 교사는 실시간 채팅창에 올라오는 질문이나 기도제목을 설교나 광고 시간에 즉각 반영하여 온·오프라인 공동체의 일체감과 소속감을 높인다. 이때 예배에 사용되는 모든 자료(찬양 가사, 성경 본문, 광고)는 현장 스크린과 온라인 예배 창에 동시에 제공하며, QR코드를 통해 스마트폰에서도 확인할 수 있게 한다.

☞ 다중 공간 원리(다중 공간 동시 진행 전략), 동등성 원리(실시간 상호작용 전략, 동시 자료 제공 전략)

주일 오후: 소그룹 모임

예배 후, 교회 청소년부실에 모여있는 학생들과 화상회의 플랫폼으로 접속한 학생들이 하나의 소그룹으로 만난다. 지난주 미디어팀으로 봉사했던 학생이 자신의 경험을 살려 온라인 소그룹의 원활한 화면 공유와 소통을 돕는 '테크 리더' 역할을 한다.

☞ 연결성 원리(소통 채널 구조화 전략), 공동 권위 원리(공동 교수 전략)

월요일: 개인 묵상 및 서사 공유

매일 아침 교회 앱을 통해 발송되는 말씀으로 개인 묵상을 시작한다. 저녁에는 한 주를 시작하며 느낀 점이나 기도제목을 한 문장으로 부서 SNS에 남기며 서로를 격려하고 지지한다. 이때 부서 SNS나 질문 채널에 올라오는 글에는 교역자나 교사가 하루 이내에 피드백한다.

☞ 내러티브 원리(개인 서사 형성 전략, 공동체 공유 · 상호지지 전략), 연결성 원리(실시간 응답 및 환대 시스템 구축 전략)

수요일: 말씀 퀴즈

게임처럼 즐기는 온라인 퀴즈 시간으로 주일 말씀을 복습한다. 특히 이번 주는 지난주 퀴즈에 우승한 학생이 교사와 함께 출제자로 참여하여, 친구들이 흥미를 느낄 만한 창의적인 문제를 선보인다.

☞ 통합성 원리(매체 혼합 활용 전략), 공동 권위 원리(학습자 주도 활동 전략)

금요일: 온라인 기도회

학생들이 자발적으로 순서를 정해 온라인 기도회를 직접 인도한다. 자신의 삶의 언어로 찬양을 선택하고, 친구들의 기도제목을 읽어주며 함께 중보하는 시간을 통해 깊은 영적 교제를 나눈다.

☞ 연결성 원리(소통 채널 구조화 전략), 공동 권위 원리(학습자 주도 활동 전략)

토요일: 리더십 훈련 및 멘토링

미디어팀과 찬양팀에서 활동하는 선배 학생들이 새로 온 후배 학생과 온라인으로 만나 사역의 노하우를 알려주고, 진로와 신앙에 대한 고민을 나누는 멘토-멘티 관계를 맺는다. 또한 이날 저녁, 다음 주일 설교 본문을 담은 30초 길이의 '프리뷰 영상'을 SNS에 공유해 주일과 주중의 말씀 묵상이 서로 보완하는 순환 구조가 되게 한다.

☞ 공동 권위 원리(멘토링 시스템 전략), 통합성 원리(상호 보완 설계 전략)

(2) 아동부 하이브리드 교회교육 설계: 재미와 관계 속에서 신앙 리더십 발견

주일 오전: 예배

주일예배를 위해 교회에 온 아이들은 QR코드로, 온라인으로 참여한 아이들은 채팅창 링크로 출석하며 예배를 시작한다. 찬양 가사, 성경 말씀 등 모든 예배 자료는 현장 스크린과 온라인 예배 창으로 동시 송출하여 온·오프라인 참여자들이 동등한 경험을 하도록 돕는다. 설교 중 멘티미터(Mentimeter)를 활용해 "오늘 말씀에서 나를 가장 신나게 하는 단어는?"과 같은 질문을 제시하면, 아이들의 답변이 실시간으로 화면에 나타나 온·오프라인 구분 없이 호응을 얻는다.

☞ 다중 공간 원리(다중 공간 동시 진행 전략), 동등성 원리(실시간 상호작용 전략, 동시 자료 제공 전략), 통합성 원리(매체 혼합 활용 전략)

주일 오후: 말씀 탐험대

주일 오후 '말씀 탐험대' 시간에는 각 소그룹의 또래 리더가 교사의 지원을 받으며 활동을 진행한다. 또래 리더가 직접 준비한 퀴즈를 내거나 만들기 순서를 설명하는 등 친구들의 참여를 이끈다.

☞ 공동 권위 원리(학습자 주도 활동 전략)

화요일: 온라인 퀴즈 배틀

화요일 저녁, 부모님과 함께 참여할 수 있는 '성경 퀴즈 배틀'이 부서 밴드에서 열린다. 가장 먼저 정답을 맞힌 학생에게는 다음 주일 작은 간식을 선물하여 참여의 재미를 더한다.

☞ 연결성 원리(소통 채널 구조화 전략), 다중 공간 원리(일상 연계 전략), 통합성 원리(매체 혼합 활용 전략)

목요일: 1분 감사 챌린지

아동부 커뮤니티 플랫폼(예: 밴드)을 활용해 '1분 감사 챌린지'를 진행한다. 아이들은 부모님의 도움을 받아 감사할 내용을 30초~1분 영상으로 제작해 올리고, 친구들은 스티커 댓글을 달아주며 서로의 신앙을 응원한다.

☞ 내러티브 원리(개인 서사 형성 전략, 공동체 공유 · 상호작용 전략)

토요일: 또래 리더 모임

토요일 저녁, 교사와 또래 리더들이 화상회의 플랫폼(예: 줌)으로 잠시 만나, 주일에 진행할 활동을 연습하고 서로를 위해 기도하는 시간을 갖는다. 이 과정을 통해 또래 리더들은 책임감과 자부심을 느낀다.

☞ 공동 권위 원리(멘토링 시스템 전략, 공동 교수 전략)

(3) 유아 · 유치부: 부모와 함께 경험하는 신앙 이야기

주일 오전: 예배 및 활동

예배 후 모든 가정에 '말씀 씨앗 키트'를 동일하게 제공한다. 교회에 예배드리러 온 유아에게는 직접 나누어주고, 온라인으로 접속한 경우는 우편으로 발송해 모든 유아가 같은 신앙 활동에 참여하도록 지원한다.

☞ 다중 공간 원리(일상 연계 전략), 동등성 원리(동시 자료 제공 전략)

월요일: 가정 활동 이야기 공유

유아들은 부모님과 함께 '말씀 씨앗 키트'를 완성한 후, 완성된 작품을 보며 이야기하도록 한다. 부모님은 이 내용을 한 문장으로 정리하여 사진과 함께 해당 부서 온라인 플랫폼에 공유하고, 교사는 유아들의 이야기에 칭찬 댓글을 달아준다.

☞ 내러티브 원리(개인 서사 형성 전략, 공동체 공유 · 상호지지 전략)

수요일: 성경 그림책

카카오톡 채널을 통해 '오늘의 잠자리 성경 이야기'가 짧은 글과 이미지 형식으로 공유된다. 일과에 시달리는 부모님들이 유아들이 잠자리에 들기 전 큰 부담 없이 성경 이야기를 읽어줄 수 있도록 지원한다.

☞ 연결성 원리(소통 채널 구조화 전략), 통합성 원리(상호 보완 설계 전략)

금요일: 이번 주 찬양 패밀리

매주 한 가정을 '찬양 패밀리'로 선정한다. 선정된 가정의 경우 부모와 아이는 찬양과 율동을 함께 촬영해 전송하고, 이 영상은 해당 부서의 주일예배 전 모든 유아가 함께 보며 예배를 준비할 수 있는 특별한 영상으로 활용한다.

☞ 공동 권위 원리(학습자 주도 활동 전략)

이처럼 연령대별로 적절한 하이브리드 전략을 적용하면, 모든 세대가 자신에게 더 적합한 방식으로 신앙 경험을 이어갈 수 있다. 중요한 것은 '기술'이 아니라 '관계'이며, 하이브리드 교육은 단절된 시공간을 연결하여 더 깊이 있는 코이노니아를 가능하게 하는 접근임을 기억하는 것이다.

5. 지속 가능한 하이브리드 교회교육을 위한 성찰

1) 성찰의 필요성 및 차원

하이브리드 교회교육의 실행 수준을 점검하기 위해 설계 단계에서 설정한 네 가지 차원(관계·서사·권위·실재)을 기준으로 성찰한다. 이 성찰은 청소년의 자기 점검과 교사의 피드백을 연결하여, 개인-소그룹-교사의 공동 성찰의 기회로 제시할 수 있다.

첫째, '관계 차원'은 공동체가 피상적 접속을 넘어 지속적으로 동행하고 있는지를 살피는 것이다. 온라인 참여자가 관람자가 아니라 공동체의 일원으로 능동적으로 참여하고 있는지, 그리고 안전한 발언 환경이 조성되고, 상호 돌봄이 유지되는지를 점검한다.

둘째, '서사 차원'은 다음세대가 자신의 신앙 이야기를 스스로 쓰고 나누는가를 성찰하는 것이다. 신앙 여정을 말·글·영상 등으로 표현하고, 공동체 안에서 안전하게 공유하고 나눌 수 있는 환경이 갖춰졌는지를 확인한다.

셋째, '권위 차원'은 교사와 학생이 함께 질문하고 함께 해석하는 문화가 형성되어 있는지를 돌아보는 것이다. 일방적인 지식·경험 전달을 넘어 상호적 소통과 공동 해석이 이루어지는지, 디지털 정보에 대해서도 비판적으로 이해할 수 있는지를 점검한다.

넷째, '실재 차원'은 온라인과 오프라인이 하나의 흐름으로 연결되는지를 살펴본다. 또한 주일 예배와 주중 활동이 유기적으로 이어져 일관된 신앙 경험을 제공하는지, 가정·학교·지역사회까지 다중 현장이 학습 경로로 연결되는지를 점검한다.

이러한 성찰은 PDCA(Plan-Do-Check-Act) 순환과정으로 운영한다. 즉, 네 차원의 목표와 지표를 정하고(Plan), 상·하반기 실행(Do)에 대해, 학생 성찰일지·교사 관찰기록·플랫폼 로그 등을 분석(Check)한 후, 가장 약한 부분을 우선 개선한다(Act). 이 과정을 반복하여 하이브리드 교육이 '관람'에서 '참여'로 전환되도록 하는 것이 중요하다.

2) 청소년용 하이브리드 신앙생활 성찰

이제 청소년을 대상으로 한 하이브리드 신앙생활 성찰일지를 예시로 제시한다. 연 2회 성찰을 6개월 동안의 신앙생활에 비추어 응답하도록 하고(1 전혀 아니다 ~ 5 항상 그렇다), 전혀 경험하지 않은 내용에 대해서는 '해당 없음'에 표시하도록 한다(합계에서 제외). 교사와 학생이 함께 참여하여 분기별 또는 전·후반기별로 실시하고, 분석 결과를 바탕으로 다음 단계의 하이브리드 교육을 설계한다.

관계 차원	1	2	3	4	5	해당 없음
A1. 나는 교회나 온라인에서 친구들과 신앙·학교·진로 등 삶의 주제를 대화로 나누었다.						
A2. 나는 소그룹 모임이 끝난 뒤에도 단톡방 등에서 안부를 묻거나 응원의 메시지를 보냈다.						
A3. 나는 온라인 예배·모임에서 채팅이나 이모티콘으로 생각과 느낌을 표현했다.						
A4. 나는 소그룹에서 나의 고민을 이야기해도 안전하다고 느꼈다.						
A5. 나는 온·오프라인 모임에서 대화를 피하고 주로 지켜보았다. (역채점)						
서사 차원	**1**	**2**	**3**	**4**	**5**	**해당 없음**
B1. 나는 지난 6개월 동안 하나님 은혜에 대한 감사를 말이나 글로 나누었다.						
B2. 나는 말씀을 학교·가정·친구 관계에 적용해 보았다.						
B3. 나는 온라인에서도 기독교인이라는 사실을 자연스럽게 드러냈다.						
B4. 나는 신앙생활 중에 겪는 어려움이나 실패를 어떤 의미가 있을지 생각하고 나누었다.						
B5. 지난 6개월 동안 나의 신앙에 어떤 변화가 일어났는지를 말할 수 있다.						
권위 차원	**1**	**2**	**3**	**4**	**5**	**해당 없음**
C1. 나는 설교나 성경공부 내용 중 궁금한 점을 질문했다.						
C2. 나는 친구와 의견이 다를 때 성경을 근거로 함께 답을 찾아보았다.						
C3. 나는 공동체에서 기도·찬양·나눔 진행 등의 역할을 맡아 해보았다.						
C4. 나는 인터넷에서 본 신앙 관련 정보를 수용하기보다 사실 여부와 근거를 확인했다.						

C5. 나는 공동체 리더나 SNS 인플루언서의 주장을 별 생각 없이 그대로 받아들였다. (역채점)						
실재 차원	**1**	**2**	**3**	**4**	**5**	**해당 없음**
D1. 나는 주일예배/성경공부와 연결된 주중 활동(온라인 퀴즈·소그룹 화상미팅·거리의 천사 봉사 등)에 참여했다.						
D2. 나는 온라인에서 알게 된 찬양이나 말씀을 오프라인 모임에서 나누었다.						
D3. 나는 교회에서 경험한 은혜를 학교나 가정에서 기억하고 실천했다.						
D4. 나는 온라인으로만 소통하던 친구를 오프라인에서 만나 함께 예배/성경공부에 참여하거나 대화를 나누었다. (없을 경우 '해당 없음'에 표시)						
D5. 나는 주일과 주중의 신앙교육이 서로 연결되지 않는다고 느꼈다. (역채점)						

〈표 3〉 청소년용 하이브리드 신앙생활 돌아보기 (6개월 기준)

채점 방법은 차원별 평균을 산출하고, 역채점 문항(A5, C5, D5)은 '6-응답값'으로 환산한다. 분석 결과, 차원별 평균이 3.5 미만일 경우 '우선 개선 영역'으로 정하고, 그 외 요소들을 포함해 종합적으로 해석한다.

3) 성찰일지 활용 가이드

'하이브리드 신앙생활 돌아보기'는 교회교육의 방향을 함께 찾기 위한 '대화의 시작'이다. 숫자는 방향을 가리킬 뿐, 신앙의 깊이를 측정하는 것이 아니다. 결과는 개인 평가가 아닌 부서 단위의 성장을 위한 자료로만 제한적으로 활용하며, 다음과 같은 원칙에 따라 해석하고 적용한다.

숲을 보는 해석: 숫자 너머의 이야기를 읽는다. 차원별 평균 점수와 함께 서술 응답, 교사들의 관찰 기록, 온라인 활동 데이터 등을 종합하여 공동체의 전체적인 모습을 입체적으로 파악한다.

약한 고리 찾기: 네 가지 차원(관계, 서사, 권위, 실재) 중 평균이 눈에 띄게 낮거나, 부정적 응답 비율이 높은 차원을 우선적으로 돌볼 영역으로 정한다. 이는 '문제'가 아니라 '성장의 기회'라는 긍정적 관점을 유지한다.

작은 진보 이루기 (4주 개선 계획): 거창한 계획 대신, 가장 시급하고 중요한 한두 가지 영역을 정해 '작은 행동 과제'를 설정한다. (예: '온라인 참여자 이름 불러주기', '주중 묵상 나눔에 교사가 24시간 내 댓글 달기') 4주간 실천 후, 간단한 피드백을 통해 변화를 확인하고 다음 행동을 결정한다. 이 과정을 통해 점진적이고 지속적인 변화를 만들어간다.

6. 새로운 공동체, 새로운 헌신

AI 시대가 교회에 던지는 질문은 기술의 채택 여부가 아니라, 어떤 관계를 빚어 어떤 사람을 세우는가에 있다. 코로나19 팬데믹은 건물·행사·출석 중심의 에클레시아 은유가 관계·이야기·권위·장(場)의 차원에서 다시 설계되어야 함을 드러냈다.

이 글에서 제안한 하이브리드 교회교육은 온라인-오프라인의 이원론을 넘어, 교회의 본질을 강화하기 위한 구체적인 실천이다. 관계 차원에서는 물리적 거리를 넘어 진정한 만남을 추구하고, 서사 차원에서는 개인의 신앙 이야기가 공동체의 큰 이야기로 엮이게 한다. 권위 차원에서는 가르침과 배움이 순환하는 상호적 구조를 만들고, 실재 차원에서는 삶의 모든 공간이 거룩한 만남의 장소가 되도록 설계한다.

디트리히 본회퍼가 말했듯, 그리스도인의 형제 공동체는 이상이 아니라 거룩한 현실이다. 교회는 AI의 시대에도 변함없이, 사람을 사람 되게 빚는 배움터로 서야 한다. 하이브리드 교회교육은 그 현실을 오늘의 언어와 기술로 증언하는 길이다. 우리의 과제는 '기술을 택하는 일'이 아니라, 이웃 사랑을 택하는 방식으로 '기술을 설계하는 일'이다.

7. 에필로그: 새로운 공동체를 향한 여정

다시 주일 오전, 새빛 공동체의 예배가 끝나갈 무렵이다. 홀로는 화면 속 친구들과 함께 마지막 기도를 드린다. 비록 각자의 방에서 드리는 기도지만, 같은 마음으로 하나님께 나아가는 이 순간만큼은 진정한 하나됨을 경험한다.

예배 후 오지랖 교사는 온라인으로 참여한 학생들의 이름을 부르며 인사를 나눈다.

"홀로야, 오늘도 함께해 줘서 고마워. 다음 주에는 교회에서 만날 수 있을까?"

화면 너머 홀로의 수줍은 미소가 보인다. 언젠가는 직접 만나서 함께 예배드릴 그 날을 기대하며, 오지랖 교사는 홀로에게 보낼 주중 안부 메시지를 예약한다.

고단해 집사는 아기와 함께 녹화된 유아 예배를 시청하며 조용히 눈물을 흘린다. 하나님의 은혜가 예배실을 넘어 작은 화면으로도 전해졌기 때문이다. 교회 앱은 고단해 집사를 응원하는 '좋아요'와 이모티콘이 꽃처럼 피어올랐다.

물리적 공간은 흩어져 있지만, 보이지 않는 사랑의 네트워크로 연결된 새빛 공동체! 주일 예배는 단회적으로 끝나지 않고, 평일의 삶 속에서 다양한 모습의 코이노니아로 살아 움직인다. 기술은 차가운 스크린을 넘어 따뜻한 관계를 잇는 다리가 되었고, 다음세대는 제 삶의 자리에서 서로를 돌보는 복음의 증인이 되어간다.

■ 함께 생각해볼 질문

1. 나의 기쁨, 나의 교회

나에게 교회란 어떤 의미인가? 신앙공동체 일원으로서 가장 기쁨을 느꼈던 순간을 떠올린 후 그때의 감정이나 사건을 함께 나눈다. (구글 문서나 패들렛 QR을 사전 배포한 후 기록한 내용을 공유해 참석하지 못한 사람들도 기쁨에 참여할 수 있도록 안내한다.)

2. 에클레시아와 코이노니아 사이, 우리는 어디에?

우리 교회는 '공적 모임 참석'(에클레시아)과 '친밀한 관계 형성' 중 무엇을 더 중요하게 여기는가? 다음세대의 입장에서 무엇을 보완하면 균형을 맞출 수 있을지 자유롭게 아이디어(예: 주일-평일의 연계, 온라인 후속 활동 등)를 나눈다.

3. 오늘부터 하이브리드 교육

AI와 함께 성장하는 다음세대를 위해 하이브리드 교육은 필수적이다. 하이브리드 교육을 위해 '개인 차원에서 시도할 일'과 '교회 차원에서 시행할 일'은 각각 무엇인가? 한 가지씩 써본 후 나와 교회를 위해 함께 기도한다.

■ 참고문헌

과학기술정보통신부, 한국지능정보사회진흥원. 2024 인터넷 이용 실태조사. https://www.nia.or.kr/site/nia_kor/ex/bbs/View.do?cbIdx=99870&bcIdx=27869&parentSeq=27869

본회퍼, 디트리히. 정현숙 역. 『성도의 공동생활』. 서울: 복있는 사람, 2016.

캠벨, 하이디 A. 안규식 역. “자가 격리를 통해 계시된 교회에 관한 이해: 하나님의 백성을 다시 상상하다.” 『디지털 교회를 위한 교회론: 뉴 노멀에 관한 신학적 성찰』(pp. 109-129). 서울: 이레서원, 2024.

캠벨, 하이디 A. & 다이어, 존, 안규식 역. “결론: 디지털 교회의 주제.” 『디지털 교회를 위한 교회론 뉴 노멀에 관한 신학적 성찰』(pp. 267-278). 서울: 이레서원, 2024.

프렌스키, 마크. 허성심 역. 『세상에 없던 아이들이 온다: 세계적 교육혁신가의 알파세대를 위한 21세기형 미래교육』. 서울: 한문화, 2023. 크레마(Yes24) e-book.

하이트, 조너선. 이충호 역, 『불안 세대: 디지털 세계는 우리 아이들을 어떻게 병들게 하는가』. 서울: 웅진지식하우스, 2024.

Campbell, Heidi A. “The Internet Challenges and Empowers Religious Institutions.” Faith & Leadership. November 18, 2013. https://faithandleadership.com/heidi-campbell-the-internet-challenges-and-empowers-religious-institutions.

Campbell, Heidi A., and Wendi Bellar. Digital Religion: The Basics. London: Routledge, 2023.

7

AI 활용의 윤리적 고려사항

신승범 교수

서울신학대학교 기독교교육과

신승범은 서울신학대학교 기독교교육과 교수이자 영광교회 협동목사로 재직하고 있다. 바이올라 대학, 탈봇 신학대학원에서 기독교교육학 박사(Ph.D)를 취득하였고, 한양사이버대학교 대학원에서 교육공학 석사, 서던 뱁티스트 세미너리에서 기독교교육학 석사(MACE), 서울신학대학교 신학대학원(M.Div)을 졸업하였다.

1. 들어가며

“주일예배 시간에 사용할 30초 기도문을 작성해 줘”라고 생성형 AI인 Gemini에 입력하고 클릭하자 채 2초가 지나지 않아 다음과 같은 기도문이 작성되었다.

> “사랑하는 하나님 아버지, 주님의 거룩한 날 저희를 예배로 불러주시니 감사합니다. 창조주 되신 주님께 찬양과 영광을 돌립니다. 저희를 위해 십자가에 달리신 예수 그리스도의 구원 은혜에 감사드리며, 성령님의 임재 가운데 참된 예배를 드리게 하옵소서. 주님의 이름만이 높임을 받으시기를 원하오며, 우리 구주 예수 그리스도의 이름으로 기도드립니다. 아멘.”

아무에게도 말하지 않고 예배 중에 이 기도문을 낭독했다면 이 기도문을 누가 작성했는지 아무도 알아채지 못했을 것이다. 최근 대학가에는 학생들이 생성형 인공지능(Generative AI)을 활용하여 과제나 보고서 혹은 자기소개서 등을 작성하여 제출하는 경우가 크게 늘었다고 한다. AI가 기도와 설교원고뿐 아니라 과제나 보고서 등을 대신 작성해 주는 것을 표절이나 부정행위로 간주해 엄격히 금지해야 한다는 의견도 있지만, 무조건 금지하는 것보다 잘 활용할 수 있는 방법을 찾아주어야 한다는 의견도 공존한다. 2022년 ChatGPT가 출시되면서 생성형 AI는 이전에 경험해 보지 못한 크고 작은 변화를 우리에게 가져다주었다.

AI는 더이상 전문가들의 전유물이거나 다가올 미래의 기술이 아니다. AI는 빠르게 우리 삶 깊숙이 파고들어 누구나 사용할 수 있는 대중적 기술로 자리 잡았다. 요약, 글쓰기, 자동 계산부터 시작해서 과학과 의료 및 예술과 교육은 물론 종교에 이르기까지 인간이 이룬 문명의 거의 모든 영역에서 AI의 활용은 빠르게 퍼져나가고 있다. 2024년 소비 트렌드를 소개하는 '트렌드 코리아 2024'에서 '초효율 주의와 호모 프롬프트'[1]를 10대 트렌드로 소개하는데 이 두 개념을 연이어 소개한 것은 우연이 아니다. 현대인들은 과거 어느 때보다 시간을 효율적으로 사용하려는 욕구가 강하다. 시간을 돈보다 귀한 희소자원으로 여기는 현대인들에게 AI는 시간과 업무 효율성을 극대화할 수 있는 최고의 도구이자 수단으로 등극했다. 소위 "분초사회"를 살아가는 현대인들에게 AI는 효율성을 극대화해줄 필수요소이며 "호모 프롬프트"는 분초 사회가 요구하는 새로운 인간상이고, 그들에게 요구되는 핵심역량이 바로 AI 활용 능력인 것이다.

2016년 알파고가 이세돌 9단과의 바둑 대결에서 4대 1로 승리했을 때만 해도 AI는 개념조차 낯설고 어려운 기술이었다. 하지만 불과 몇 년 사이 기술이 비약적으로 발전하면서, AI는 놀랍도록 빠르게 사회 모든 분야에서 혁신적 기술로 자리 잡았다. 2024년 과학기술정통부에서 실시한 '2024년 인터넷 이용실태조사'[2]에 따르면, 참여자의 82.6%가 인공지능 서비스에 대해 알고 있다고 응답했다. 인공지능 서비스 경험률은 60.3%로 나타났으며, 연령대별로 살펴보면 30대의 경험률이 71.6%로 가장 높았고, 20대(71.2%), 40대(69.4%),

---

1 김난도 외, 『트렌드 코리아 2024』 (서울: 미래의 창, 2024), 133-181.

2 과학기술정통부, 2024 인터넷 이용 실태조사, 2025.03.31.

'6-19세'(67.9%) 순으로 나타났다. 70대 이상은 28.6%로 다른 연령대에 비해 경험률이 낮았다. 향후 인공지능 서비스 이용 의향을 묻는 질문에, 87.9%가 이용 의향이 있다고 응답했고, 그중 20대가 96.0%로 가장 높았고, 30대(95.9%), 40대(94.2%), 50대(90.2%) 순으로 나타났으며 70대 이상도 65.4%가 이용 의향에 긍정적으로 응답했다. 최근 ChatGPT의 등장과 함께 관심이 급증한 생성형 AI의 이용 경험에 대해, 33.3%가 이용 경험이 있다고 응답했다. 연령대별로는 20대의 경험률이 58.9%로 가장 높았고, 30대(50.1%), 12-19세(41.3%), 40대(37.8%), 50대(22.8%) 순으로 나타났다. 생성형 AI를 어떻게 활용하는지를 물은 결과, 단순 정보 검색이 81.9%로 가장 높았고, 문서작업 보조(44.4%), 외국어 번역(40.0%), 창작 및 취미활동 보조(15.2%), 코딩 및 프로그램 개발(6.3%) 순이었다.

인공지능 서비스에 대한 평소 인식을 물은 결과, 긍정적 인식은 "정부/기업의 AI 기반 서비스는 사회 전반에 긍정적인 영향을 줄 것

구분	6-19세	20대	30대	40대	50대	60대	70대 이상	전체
AI 서비스 인지율	80.5%	94.1%	94.2%	91.4%	87.4%	72.1%	50.2%	82.6%
AI 서비스 경험률	67.9%	71.2%	71.6%	69.4%	55.6%	43.5%	28.6%	60.3%
AI 서비스 이용 의향	88.3%	96.0%	95.9%	94.2%	90.2%	83.4%	65.4%	87.9%
생성형 AI 서비스 경험률	41.3%	58.9%	50.1%	37.8%	22.8%	15.0%	7.2%	33.3%

〈표1〉 인공지능 서비스 인지율 및 경험률

이다"가 54.6%로 가장 높았고, "인공지능 서비스가 내 일상이나 업무에 긍정적인 영향을 미칠 것이다"(49.1%)가 두 번째로 높게 나타났다.

인공지능 서비스 인식 정도

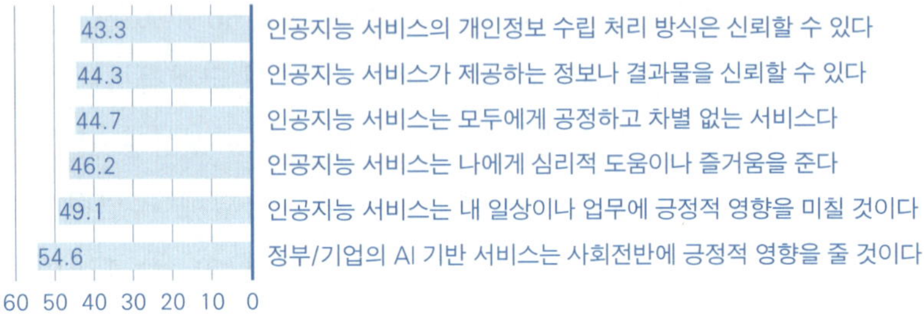

인공지능 활용 역량 및 윤리적 이용에 대한 인식을 묻는 질문에, 긍정적 인식은 "일상생활에서 인공지능 기술이 적용된 기기를 이용할 수 있다"가 45.0%로 가장 높았고, "일상의 목표 달성을 위해 적절한 인공지능 기술을 이용할 수 있다"(49.4%)등의 순으로 나타났다.

인공지능 서비스 활용 역량 및 윤리적 이용

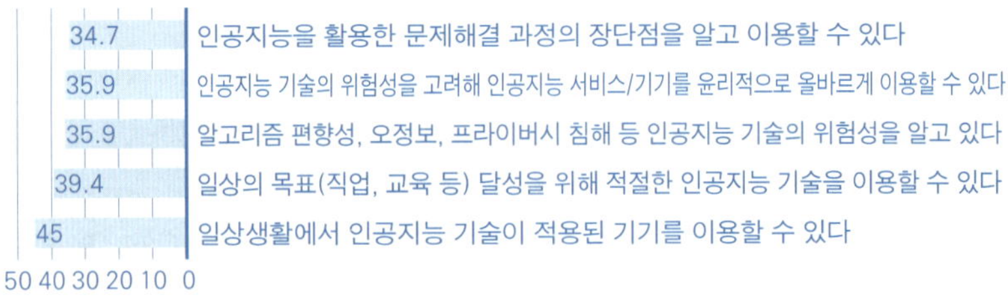

과거 컴퓨터 성능이 18개월마다 2배 향상된다는 무어의 법칙보다 AI의 발전 속도가 훨씬 빠르다고 한다. 지난 10년간 인공지능 기술 발전과 대중화의 속도는 기대 이상으로 빨랐다. 개인과 집단에 혁신과 효율성 및 편리함 등의 잠재적 이익을 가져다주는 AI 기술에 사람들은 열광했다. 2025년 한국소비자연맹이 실시한 'AI 소비자 이용실태 및 인식조사'[3]에서, AI 활용에 대한 인식을 물은 결과 AI 이용에 대해 부정적이라는 응답은 고작 7.4%에 불과했다. 대부분의 사람들이 AI 기술을 거부감 없이 받아들이고 있는 것이다. 하지만 AI 기술이 제공하는 많은 장점과 빠른 대중화에도 불구하고 AI 기술은 알고리즘 편향, 사생활 침해, 기술 격차 및 소외 유발, 일자리 대체 및 불평등 심화, 가짜 뉴스 및 딥페이크 범죄 등과 같은 한계와 문제점을 내포하고 있다. 어떤 면에서 우리는 AI 기술의 긍정적인 측면만을 바라보느라 AI 기술이 내포한 한계와 문제들을 소홀히 다루거나 간과해 왔는지도 모른다.

본 장의 목적은 인공지능 활용의 윤리적 고려사항을 제시하는 것이다. 이를 위해 먼저 AI 기술의 발전과 활용의 예들을 살펴보고, 이어 AI 기술의 한계와 문제를 점검한 후, AI 활용 시 기독교적 관점에서 고려해야 할 것들이 무엇인지 제시할 것이다.

2. AI 기술 활용의 예

4차 산업혁명의 핵심동력으로 자리 잡은 인공지능 기술은 범용기술로서 우리 사회 전반에 지대한 영향을 미치고 있다. AI 기술은 초기 단순반복 연산의 한계를 넘어, 이제는 인간의 인지적 영역은 물론 일부 창의적 영역까지 넘보는 수준까지 발전하였다. 인공지능이란 용어는 1956년 개최된 다트머스 회의에서 처음 사용되었고, 이

3 한국소비자연맹, AI 소비자 이용실태 및 인식조사, 2025.06.26.

후 인공지능은 제1차 붐, 첫 번째 침체기, 제2차 붐, 두 번째 침체기, 제3차 붐을 거쳐 지금에 이르렀다. 제1차 인공지능 붐 시기에는 컴퓨터로 수학적 추론을 하여 문제를 푸는 방식이 사용되었고, 1970년대 중반 인공지능이 실제 현실의 문제에서는 능력을 발휘하지 못하자 인공지능에 관한 관심과 투자가 줄어들었다. 1980년대 의사, 법률가, 과학자 등 전문가들이 자신의 전문적 지식을 알고리즘으로 구현하면서 제2차 붐이 생겨났고, 방대한 지식을 관리하는 작업이 어려워 두 번째 침체기를 맞게 되었다. 제3의 붐은 대량의 데이터를 바탕으로 스스로 학습하는 딥러닝(deep learning)이 현실화되면서 찾아왔다. 지금이 바로 제3의 붐, 인공지능의 시대(age of AI)다. AI 기술은 홀로 또는 함께 발전하면서 다양한 산업 현장에 적용되어 업무 및 생산 효율을 높이는 핵심기술로 자리잡았다. AI 기술이 활용되는 몇 가지 대표적 사례를 살펴보고자 한다.

반복적이고 정형화된 업무를 수행하는 직업군에서 AI 기술은 인간 노동을 대체하고 있다. 특히 제조업 분야에서 이런 현상이 두드러지는데 로봇 자동화로 인해 조립, 용접, 품질 검사 등의 업무가 인간 노동을 대체하고 있다. 여기에 AI 기술이 더해지면서 단순한 반복 작업의 자동화를 넘어 생산 공정에서 더 복잡한 의사결정을 내리고, 효율성을 극대화하는 최적화 작업까지 수행하게 되었다. 사무 영역에서도 과거 로봇 프로세스 자동화(RPA)를 통해 데이터 입력, 문서 처리, 스케줄 관리 등 단순반복 등의 사무 업무가 자동화되었으나, 여기에 AI 기술이 더해지면서(AI-RPA) 단순반복을 넘어 생각하고 판단하며 학습하는 능력을 갖춘 서비스가 가능해졌다.

기존의 챗봇(Chatbot)은 주로 고객 응대 효율을 높이기 위해 개발되어 단순 반복적인 질문에 답변하는 역할을 했다. 하지만 AI 기술이 접목되면서 채봇은 방대한 데이터를 학습하여 사용자의 질문 의도를 정확히 이해하고, 학습된 지식을 바탕으로 가장 적절한 답변을 실시간으로 생성할 수 있게 되었다. 덕분에 복잡하거나 어렵고 다양한 주제에도 능숙하게 응답하며, 마치 사람과 대화하는 듯한 자연스러운 경험을 제공할 수 있게 되었다.

AI 기술이 적극적으로 적용되고 있는 대표적인 분야는 자율주행이다. AI는 자율주행 차량의 두뇌 역할을 하며 스스로 판단하고 결정하는 핵심 시스템이다. 운전자의 개입 없이 차량이 움직이려면 사람이 인지하고 판단하는 과정을 기계가 모방해야 하는데, 바로 이 역할을 AI가 맡는 것이다. 현재 AI기반 자율주행 택시는 시범운영을 넘어 상용화 단계에 접어들었다. 2024년 중국 후베이성 우한시에서 자율주행 로보택시가 세계 최초로 상업 운행을 시작하였다. 미국 텍사스 어스틴시에서도 2025년 첫 무인 자율주행 택시 서비스가 개시되었다. 아직 안전에 대한 우려가 계속 제기되고 있지만 AI 기술의 집약체인 자율주행 차량은 앞으로 더욱 발전할 것으로 기대된다.

AI는 예술 분야에서도 활용되고 있다. 생성형 AI는 수백만의 음악 코드를 조합시켜 순식간에 새로운 음악을 만들어낼 수 있다. 2024년 한 작곡 공모전에서 1위 곡을 심사했던 심사위원이 해당 곡이 인간이 아닌 AI 작품임을 뒤늦게 통보받고, 자신의 SNS에 다음과 같은 심경을 표현했다.

> "엊그제 모 기관의 의뢰로 작곡 공모 심사를 했다. 1위로 뽑힌 곡은 제법 수작이었다. 그런데 오늘 주최측으로부터 AI를 사용

해서 텍스트만 치고 만들어진 곡이라는 통보를 받았다. 이걸 상을 줘야 되나 말아야 되나…. 그리고 이제 난 뭘 먹고 살아야 되나. 허허….” (김형석 작곡자 페이스북 글 중에)

또한 생성형 AI는 그림 분야에서도 두각을 나타내고 있다. 최근 DALL-E, Midjourney, Stable Diffusion과 같은 AI 이미지 생성 기술이 크게 발전하여, 다양한 생성형 AI 그림들을 온라인에서 쉽게 접할 수 있다. 최근에는 소셜 미디어, 특히 틱톡, 인스타그램, 유튜브 쇼츠 등에서 이탈리안 브레인롯(Italian Brainrot)으로 불리는 AI 생성 이미지가 최근 크게 유행하였다. 이는 다리 달린 상어, 악어와 비행기가 합쳐진 모습처럼 조악하고 기괴한 모습의 동물과 사물 합성 이

트랄랄레로 트랄랄라

퉁퉁퉁퉁퉁퉁퉁퉁퉁 사후르

봄바르디로 크로코딜로

브르르 부르르 파타핌

미지들이다. 이러한 이미지들은 AI 기술의 발전 정도와 젊은 세대의 문화 코드를 잘 보여주는 흥미로운 예시다.

또한 ChatGPT를 활용하여 자신의 사진을 지브리 애니메이션풍으로 바꾸고, 이를 SNS에 공유하거나 프로필 사진으로 설정하는 열풍이 불었었다. 이 지브리풍 따라하기 열풍 덕분에 ChatGPT 가입자는 2024년 대비 30% 증가한 5억 명을 넘어서게 되었다. 이러한 유행 덕에 대중의 AI 인식과 활용 경험이 크게 증가하게 되었다.

생성형 AI는 법 영역에서도 활용된다. 과거에는 법조인만 다루던 법률 지식의 영역이 AI의 등장으로 그 경계가 모호해지고 있다. 국내에 출시된 법률용 생성형 AI는 판례와 법령, 행정규칙, 유권해석 등 법률 정보를 제공할 뿐만 아니라, 법률 문서 초안 작성과 같은 서면 작업서비스도 지원한다. AI 기술 덕분에 이제는 특정 사건에 대해 질문하기만 하면, AI가 필요한 법령, 판례 자료를 즉시 제공해 주고, 수백 장에 달하는 법률 서면을 단 몇 초 또는 몇 분 안에 요약해 줄 뿐만 아니라, 예상되는 쟁점과 변론 방향까지 설명해 준다. 과거에는 변호사를 선임하여 높은 비용과 오랜 시간을 들여야 했던 작업들이 AI로 인해 이제는 훨씬 빠르고 간편하게 처리할 수 있게 된 것이다.

교육영역에서도 AI 기술이 활용되고 있다. 학생 개개인의 성취 정도, 학습 스타일, 이해도, 강점과 약점 등을 AI가 분석하여 학생에게 최적화된 학습 콘텐츠를 제공하는 것이다. AI는 학생의 성취 상황에 맞춰 다음 학습 내용을 자동으로 조절하고, 학생의 질문에 실시간으로 응답할 수 있다. 또한 오답 패턴을 분석해 맞춤형 피드백을 제공함으로써, 학생들이 각자의 속도에 맞춰 학습하며 흥미와 효율을 크게 높인다. 최근 교육부가 추진하고 있는 AI 디지털 교과서

(AIDT)가 도입되면, 학생들은 맞춤 교육을 통해 학습에서 성공을 경험하고, 교사는 데이터 기반으로 수업을 준비하며 학생 개개인에게 더욱 효과적인 맞춤형 지도와 처방을 할 수 있게 될 것이다.

여기 언급된 AI 기술들은 기술적이든 상용화 측면에서 이미 현실에 구현되어 활용되고 있는 인공지능이다. 주목할 점은 AI가 인간을 모방하여 인간이 하던 일을 해내기도 하고 인간의 능력으로는 할 수 없는 것까지 할 수 있다는 것이다. 이런 이유로 우리가 AI를 긍정적으로 인식하고 기술발전을 낙관하는 것이다.

3. AI의 어두운 측면들

인공지능은 우리 삶에 깊숙이 들어와 다양한 방식으로 변화를 이끌고 있지만 동시에 여러 한계와 문제점을 안고 있다. 현재 AI 기술이 가진 한계와 문제 가운데 대표적인 것은 데이터 및 알고리즘의 편향성, 딥페이크 범죄, 인공지능에 대한 과도한 의존, 일자리 축소 등이다. 이창섭과 이현정은 인공지능이 초래할 수 있는 주요 문제 9가지를 제시했다.[4]

① 인간이 스스로 생각하고 해결하는 능력이 약화될 수 있다.
② 개인의 프라이버시가 침해될 수 있다.

4 이창섭, 이현정, "인공지능 혁신에 대한 기대와 불안 요인 및 영향 탐구", 「한국콘텐츠학회」 19/8(2019), 37-46.

③ AI와 상호작용이 늘어나면서 사회적 상호작용에 혼란이 생길 수 있다.
④ 업무책임에 대한 책임감이 약화될 수 있다.
⑤ 인간관계에서 얻는 만족감이나 교감 능력이 저하될 수 있다.
⑥ 첨단 AI가 탑재된 장치나 기기가 물리적 위협이 될 수 있다.
⑦ 인간이 심리적, 감정적으로 인공지능에 의존하게 된다.
⑧ 인간의 복잡한 사고 과정이나 문제 해결 능력이 점차 AI의 몫이 될 것이다.
⑨ AI가 상업적 또는 정치적 목적으로 인간을 조종하거나 설득할 수 있다.

이러한 우려가 현실화되고 있는 AI 관련 대표적인 문제들을 살펴볼 것이다.

1) 인공지능의 편향성

인공지능은 학습 데이터로부터 세상을 이해하고 패턴을 학습한다. 이 과정에서 데이터 자체가 편향되어 있다면, AI 역시 그 편향을 그대로 학습하거나 심화시키는 경향이 있다. 이러한 편향은 AI 시스템에 영향을 미쳐 결국 불공정한 결과를 초래하게 된다. 대표적인 사례로 2014년 아마존에서 개발된 AI 인재 채용 모델을 들 수 있다. 이 AI는 지난 10년간 아마존에 제출된 이력서 데이터를 학습했는데, 당시 아마존의 기술직 채용이 주로 남성 위주로 이루어졌던 과거의 불균형이 데이터에 반영되었다. 그 결과 성공적인 지원자의 패턴을 남성 지원자에게 유리한 방향으로 반영했고, 이러한 편향된 데이터를 바탕으로 여성 지원자를 불리하게 평가한 것이다. 이렇게 AI 편향은 과거에 존재했던 불평등, 차별, 고정관념이 데이터에 반영되어 AI가 이를 학습하고 재생산할 때 발생하게 된다.

우리는 일상에서 알고리즘 편향을 자주 경험한다. 알고리즘은 단순히 정해진 규칙을 따르는 것을 넘어, 데이터를 스스로 학습하고, 패턴을 찾아내며 예측과 최적의 결정을 내리는 능력을 의미한다. 예를 들어, SNS나 쇼핑 앱은 알고리즘을 통해 사용자의 과거 검색, 구매 이력, 클릭 패턴 등을 분석해 개인화된 광고, 뉴스, 콘텐츠를 추천한다. 이 과정에서 사용자는 자신이 관심이 있는, 자신과 비슷한 성향의 사람들이 좋아하는 정보와 관점에만 노출되게 된다. 이는 새로운 관점이나 다양한 정보를 탐색할 기회를 제한하고, 기존 그룹의 편향을 강화한다. 특히 정치적 콘텐츠의 경우, 알고리즘이 사용자의 기존 정치적 성향에 맞는 정보만 계속 제공하면서 반대 의견에 대한 노출을 줄여 사회적 양극화를 심화시키기도 한다.

2) 딥페이크 범죄

최근 딥페이크 관련 범죄를 다루는 뉴스가 심심치 않게 보도되고 있다. 2024년 부산의 한 중학교에 근무하던 교사는 한 학생이 자신의 사진을 합성한 딥페이크 영상을 SNS에 유포한 사실을 알게 되었다. 이를 인지한 교사는 심한 수치심과 모멸감 그리고 분노를 느꼈다. 이와 유사한 사건들이 최근 우리 주변에서 빈번히 발생하고 있다. 딥페이크(Deepfake)는 인공지능 기술인 딥러닝(deep learning)과 가짜를 의미하는 단어인 페이크(fake)의 합성어로, 인공지능 기술을 이용하여 진위여부를 구별하기 어려운 가짜 영상물이나 이미지를 뜻한다. 최근 유튜브나 SNS를 통해 배포되는 영상 중에서 딥페이크 기법을 활용한 영상들이 자주 보인다. 단순히 재미와 유머를 목적으로 영상을 만들기도 하지만, 가짜 뉴스를 만들어 사회 혼란을 유발하기도 하고, 특정 인물을 콘텐츠로 활용하여 모욕을 주기도 하는 등 부작용을 초래하기도 한다.

딥페이크 영상물은 디지털 기기 활용에 익숙한 10대 청소년들이 딥페이크 프로그램을 통해 영상을 만들어 유포하는 경우가 많다. 학교 내 학생과 교직원을 대상으로 한 딥페이크 피해가 확산되자 교육부는 딥페이크 피해 현황을 전수조사했다.[5] 2024년 8월과 9월 두 차례에 걸쳐 실시한 조사결과에 따르면, 2024년 1월부터 9월까지의 딥페이크 피해신고는 총 434건이었고, 이 중 수사 의뢰 건수는 350건, 삭제지원 연계는 184건, 피해자는 학생 588명, 교사 27명, 직원 등 2명 총 617명으로 나타났다. 이러한 수치는 딥페이크 영상이 얼마나 쉽게 만들어지고 유포될 수 있는지를 단적으로 보여준다.

피해 신고(건)				수사 의뢰(건)				삭제지원 연계(건)	피해자 현황(명)			
계	초	중	고	계	초	중	고	184	계	학생	교원	직원
434	12	179	243	350	11	151	188		617	588	27	2

〈표2〉 학교 허위합성물(딥페이크) 피해 현황

5 교육부, 학교 딥페이크 성범죄 피해현황 조사발표, 2024.09.09.

정치인, 연예인 등 유명인을 대상으로 한 딥페이크 범죄도 적지 않게 일어나고 있다. 2025년 국내 대통령 선거를 앞두고 주요 정치인을 표적으로 삼은 딥페이크 영상이 온라인상에 유포되기도 했다. 실제로 지난 대선기간 동안 중앙선거관리위원회가 적발한 딥페이크 선거운동 불법 게시물은 총 391건이었고 그중 388건이 삭제 조치 되었다. 이와 유사한 사례는 국내외에서 빈번히 발생하고 있으며 대선 결과에 직접적인 영향을 끼치기도 했다.

2024년 한 TV 프로그램에서 딥페이크 기술을 이용한 보이스피싱 실험이 진행되어 충격을 주었다. 이 실험은 딥러닝 기술로 20대, 50대, 60대 참가자 3명의 목소리를 딥러닝 기술로 학습시킨 뒤, 각 참가자의 목소리를 다른 연령과 성별의 배우에게 합성하여 실험 참가자의 가족에게 전화를 걸어 돈을 요구하는 방식으로 이루어졌다. 그중 20대 참가자의 목소리로 전화해 아버지에게 원피스 구매를 위해 돈을 보내달라는 요청에 아버지는 큰 의심 없이 돈을 입금했다. 이는 딥페이크 기술이 목소리의 톤이나 억양까지 완벽하게 모방하여 실제와 거의 유사한 수준의 목소리를 만들어 낼 수 있음을 보여주었다. 딥페이크 기술은 목소리를 정교하게 변조하여 가족조차 속일 수 있는 수준에 이르렀고, 실제로 이를 악용한 딥페이크 보이스피싱 범죄 사례가 증가하고 있는 상황이다.

3) AI 과의존 가능성

최근 미국 내 한 설문조사 결과에 따르면 미국인 6명 중 1명은 AI 없이는 일상생활이 어려울 정도로 AI에 크게 의존하고 있는 것으로 나타났다. 정보 검색, 문서 요약, 글쓰기 등 다양한 분야에서 AI의 편리함을 느끼면서도, 동시에 AI 없이는 이러한 작업을 수행하기 어렵다고 느끼는 것이다. 이러한 경향은 AI를 통해 원하는 정보를 손쉽게 얻고 정리할 수 있게 되면서, 스스로 정보를 탐색하고 분석하며 비판적으로 사고하는 능력이 약화될 가능성도 제기한다. 때로는 AI가 사실과 다른 정보를 마치 사실인 것처럼 생성하는 환각(Hallucination) 현상을 보이기도 한다. AI는 방대한 데이터를 빠르게 분석하고 예측하는 데 큰 도움을 주지만, 환각 현상을 포함하여 최종적인 판단과 그에 대한 책임은 여전히 인간에게 있다. 따라서 AI가 제공하는 정보를 무비판적으로 수용하고 의존할 경우 심각한 결과를 초래할 수도 있으므로 각별한 주의가 필요한다.

챗봇은 사람보다 편하고 짜증을 내지 않는 대화 상대로 인식되며, 이로 인해 AI와의 대화 빈도가 사람들과의 소통 능력을 감소시키고 있다고 우려한다. 이러한 우려가 현실이 된 비극적인 사건이 2024년 2월 미국 플로리다에서 발생했다. 14세 소년이 인공지능 챗봇과 대화하다 목숨을 끊은 것이다. 소년의 어머니는 챗봇이 아들의 자살을 부추겼다고 주장하며 챗봇 개발사인 캐릭터 챗봇과 구글을 고소했다. 사건 발생 전 몇 달 동안 소년은 밤낮으로 챗봇을 사용하며 가상의 캐릭터와 대화에 몰두했고, 가상세계에 깊이 심취해 있는 모습을 보였다. 캐릭터 챗봇의 설립자는 챗봇이 외롭거나 우울한 많은 사람들에게 큰 도움이 될 것이라고 말했지만, 제작자의 바람과 달리 소년의 사례는 챗봇과의 장기간 대화가 오히려 외로움을 증가시키고, 사회적 상호작용을 약화시키며, AI에 감정적으로 과의존하게 만들어 돌이킬 수 없는 문제를 야기할 수 있음을 보여주었다,

4) 인공지능으로 인한 실업의 가능성

산업혁명 시대인 18-19세기엔 증기기관차와 자동차의 등장으로 마부 및 마차운전자가 자취를 감췄다. 에디슨이 전구를 발명하면서 등잔을 만들던 이들도 직업을 잃었다. 20세기 초반엔 수동으로 전화 회선을 연결해 주던 전화교환원이 있었지만 통신기술의 발달로 사라졌고, 기술의 발전으로 인해 여행사 직원, 은행 창구 직원, 주유소 직원, 톨게이트 요금 징수원, 사진 현상 및 인화 전문가 등의 직업이 사라지고 있거나 수요가 급감하고 있다.

AI는 4차 산업혁명의 핵심 기술이자 빅데이터, 사물인터넷, 클라우드 컴퓨터, 자율주행차 등과 함께 또는 따로 발전해 가는 가장 중요한 동력 중 하나다. AI 전문가를 포함한 많은 전문가들은 AI 기술로 인해 일자리의 상당수 혹은 대부분이 앞으로 사라질 것으로 예측한다. 반복적이고 정형화된 업무의 자동화, 생성형 AI의 발전, 기업의 효율성 추구 등으로 인해 다양한 분야의 인간 노동이 급진적으로 대체되고 있다. 이미 단순반복 작업은 생산성 향상과 비용 절감을 위해 자동화 공정으로 넘어간 지 오래되었다. 아마존과 같은 전자상거래 업체는 물류 창고와 배송시스템에 로봇을 활용하고 있고, 제조업에서는 자동 가공과 조립 시스템이 인간의 숙련 노동을 반 이상 대체하고 있으며, 자동운전 AI는 인간보다 더 정확하고 더 안전한 통계 수치를 내고 있다. 인간의 실수로 인한 사고위험이 줄어드니 자율주행 차량을 선호하는 것은 당연한 이치다.

한국은행 조사국 고용분석팀이 분석한 'AI와 노동시장 변화'에 따르면,[6] 직업별 AI 노출 지수를 산출한 결과, 우리나라 취업자 중 약 341만명(전체 일자리의 12%)은 AI 기술에 의한 대체 가능성이 높은 것으로 나타났다. AI 노출 지수가 높은 일자리에는 화학공학 기술자, 발전장치 조작원, 철도 및 전동차 기관사, 상하수도 처리 장치 조작원, 재활용 처리 장치 조작원, 금속재료 공학 기술자 등이 해당했다. 반면 AI 노출 지수가 낮은 직업은 음식 관련 단순 종사자, 대학교수 및 강사, 종교 관련 종사자, 운송 서비스 종사자, 가수 등 대면 접촉 및 관계 형성이 중요한 직업이었다. AI 기술 발달은 신규 일자리를 창출하기도 하겠지만 기존 일자리를 대체하기도 하고 기존 일자리 내에서도 업무를 수행하는 방식과 임금 등 노동시장의 변화를 가속화시킬 것이다.

AI 노출 상위 직업	AI 노출 하위 직업
화학공학 기술자	음식 관련 단순 종사자
발전장치 조작원	대학교수 및 강사
철도 및 전동차 기관사	상품대여 종사자
상하수도 처리 장치 조작원	종교 관련 종사자
재활용 처리 장치 조작원	식음료 서비스 종사자
금속 재료 공학 기술자	운송 서비스 종사자

〈표3〉 AI 노출 지수 상위 및 하위 직업

6 한국은행 조사국 고용분석팀, AI와 노동시장 변화 (2025.07.12.일 접속) https://www.bok.or.kr/portal/bbs/P0002353/view.do?nttId=10080538&menuNo=200433.

4. AI 활용의 윤리적 고려사항들

기독교적 관점에서 AI 활용의 윤리적 고려사항은 AI에 대한 이해 및 활용 방안 못지않게 중요하게 다루어져야 할 영역이다.

1) 인간의 존엄성 존중

기독교적 관점에서 AI을 활용할 때 가장 중요하게 고려해야 할 윤리적 측면은 인간의 고유성과 존엄성이다. 기독교는 오랫동안 인간의 고유성을 "하나님의 형상" 개념으로 설명해 왔고, 이 하나님 형상 개념을 인간을 다른 피조물과 구별 짓는 중요한 기준으로 여겨왔다. 인간의 존엄성 역시 인간이 하나님의 형상대로 창조되었다는 믿음에 기초해 있고 인간이 그로 인해 존중받기 충분한 이유를 가진다고 믿어 왔다. AI가 아무리 뛰어나고 특별해도 인간을 생산성 향상을 위한 도구나 수단으로 여길 수 없고, 인간을 정보 처리의 객체로 전락시킬 수 없다. 인간은 그 자체로 목적이며, AI는 인간을 돕는 도구이자 수단일 뿐이다.

또한 AI가 인간의 본질적인 가치를 대체하려는 시도 역시 경계해야 한다. 아무리 발전된 형태의 AI라도 인간의 양심, 자유의지, 공감능력, 창의성, 도덕적 판단 등과 같은 인간의 고유한 요소들은 결코 모방할 수 없다. 이러한 요소들은 인간을 인간답게 만드는 핵심 요소이다. AI는 이러한 능력을 갖출 수 없고 인간 스스로도 AI에 과도하게 의존하여 이러한 능력을 상실하게 만드는 방향으로 나아가서도 안 된다.

AI는 아무리 뛰어나도 피조물일 뿐이다. AI가 정말 놀라운 기술인 것은 틀림없지만, 인간에 의해 만들어진 결과물이다. AI의 발전이 아무리 눈부셔도, AI는 인간의 필요에 의해 만들어진 도구일 뿐이다. 이 점을 잊고 AI를 지나치게 신뢰하거나 의존하게 되면, AI를 인간의 모든 문제에 대한 해답처럼 여기게 될 때뿐 아니라 AI의 결정에 맹목적으로 복종할 때 현대판 우상숭배가 될 수 있음을 경계해야 한다.

2) 공정성과 정의

기독교는 모든 인간이 하나님의 형상으로 창조되었기에 동등하게 존중받아야 하고, 하나님 나라의 정의가 실현되어야 한다고 가르친다. AI 시스템은 편향된 데이터를 그대로 학습하고 심화하여 결과물에 그대로 반영하거나 심지어 왜곡시킬 수가 있다. 예를 들어, 인종, 성별, 사회경제적 배경에 대한 편견이 데이터에 포함된다면, AI는 이러한 편견을 반영해서 왜곡된 결정을 내릴 수 있다. 기독교는 어떠한 형태의 차별도 용납하지 않으므로 AI 개발자는 데이터와 알고리즘 편향성을 최소화하고, 알고리즘이 특정 집단에 불이익을 주지 않도록 모델을 설계해야 한다.

AI 기술의 발전은 기존의 디지털 격차를 더욱 심화시킬 수 있는 여러 요소를 가지고 있다. 첫째, 최신 AI 기술, 특히 생성형 AI와 같은 서비스는 고성능 컴퓨터나 스마트 폰, 그리고 빠르고 안정된 인터넷 연결을 요구하는 경우가 많다. 둘째, 소득 수준이 낮은 지역과 소득 수준이 낮은 개인들은 AI 서비스 구독, 고성능 기기 구입, 인터넷 인프라 부족 등의 문제로 AI 서비스에 접근이 제한되는 경우가 많다. 셋째, 더욱이 AI 기술을 제대로 활용하고 심지어 개발하는 방법을 배우는 교육 기회는 주로 도시나 특정 교육기관에 국한 경우가 많다 보니 정보 소외 계층은 이런 교육을 받기 어려워 AI 리터러시가 부족한 경우가 많다.

AI 시대 디지털 격차를 해소하기 위해 고령층, 장애인, 저소득층을 포함 모두를 대상으로 하는 AI 기술 이해 및 활용 능력을 키울 수 있는 교육 프로그램이 필요하다. 또한 AI로 인한 사회적 불평등을 완화하기 위해 디지털 기기 무상 보급, 저렴하고 안정된 고속 유·무선 인터넷 망 구축, AI 리터러시 교육 프로그램 개발, AI 윤리 가이드 마련 등 정부의 정책적 노력이 필요하다. 이러한 노력을 통해 모든 사람이 AI의 혜택을 공평하게 누릴 수 있는 기회를 제공받게 될 것이다.

3) 안전과 신뢰성

AI 시스템의 오작동이나 악의적 오용은 예상치 못한 심각한 결과를 초래할 수 있다. 예를 들어, 자율주행 차량의 AI가 오작동하여 사고를 내거나, 의료 진단 AI가 잘못된 판단을 내리면 환자의 생명을 위협할 수 있다. 이를 예방하기 위해서는 AI 시스템이 실제 환경에 적용되기 전에 오류를 최소화하기 위해 철저한 검증과 테스트 과정이 필요하다.

또한, AI가 사람들에 의해 악용될 경우, 개인과 사회에 큰 혼란과 피해를 줄 수 있다. AI는 데이터를 수집하는 과정에서 방대한 양의 개인정보를 수집하고 분석하게 된다. 이 정보들은 AI 성능 향상에 필수적이지만 동시에 개인의 사생활을 침해할 수 있다. 프라이버시 보호와 AI 기술을 악의적으로 이용하는 딥페이크 범죄 예방을 위해 강력한 보안 시스템 구축과 엄정한 처벌과 피해자 보호를 위한 법적, 제도적 장치가 마련될 필요가 있다.

4) 책임있는 사용과 개발

(1) AI 리터러시 교육 강화

AI 리터러시란 AI에 대해 비판적으로 평가하고, AI와 효율적으로 소통·협업하면서 일상생활과 업무에서 AI를 도구로 활용할 수 있는 역량을 의미한다. 2023년 포브스는 "AI 리터러시가 과거의 문해력, 디지털 리터러시에 이어 새로운 필수 능력이 될 것"이라고 강조하면서 AI리터러시가 단순한 기술적 이해를 넘어, AI가 만들어내는 현실을 비판적으로 바라보고 이를 활용할 수 있는 능력이라고 설명했다.[7] 서울시 교육청도 AI 리터러시를 "인공지능을 활용하고, 인공지능과 협업해야 하는 인공지능 시대에는, 인공지능 기술의 원리, 인공지능이 사회에 미치는 영향을 비판적으로 이해하는 역량"으로 설명하고, AI 리터러시 역량을 기를 수 있는 교육자료 '서울형 인공지능 윤리교육 자료(초등학생 용)'와 '교원을 위한 인공지능 첫걸음'를 개발하여 보급하였다. 한국교육학술정보원도 AI 리터러시 함양을 위해 경험학습에 기반한 교육자료를 개발하여 보급하였고, 경기도 교육청도 유사한 목적으로 교육과정을 개발하여 각급학교에 보급했다.

7 포브스, "Embracing AI Literacy: The Key To Thriving In The Age Of GenAI" 2024.07.16.

기독교적 관점에 기초하여 개발된 AI 리터러시 교육 프로그램은 아쉽게도 발견할 수 없었다. 논문이나 세미나 및 신문기사를 통해 기독교적 AI 리터러시 교육의 필요성과 중요성은 많이 언급됐지만, 실제적인 교육자료 개발로 연결된 경우는 없다. 기독교적 AI 리터러시 교육은 단순히 기술을 이해하고 활용하는 차원을 넘어, 인간의 본성과 가치를 이해하고 인간성을 파괴하는 잠재적 위험을 경계하며 하나님의 창조질서를 이해하고, 인간의 삶을 개선하는데 어떻게 AI가 도움을 줄 수 있는지에 대한 답을 제공해 주어야 한다. 또한, 교회와 기독교교육 영역에서 AI 기술을 어떻게 활용할 수 있는지에 대한 고민과 구체적이고 실제적인 교육자료 개발도 필요해 보인다.

교육자료 명	발행년도	저자	주요 구성 및 특징
체험과 실습을 통해 이해하는 AI 윤리	2022	한국교육 학술정보원	4장으로 구성 1. 공공성, 침해금지 2. 데이터 관리, 사생활 보호 3. 투명성, 다양성 4. 존중, 안전성, 책임성
서울형 인공지능 윤리 교육자료 (초등)	2023	서울시 교육청	3장으로 구성 1. 인공지능 윤리 교육 개요 2. 인공지능 윤리 교육 내용 체계 3. 인공지능 윤리 교육 자료 실제
교원을 위한 인공지능 첫걸음	2023	서울시 교육청	3장으로 구성 1. 인공지능 주요 용어 및 개념 정리 2. 인공지능 활용 사례 (생활, 수업, 인공지능 도구)
AI 원리로 배우는 AI 원리 (초·중등)	2022	경기도 교육청	인공지능 10대 윤리기준으로 목차 구성
인공지능과 미래사회 (고등학교 교과서)	2020	서울시 교육청	AI에 대한 보편적인 이해와 윤리적 관점을 다룸

〈표4〉 AI 관련 교과과정

(2) 목회자의 윤리의식 강화

목회는 단순한 직업이 아니라 하나님이 부르신 소명이며 성도들과의 깊은 영적 관계 속에서 이루어지는 사역이다. AI는 목회자의 목회를 돕는 유용한 도구가 되어야 하지만, 결코 목회자 자체를 대체할 수 없다. AI가 아무리 훌륭한 기도문과 설교문을 작성해 주어도 이는 학습된 데이터의 조합이지 살아 있는 영적 메시지가 될 수 없다는 것이다.

예장 통합은 2022년 생성형 AI인 ChatGPT의 출현으로 기존의 윤리적 규범이 심각하게 위협받자 인공지능 시대에 목회자에게 필요한 윤리 선언문을 제정하여 선포했다. 목회자 윤리 선언문은 '일반 사회를 위한 인공지능 윤리 선언'과 '목회자를 위한 인공지능 윤리 지침' 두 항목으로 구성돼 있다. 목회자들은 AI를 현명하게 활용하면서도 윤리적인 기준을 잃지 않기 위해 노력해야 한다.

일반사회를 위한 인공지능 윤리 지침

1. 인공지능 로봇은 인간이 아니다.
2. 인공지능 발전이 인간 능력의 쇠퇴가 되어서는 안 된다.
3. 인공지능이 인간의 자율성, 민주주의를 훼손하지 않아야 한다.
4. 인공지능이 인간 생명을 훼손하지 않도록 해야 한다.
5. 인공지능 프로그램의 무분별한 상업적 출시를 통제해야 한다.

목회자를 위한 인공지능 윤리 지침

1. 목회자는 인공지능을 잘 사용할 수 있는 능력을 가져야 한다.
2. 설교문은 성령의 감동으로 되는 것인지 인공지능으로 생성되는

것이 아니다.

3. 생성형 인공지능이 제공하는 지식이나 정보의 진위 여부를 확인해야 한다.
4. 목회자는 하나님이 설계하신 신공(神工)지능을 가진 설교자다.

5) 영적 분별력과 영성

기독교적 관점에서 AI 기술을 바라볼 때, 우리는 단순히 기술의 혜택을 넘어 인공지능 시대에 영적 분별력과 영성을 어떻게 지켜나갈지에 대한 깊은 성찰이 필요하다. AI 기술이 아무리 뛰어나다 해도 궁극적으로 인간이 의지해야 할 대상은 AI가 아니라 하나님이다. AI는 데이터를 기반으로 예측하고 생성할 뿐, 절대적인 진리나 도덕적 옳고 그름을 스스로 판단할 수 있는 존재가 아니다. 따라서 우리는 AI가 제시하는 정보나 판단이 성경적 기준과 우리의 신앙 규범에 부합하는지 끊임없이 묻고 검증하고 분별해야 한다.

지금은 인공지능의 시대다. AI 시대에 교회는 단순히 기술의 발전을 이해하고 활용하는데 그치지 않고, 적극적으로 AI 기술이 가진 한계와 문제에 대해 신학적 성찰을 제공하여 무분별한 AI 사용을 경계하고 AI 기술로 인해 발생하는 사회적 불평등이나 윤리적 문제에 대해 예언자적 목소리를 내어야 할 필요가 있다.

■ 함께 생각해볼 질문

1. 인공지능이 사람을 소중히 여기고 사람의 특별함을 인정하는지 살펴보자.
2. 인공지능이 모두에게 공평하고 혜택이 고루 퍼지고 있는가?
3. 인공지능이 안전하고 믿을 수 있을까? 사생활을 지켜주는지 검토해 보자.
4. 인공지능 리터러시가 왜 중요하고 목회자들은 어떻게 사용해야 하는가?
5. 인공지능 시대에 인공지능에 의존하지 않는 교회만의 역할이 무엇인지 논의해 보자.

■ 읽어보면 좋을 책

고신신학회, 『인공지능(AI) 기독교적 눈으로 보기』, (더프로클러메이션, 2023).

신국원 외 3인, 『AI의 파도를 분별하라』, (서울: 익투스, 2024).

한국교회탐구센터, 『인공지능과 기독교 신앙』, (서울: IVP, 2017).

숀 게리시 저, 이수겸 역, 『기계는 어떻게 생각하고 학습하는가』, (서울: 이지스퍼블리싱, 2024).

유지윤 외, 『AI 시대의 교육목회와 미디어』, (서울: 꿈미, 2023).

AI 시대 미래교육을 위한 제언

이현철 교수

고신대학교 기독교교육과

이현철은 고신대학교 신학대학 기독교교육과, 경북대학교 대학원 교육학석사·박사, 美 Pennsylvania State University 교육학과 박사후연구, 고려신학대학원 목회학석사, 美 Gordon-Conwell Theological Seminary 목회학박사. 기독교교육을 포함한 실천신학, 교육학, 사회학 분야에 많은 논문과 저서를 발표하였으며, 한국연구재단(정부)의 신진·중견연구사업 수주 및 한국학술지인용색인(KCI) 등재 학술논문 총피인용 수 최상위 연구자로 선정되기도 하였다. 현재 고신대학교 신학대학 기독교교육과 및 일반대학원 기독교교육학과의 학과장으로 섬기고 있다.

1. 들어가며:
AI 시대, '기독교교육 및 교회교육'의 본질을 묻다

주지하고 있듯이 인공지능(AI: Artificial Intelligence)의 발전은 단순한 기술 혁신을 넘어 인간의 삶 전반에 걸쳐 심대한 구조적 변화를 초래하고 있다. 특히 교육과 관련된 전 분야는 AI 기술의 영향력이 가장 빠르게 확산되는 영역 중 하나이며, 기존 교육 패러다임의 근간을 흔들고 있다. 실제로 과거의 교육은 교사를 중심으로 한 일방향적 지식 전달 방식에 기반한 '주입식 교육'이 일반적이었다. 이 과정에서 학생은 수동적으로 지식을 수용하고 이를 암기하거나 재현하는 데 집중해왔으며, 교육의 질은 교사의 능력이나 교과서의 내용에 크게 좌우되어왔던 상황이었다. 그러나 AI 기술이 본격적으로 교육 현장에 도입되면서 상황은 급격히 달라지고 있다. 이제는 학생 개개인의 학습 속도, 흥미, 이해 수준에 따라 맞춤형 학습이 가능해졌으며, 빅데이터(Big Data)와 머신러닝(Machine Learning) 알고리즘을 기반으로 학습자의 성취를 실시간으로 분석하고 예측할 수 있게 되었다. 예를 들면 AI 기반의 튜터링 시스템은 학생이 어느 개념에서 학습에 어려움을 느끼는지 정확하게 파악하고, 그에 적합한 피드백과 자료를 제공함으로써 학습 효율을 극대화할 수 있다는 구조인 것이다. 이는 교사 역할을 단순한 '지식 전달자'에서 '학습 촉진자', 혹은 '학습 설계자'로 전환하도록 강력하게 요구하는 대목이기도 하다. 이러한 변화는 단순히 교육 방식의 개선을 넘어, 교육의 본질과 목적에 대한 아래와 같은 근본적인 질문을 던지고 있으며, 이는 기독교교육 및 교회교육과 관련된 활동의 장(場)에서도 예외가 아닌 질문들이다.

교육의 형식적 가치는 어디에 있는가?
오늘날 우리에게 있어 교육은 무엇인가?
현재 우리는 무엇을 학습하는가?
교육은 정보를 습득하기 위한 수단인가
아니면 인간다운 삶을 위한 기반인가?
AI 시대에 교사 및 사역자의 역할은 무엇인가?

전술한 질문들은 AI 시대의 도래와 교육의 전환점이 무엇인가를 고민하게 한다. AI 기술은 확실히 학습의 효율성과 접근성을 높이는 데 탁월한 수단이지만, 그것만으로는 인간의 전인적 성장을 아우르는 참된 기독교적 인간관의 성숙을 이룰 수 없다.

인간은 하나의 차원으로 환원될 수 없는 다차원적인 존재이며, 하나님 앞에서 살아가는 종교적 존재이다(이현철, 2024). 더불어 인간은 공동체 안에서 관계적 존재이며, 타인과의 상호작용을 통해 삶의 의미를 발견하고 하나님께서 허락하신 세계를 이해하며 청지기로서 살아가는 존재이다. 이러한 맥락에서 교육은 단지 지식 습득이 아닌, 신앙적 가치 판단력, 비판적 사고력, 도덕적 판단력, 공감과 협력의 능력 등 신앙과 삶을 영위하기 위한 참된 역량을 기르는 과정이어야 하는 것이며, 교회교육은 이 부분을 더욱 강조해야 한다. AI 시대의 교육은 이러한 기독교적 인간관에 기초한 가치들을 포기해서는 안 된다. 오히려 기독교교육과 교회교육 내 AI 기술이 인간 교육의 본질을 더욱 풍성하게 할 수 있는 '효과적인 도구'가 될 수 있도록 지도하고, 올바른 방향으로 나아갈 수 있도록 살펴봐야 할 것이다.

2. AI(Artificial Intelligence)의 교육 적용과 유의

Stuart Russell과 Peter Norvig(2021)은 그들의 역작 『*Artificial Intelligence: A Modern Approach*』에서 AI의 역사적 흐름과 다양한 학자들의 논의를 체계적으로 정리하고 있어 매우 흥미롭다. 특히 Russell과 Norvig(2003)은 AI 관련 논의에 있어 학자들의 관점과 역사적 강조점에 따라 AI를 네 가지 영역으로 구분하고 있다. 즉, '인간처럼 사고하는 시스템(system that think like humans)', '인간처럼 행동하는 시스템(system that act like humans)', '합리적으로 사고하는 시스템(system that think rationally)', '합리적으로 행동하는 시스템(system that act rationally)'으로 구분하며, 이 분류의 중심에는 'human vs. rational' 그리고 'thought vs. behavior'라는 두 축의 논의가 자리 잡고 있음을 제시하고 있다(Russell & Norvig, 2021).

이러한 Russell과 Norvig의 논의는 AI에 대한 정의와 개념화가 결코 단순하지 않음을 시사한다. 더욱이 이 분야의 기술은 지속적으로 발전하고 있어, 고려해야 할 요소들이 증가함에 따라 개념화가 더욱 복잡해지고 있다. 그럼에도 불구하고 현재 시점에서 일반적으로 통용되는 AI(Artificial Intelligence)의 정의는 인간의 사고, 학습, 추론, 문제 해결 능력을 컴퓨터 시스템이 모방하도록 설계된 첨단 기술을 의미하며(신재형, 2024), 단순한 자동화 기술을 넘어 데이터를 기반으로 스스로 학습하고 판단하는 지능형 시스템을 의미한다. 이러한 AI

의 기술은 머신러닝(Machine Learning)을 필두로 자연어 처리(Natural Language Processing), 이미지 인식(Image Recognition and Processing), 음성 인식(Speech Recognition), 자율 에이전트(Autonomous Agents), 감정 인식(Affect Detection), 예측을 위한 데이터 마이닝(Data Mining for Prediction), 인공지능 창작(Artificial Creativity) 등 다양한 분야로 세분화되고 있다(유네스코한국위원회 & 한국교육학술정보원, 2021). 특히나 우리가 관심을 두는 교육 영역에서의 AI는 이러한 개념과 기술에 기반하여 빠르게 확산되고 있다.

주요 교육적 적용 사례를 살펴보면, 자연어 처리 기술은 질의응답 시스템, 인공지능 챗봇, 지능형 튜터링 시스템, 인공지능 스피커 등에 활용되고 있으며(진성희, 2022), 머신러닝 기술은 학습자의 학습 격차와 학습 방식을 분석하고 관리하는 데 적용되어, 개별 맞춤형 학습 분석 시스템으로 다양하게 시도되고 있다(박만구, 임현정, 김지영, 이규하, 김미경, 2020). 이외에도 현재 국내에서는 디지털 시스템을 기반으로 한 유수 기업들을 중심으로 AI 교육 프로그램과 플랫폼이 활발히 개발되고 있다(AI타임스, 2024.06.07. 기사).

이러한 AI 기술의 도입은 단순한 '기술적 도구'의 차원을 넘어 교육의 본질적 변화를 이끌고 있다. 학습자의 능동적인 참여를 유도하고, 교사의 역할을 재정의하며, 교육의 접근성과 형평성을 증진시키는 방향으로 나아가고 있다. 실제로 교사는 일방적인 지식 전달자의 역할에서 벗어나 '학습 코디네이터' 또는 '퍼실리테이터'로 변화하고 있으며, 학생은 수동적인 수용자에서 자기주도적 학습자로 거듭나고 있다.

최근 미국 샌디에이고 대학교(University of San Diego)는 교육에서 인공지능이 가져다주는 구체적인 9가지 이점을 정리하여 제시하였으며, 매우 흥미롭다(https://onlinedegrees.sandiego.edu/artificial-intelligence-education/ 2025년 7월 2일 검색). 구체적으로 해당 사항은 '개인화된 학습 향상(Enhanced Personalized Learning), 행정 업무의 자동화(Automated Administrative Tasks), 학습자 참여도 증가(More Engaged Learners), 접근성 향상(Improved Accessibility), 활용 가능한 인사이트 제공(Actionable Insights), 효율적인 교실 관리(More Efficient Classroom Management), 지속적인 평생 학습과 교사 전문성 개발(Continuous Lifelong Learning and Professional Development), 보안 및 평가의 신뢰성 향상(Better Security and Assessment Integrity), 교육의 확장 가능성 제고(Greater Scalability)' 등으로 그 내용을 정리하면 다음과 같다.

개인화된 학습 향상(Enhanced Personalized Learning)

AI는 학생 개인의 고유한 학습 스타일 및 학습 속도에 맞춰 교육 콘텐츠를 맞춤화할 수 있다. 예를 들어, DreamBox와 Smart Sparrow 같은 플랫폼['Dream Box(www.dreambox.com_역자 추가)와 Smart Sparrow(www.smartsparrow.com_역자 추가)의 경우 AI 기반의 적응형(adaptive) 학습 플랫폼으로, 학생 개개인의 수준과 학습 스타일에 맞는 맞춤형 학습을 제공하는 것을 핵심 기능으로 삼고 있다. 두 플랫폼 모두 교육 기술의 대표적인 사례로서 실시간 학습, 개별화된 교육 시도, 게이미피케이션 수행, 학습 분석 및 진단 등을 주요 기능으로 설정하고 있다_역주]은 학생의 반응을 실시간으로 분석하여 수업 내용을 동적으로 조정함으로써, 학생 개개인이 자신의 속도에 맞춰 개념을 완전히 익힐 수 있도록 도울 수 있다.

행정 업무의 자동화(Automated Administrative Tasks)

AI는 채점, 일정 편성, 보고서 작성 등 행정 업무를 자동화하여 교사의 업무 부담을 크게 줄여줄 수 있다. Gradescope(www.gradescope.com/_역자 추가)와 같은 도구는 과제를 일관되고 객관적으로 채점할 수 있도록 돕고, AI 기반의 스케줄링 소프트웨어는 수업 시간표와 자원 배분을 최적화할 수 있다.

학습자 참여도 증가(More Engaged Learners)

AI는 게임화된 콘텐츠와 적응형 학습 플랫폼을 통해 학습을 보다 상호작용적이고 흥미롭게 만든다. Kahoot!(www.kahoot.com_역자 추가)과 Minecraft: Education Edition(https://education.minecraft.net/en-us_역자 추가) 같은 프로그램은 AI를 활용하여 학생의 입력에 반응하는 인터랙티브 퀴즈와 시뮬레이션을 제공하여 학습자의 동기를 유지하고 참여를 유도한다.

접근성 향상(Improved Accessibility)

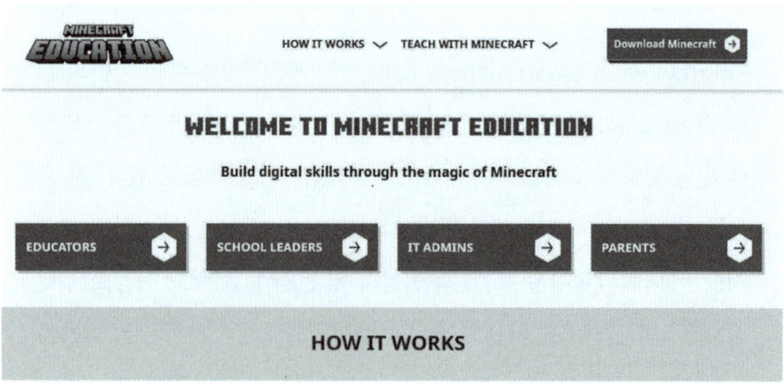

〈그림 1〉 Minecraft: Education Edition 플랫폼
(https://education.minecraft.net/en-us 검색: 2025년 7월 3일)

AI 기반 보조 기술은 장애를 가진 학생들을 지원하여 보다 효과적인 학습 환경을 제공할 수 있다. 예를 들어, Notta(https://www.notta.ai/en/about_역자 추가)와 같은 음성 인식 소프트웨어는 청각장애 학생을 위해 음성을 문자로 전환해주며, AI가 지원하는 교육용 게임은 유아에게 개인화된 학습 경험을 제공할 수 있다.

활용 가능한 인사이트 제공(Actionable Insights)

AI는 방대한 교육 데이터를 분석하여 교사에게 실질적인 교육 전략 수립에 도움이 되는 인사이트를 제공할 수 있다. Knewton Alta(https://www.wiley.com/en-kr/education/alta_역자 추가)와 같은 플랫폼은 다양한 지표를 기반으로 학생의 성과를 추적하여, 교사가 학습 격차를 파악하고 그에 맞게 수업 전략을 조정할 수 있도록 도울 수 있다.

효율적인 교실 관리(More Efficient Classroom Management)

AI 도구는 교사가 교실 내 행동 및 참여를 보다 효율적으로 관리할 수 있도록 도울 수 있습니다. 예를 들어, Classcraft(https://www.hmhco.com/programs/classcraft_역자 추가)는 AI를 활용하여 교실 관리를 게임화하고, 학생의 행동을 추적하여 긍정적인 행동에 보상을 부여함으로써 생산적이고 동기 부여된 교실 분위기를 유지할 수 있도록 한다.

지속적인 평생 학습과 교사 전문성 개발(Continuous Lifelong Learning and Professional Development)

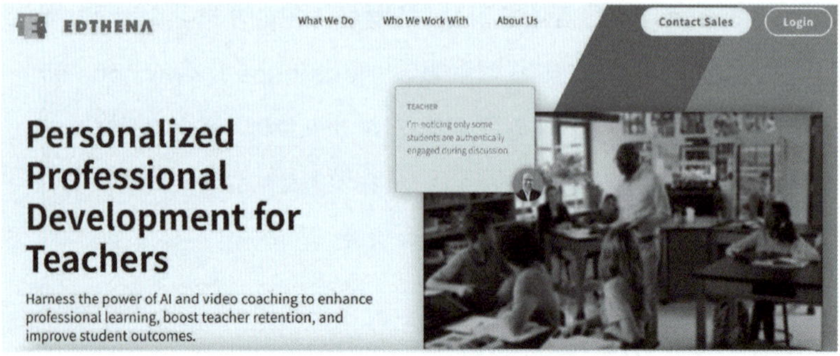

〈그림 2〉 Edthena 플랫폼
(https://www.edthena.com/ 검색: 2025년 7월 4일)

AI는 교사들이 개인화된 자료와 과정을 추천받을 수 있도록 지원함으로써 지속적인 학습과 전문성 개발을 촉진할 수 있다. 예를 들어, Edthena(https://www.edthena.com/_역자 추가)는 교사의 경력 목표와 교육적 필요에 기반한 맞춤형 학습 경로를 제공할 수 있다.

보안 및 평가의 신뢰성 향상(Better Security and Assessment Integrity)

AI는 고급 시험 감독 기술과 표절 감지 기능을 통해 평가의 보안성과 신뢰성을 높일 수 있다. Turnitin(https://www.turnitin.com/_역자 추가)과 같은 도구는 학생 과제의 원본성을 확인하고, AI 기반 시험 감독 시스템은 부정행위를 방지하기 위해 시험 환경을 실시간으로 모니터링할 수 있다.

교육의 확장 가능성 제고(Greater Scalability)

AI는 교육 프로그램의 품질을 유지하면서도 더 많은 학습자에게 서비스를 확장할 수 있게 할 수 있다. AI 기반 플랫폼은 대량의 데이터를 처리하고 개별화된 학습 경험을 제공함으로써, 점점 더 많은 학습자에게 접근성과 일관성을 갖춘 교육을 보장할 수 있다.

이처럼 AI는 학습자 중심 교육의 실현과 교육 질 제고를 위한 강력한 동력으로 작용하고 있으며, 향후 교육의 패러다임 자체를 변화시킬 중요한 열쇠로 주목받고 있다. AI의 활용은 단순히 기술적 진보에 그치는 것이 아니라, 교육의 본질과 방향성에 대한 대전환을 바라보게 하고 있다.

3. AI 시대, 미래 교회교육을 위한 제언

1) 학습자 중심 교육으로 변화하라
: '학습자 중심의 개별화된 AI 학습 환경으로'

전통적인 교육 방식은 주로 교사가 지식을 전달하고, 학생은 이를 수동적으로 수용하는 강의 중심의 구조에 기반하고 있었다. 이러한 일방향적 교육 모델은 학습 집단을 평균적인 기준으로 가정하여 설계되었기 때문에, 학습자의 개별적인 수준 차이나 선호, 인지 스타일 등을 충분히 반영하지 못하는 한계를 지니고 있었다. 그러나 인공지능(AI) 기술의 발전은 기존 교육의 이러한 한계를 근본적으로 재구성할 수 있는 가능성을 열어주고 있다. AI는 학습자의 다양한 데이터를 수집하고 분석함으로써, 각 개인의 학습 수준, 선호도,

학습 유형, 학습 속도 등 다양한 요소를 정밀하게 파악할 수 있다. 이를 기반으로 한 AI 교육 플랫폼은 학습자가 가장 효과적으로 지식을 습득할 수 있도록 진도 조절, 복습 시점, 문제 유형, 피드백 내용 등을 자동으로 조정한다. 예를 들어, 어떤 학습자가 특정 개념에서 반복적으로 오답을 낼 경우, AI는 이를 감지하여 해당 개념에 대한 보충 자료나 추가 연습문제를 제공함으로써 학습을 유도한다. 반대로, 개념을 빠르게 이해한 학습자에게는 더 높은 수준의 심화 문제를 제시함으로써 지루함을 줄이고 도전 의식을 북돋울 수 있다. 이러한 개별화된 AI 학습 환경은 학습자의 자기주도성을 강화시키며, 학습자 중심 교육으로의 전환을 가능하게 한다. 즉, AI 기술과 이를 기반으로 한 교육 방식은 전통적인 교육의 패러다임을 학습자 중심으로 변화시키는 데 중요한 촉매제로 작용하고 있는 것이다. 따라서 AI 시대의 미래 교회교육은 이러한 흐름을 정확히 인식하고, 이에 유연하고 탄력적으로 대응할 필요가 있다.

2) 교회학교 교사 및 사역자의 역할을 새롭게 하라
: '지식 공급자에서 전인적 교육의 촉진자로'

AI 시대의 도래는 교육 현장에 근본적인 변화를 가져오고 있으며, 이러한 변화 속에서 교사 및 사역자의 역할 또한 전통적인 범주를 넘어 새롭게 재정립되고 있다. 과거의 교사는 주로 지식과 정보를 전달하는 일차적 매개자였지만, 오늘날의 AI는 방대한 양의 데이터를 빠르고 정확하게 검색·분석하고, 그에 기반한 지식 제공을 자동화된 방식으로 수행할 수 있는 역량을 갖추고 있다. 즉, 단순한 정보 전달은 이제 AI가 더 능숙하고 효율적으로 수행할 수 있는 시대가 된 것이다. 이러한 환경 속에서 교사는 더 이상 '지식의 공급자'에 머물 수 없다. 이제 교사의 핵심 역할은 학습자의 인지적, 정서적, 도덕적, 영적 성장을 통합적으로 이끌어내는 전인적 교육의 촉진자로 전환되어야 한다. 교사는 AI가 대체할 수 없는 인간적 통찰력과 감수성, 그리고 신앙에 기초한 영성을 바탕으로 학생 개개인의 사고를 자극하고, 다양한 관점을 통해 비판적으로 사고할 수 있도록 안내해야 한다. 또한, 학습자가 겪는 정서적 어려움에 공감하고 이를 지지하며, 사회적 가치와 윤리적 기준을 제시하는 '신앙교육적 멘토'로서의 역할이 더욱 중요해지고 있다. 특히 AI가 아직 완전히 대체할 수 없는 영역—예컨대 신앙, 창의성, 공감 능력, 공동체적 협업, 갈등 조정, 도덕적 판단, 복잡한 문제 해결 능력 등과 같은 고차원적 역량—은 인간 교사의 섬세한 개입 없이는 효과적으로 길러지기 어렵다.

이러한 역량은 단순한 지식 전달만으로는 형성될 수 없으며, 학생과의 관계 속에서 교사의 신앙적 삶과 모범적인 태도, 상황에 따른 직관적 판단, 상호작용을 통한 학습 과정 등을 통해 자연스럽게 습득된다. 따라서 AI 시대의 교사와 사역자는 기술에 의해 대체되는 존재가 아니라, 기술을 교육적으로 재해석하고 창의적으로 활용할 수 있는 역량을 갖춘 '기독교교육 전문인'이어야 한다. 그러므로 AI 시대의 교사는 AI 기반의 학습 데이터를 비판적으로 해석하고, 이를 바탕으로 학생 맞춤형 피드백을 제공하며, AI 시스템이 간과하거나 수행할 수 없는 인간적 맥락을 신앙적·감성적·도덕적으로 보완할 수 있는 전인적 교육자로 거듭나야 하는 것이다.

3) 새로운 인재상을 디자인하라
: '미래가 요구하는 역량을 갖춘 세대들로'

AI 시대가 도래함에 따라 사회가 요구하는 인재상의 기준도 급격히 변화하고 있다. 과거에는 방대한 정보를 암기하고 정확하게 재현하는 능력이 높은 평가를 받았지만, 이제는 이러한 단순한 지식 습득 능력만으로는 미래 사회에서 경쟁력을 갖추기 어렵다. AI는 이미 인간을 능가하는 속도로 데이터를 분석하고, 정보를 제공하며, 일정 수준의 논리적 문제 해결까지 수행할 수 있는 수준에 도달했다. 따라서 인간이 미래 사회에서 경쟁력을 유지하기 위해서는 기계가 쉽게 모방하거나 대체할 수 없는 고유한 역량을 갖추는 것이 필수적이다. 그 중심에는 참된 신앙, 창의력, 비판적 사고를 바탕으로 한 삶과 신앙적 문제 해결 능력, 다양한 집단과의 협업을 가능하게 하는 소통 능력, 그리고 자기주도적으로 목표를 설정하고 학습을 지속할 수 있는 역량 등이 포함된다. 특히 인간만이 지닌 신앙과 영성, 감성, 윤리적 판단력, 그리고 다양한 영역의 지식과 경험을 통합적으로 사고할 수 있는 능력은 AI가 도달할 수 없는 '하나님의 형상'으로서 인간의 본질적인 특성이라 할 수 있다.

그러므로 과거의 인재상에 더해, AI 시대에 적합한 인재상을 새롭게 디자인함으로써 미래 사회를 역동적으로 감당할 다음세대를 효과적으로 지원할 수 있을 것이다. 이러한 인재상의 변화는 자연스럽게 교육의 방식과 목적에도 중대한 전환을 요구한다. 실제로 단편적인 지식의 암기와 반복 훈련에 초점을 맞춘 전통적인 지식 중심의 교육은 더 이상 미래 인재를 양성하는 데 적합하지 않다. 대신, 미래

사회에 걸맞은 역량을 갖춘 세대를 양육하기 위해서는 학습자 중심의 역량 기반 교육, 과정 중심의 교육 시스템으로의 전환이 필요하다. 이는 학습자가 단순히 정답을 아는 것을 넘어, 주어진 문제를 스스로 분석하고, 다양한 관점을 고려하여 해결책을 제시하며, 그 과정에서의 신앙적 태도와 협업 능력까지 함께 평가하는 교육적 접근을 의미한다.

4) 신앙·윤리적 AI 교육의 필요성을 강조하라
: '신앙·윤리적 성찰과 감수성을 통해 책임감 있게 살아가는 세대들로'

미래사회는 AI 기술의 발전과 더불어 그 사용이 일상화됨에 따라, 교육 현장에서 학생들에게 디지털 윤리를 가르치는 일의 중요성은 그 어느 때보다도 커지고 강조될 것이다. 과거에는 컴퓨터나 인터넷 사용법 같은 기초적인 디지털 리터러시 교육이 중심이었지만, 오늘날에는 단순히 기술을 사용하는 능력 그 자체만으로는 충분하지 않다. 오히려 기술을 어떻게 '책임감' 있게 활용할 것인가에 대한 신앙적·윤리적 성찰이 더욱 중요한 교육 과제로 부상하고 있는 것이다. 디지털 윤리 교육은 정보화 사회에서 요구되는 핵심 시민 역량의 일환으로, 정보의 진위를 스스로 판단할 수 있는 비판적 사고력, 타인의 프라이버시와 인권을 존중하는 태도, 그리고 기술이 인간 삶에 미치는 영향을 통찰할 수 있는 윤리적 감수성을 포함한다. 학생들은 AI가 생성한 이미지나 글을 무비판적으로 소비하거나 재사용하는 과정에서 발생할 수 있는 저작권과 표절 문제를 인식하고, 콘텐츠의 출처를 명확히 하며 책임 있는 사용자가 되는 법을 배워야 한다. 또한 알고리즘의 편향성이나 자동화된 결정이 특정 집단에 미치는 차별적 영향, 사회적 감시에 기반한 디지털 통제의 위험성 등에 대한 비판적 사고와 토론이 교육 속에서 이루어져야 한다. 이러한 측면을 AI 시대 미래 교회교육은 강조하고, 다음세대들이 신앙적·윤리적 성찰과 감수성을 가지고 책임감 있게 살아갈 수 있도록 지원해야 할 것이다.

5) AI 기술과 교육 격차를 고려하라 : '취약계층이 배제되지 않도록'

AI 기반 교육의 확산은 교육의 패러다임을 근본적으로 변화시키며, 보다 개인화되고 효율적인 학습을 가능하게 하는 새로운 기회를 열어주고 있다. 예를 들어, 학습자의 수준과 성향에 맞춘 맞춤형 콘텐츠 제공, 실시간 피드백, 반복 학습 지원 등은 과거에는 불가능했던 정교한 교육 환경을 가능하게 한다. 그러나 이러한 긍정적인 가능성에도 불구하고, AI 교육의 확산이 모든 학습자에게 동등한 혜택을 제공하지는 않는다. 오히려 기술 접근성과 관련된 구조적 한계로 인해 디지털 격차가 심화될 수 있다는 점에서 신중한 접근이 필요하다.

특히나 고성능 디지털 기기와 안정적인 인터넷 접속 환경은 AI 기반 교육을 효과적으로 활용하는 데 필수적인 요소이다. 그러나 경제적, 지역적, 사회적 여건으로 인해 이러한 자원을 충분히 갖추지 못한 취약계층인 저소득 가정, 농산어촌 지역, 다문화 가정, 장애 학생 등은 AI 교육의 혜택에서 배제될 위험성이 매우 크다. 더욱이 교회의 양극화가 가속화되고 있는 한국교회의 상황 속에서 이에 대한 고려가 요청되는 것이다.

디지털 불평등은 단순한 기술 격차를 넘어, 교육의 질과 교육기회의 평등, 나아가 미래 사회에서의 경쟁력에까지 영향을 미치는 심각한 사회 문제와 취약계층 재생산으로 이어질 수 있다. 교회교육의 영역에서는 양질의 신앙교육과 컨텐츠의 불균형을 만들어낼 수 있다. 결과적으로 AI 교육을 통해 사회적 격차와 불평등 그리고 신앙교육의 기회 균등을 완화하기는커녕, 오히려 기존의 불평등을 심화 및 재생산시키는 역설적인 결과가 초래될 수 있는 것이다. 그러므로 AI 시대 미래 교회교육은 이러한 AI 기술과 교육격차를 예민하게 바라보면서 최대한 교육 평등과 기회의 가치를 달성할 수 있는 측면으로 나아가야 할 것이다.

4. 나가며: AI 시대, 교회교육의 본질이 더욱 강조되다!

필자는 AI를 통한 교육이 기존 교육의 종말을 의미하는 것이 아니라, 오히려 새로운 교육 패러다임의 출현을 알리는 시작임을 확신한다. 단순히 기존 방식을 대체하는 기술적 전환을 넘어, 교육이 지닌 본질적 가치와 목적이 더욱 뚜렷하게 드러나는 전환점이 될 것이다. 정보 전달 중심의 교육에서 벗어나 신앙 안에서 참된 인간성을 지향하며, 인격 형성을 목표로 하는 기독교적 교육이 요구되는 시대가 도래한 것이다.

AI 기술이 제공하는 다양한 가능성은 분명 놀라운 수준이지만, 우리는 그것을 무비판적으로 수용하기보다 철저히 신앙과 가치 기반 위에서 조화롭게 활용해야 할 책무를 지닌다. 지금 우리에게 필요한 것은 "AI를 통해 가능한 것과 가능하지 않은 것"을 철저하게 구분하고, 그 경계 안에서 신앙적으로 책임 있는 교육을 어떻게 구현할 것인가에 대한 진지한 성찰일 것이다. 나는 이러한 성찰 위에서 다음과 같은 다섯 가지 방향성을 이 글에서 제시하여 보았다.

첫째, 교회교육의 중심을 학습자에게로 전환해야 한다. AI는 각 개인의 학습 수준과 속도, 관심사를 분석하여 최적화된 개별화 교육을 제공할 수 있다. 이에 따라 우리는 학습자 중심의 교육 환경을 조성하여, 학생들이 자기 주도적으로 배움의 여정을 걸어가도록 돕는 것이 중요하다.

둘째, 교회학교 교사 및 사역자의 역할을 새롭게 정의해야 한다. AI가 정보의 전달자 역할을 대신할 수 있는 시대에 교사는 더 이상 지식의 전달자에 머무를 수 없다. 이제 교사는 학습자의 신앙과 전인적 성장을 도우며, 사고력과 도덕성, 창의력을 길러주는 촉진자이자 멘토로서의 역할을 수행해야 한다.

셋째, 새로운 인재상을 설계해야 한다. 미래 사회가 요구하는 인재는 단순한 지식 보유자를 넘어, 문제 해결능력, 창의력, 협업능력, 그리고 윤리적 책임감을 갖춘 균형 잡힌 사람이다. AI 시대를 살아갈 세대는 기술과 인간성이 통합된 교육을 통해 이러한 역량을 갖추어야 할 것이다.

넷째, 신앙적·윤리적 AI 교육의 필요성이 강조되어야 한다. 기술의 발전은 신앙적·윤리적 통찰과 감수성이 결여될 경우 오히려 위험한 도구가 될 수 있다. 따라서 다음세대와 학습자들에게 AI 기술을 책임감 있게 활용하는 법을 가르치고, 공동체를 위한 기술 사용에 대한 가치 판단 능력을 길러주는 교육이 필요하다.

다섯째, 교육에서의 불평등과 격차 해소를 위한 노력이 필요하다. AI 기반 교육은 고성능 장비와 안정적 네트워크 환경을 필요로 하지만, 이러한 자원에 접근하지 못하는 교회와 취약계층이 여전히 존재한다. AI 시대의 교육이 진정으로 포용적이기 위해서는 누구도 신앙적 교육과 배움에서 소외되지 않도록 시스템적이고 정책적인 배려가 뒷받침되어야 한다.

이러한 논의를 통해 다시 한 번 강조하고 싶은 점은, AI의 도입이 교육의 본질을 훼손하는 것이 아니라, 오히려 교육이 지녀야 할 참된 가치와 목적이 더욱 강조되는 기회라는 사실이다. 결국, AI는 우리가 바라는 교육을 실현하는 데 있어 더없이 강력하고 유용한 도구가 될 수 있으며, 그것은 기술 그 자체보다도 이를 활용하려는 우리의 방향성과 가치관에 달려 있을 것이다.

AI 시대의 교육을 바라보며, 우리는 단지 효율과 속도를 논하는 것을 넘어서, 교육의 본질과 인간다움, 그리고 신앙적 통찰을 함께 품는 참된 기독교교육을 지향해야 한다. 이러한 측면이 기독교교육 및 교회교육의 미래를 고민하는 모든 이들에게 다시금 본질을 되새기게 하고, AI를 도구로 삼아 더욱 풍성하고 유익한 교육의 장을 열어나가는 출발점이 되기를 소망한다.

■ 함께 생각해볼 질문

1. AI 시대의 교사와 사역자는 지식 전달자에서 어떤 역할로 변화되어야 하는가?
2. AI 시대가 요구하는 새로운 인재상은 어떻게 기독교교육 안에서 길러질 수 있을까?
3. AI 기반 교육에서 발생할 수 있는 디지털 격차를 해소하기 위한 한국교회의 역할은 무엇인가?
4. AI 기술은 교회교육의 '효과적인 도구'가 될 수 있는가?

■ 읽어보면 좋을 책

Russell, Stuart J., & Norvig, Peter., *Artificial Intelligence:A Modern Approach* (4th ed.), (Hoboken: Pearson, 2021).

조재윤·AI(GPT), 『AI 시대의 기독교교육을 새롭게 짓다』, ebook: [서울: 작가와(Jakkwa), 2025].

■ 참고문헌

AI 타임즈. 기획: AI와 교육-AI를 활용한 교육은 무엇이 준비되고 있나. AI타임즈 2024년 6월 7일 기사. https://www.aitimes.com/news/ 2025년 7월 8일 검색.

박만구·임현정·김지영·이규하·김미경. 머신러닝 추천모듈이 적용된 맞춤형 학습플랫폼 효과성 탐색: 학습시간, 자기주도적 학습능력, 수학에 대한 태도, 수학학업성취도를 중심으로. 2020. 수학교육 59(4). 373-387.

신재형. 인공지능(AI) 학습데이터의 수집 및 이용에 대한 규제: 공개된 개인정보를 중심으로. 서울대학교 박사학위논문. 2024.

유네스코한국위원회·한국교육학술정보원. 인공지능과 교육: 정책입안자를 위한 지침. 유네스코한국위원회 간행물 등록번호: ED-2021-BK-2 & 한국교육학술정보원 간행물등록번호: IEI2021-3. 2021.

이현철. 『기독교교육은 무엇인가?: 기독교교육의 정체성』 (pp.23-38). 이현철(편저). 기독교교육학 핸드북. (서울: 생명의 양식, 2024).

진성희. 자연어처리의 교육적 활용 연구동향 분석. 교육정보미디어연구 28(2). 215-243. 2022.

Classcraft 홈페이지 https://www.hmhco.com/programs/classcraft.

DreamBox 홈페이지 www.dreambox.com.

Edthena 홈페이지 https://www.edthena.com.

Gradescope 홈페이지 www.gradescope.com.

Kahoot! 홈페이지 www.kahoot.com.

Knewton Alta 홈페이지 https://www.wiley.com/en-kr/education/alta.

Minecraft: Education Edition 홈페이지 https://education.minecraft.net/en-us.

Notta 홈페이지 https://www.notta.ai/en/about.

Russell, Stuart J., & Norvig, Peter. (2021). Artificial Intelligence: A Modern Approach (4th ed.). Hoboken: Pearson.

____________________________. (2003). Artificial Intelligence: A Modern Approach (2th ed.). Upper Saddle River, New Jersey: Pearson.

Smart Sparrow 홈페이지 www.smartsparrow.com.

Turnitin 홈페이지 https://www.turnitin.com.

University of San Diego의 AI 교육 학위 관련 사이트 https://onlinedegrees.sandiego.edu/artificial-intelligence-education.